강제혁신

EBS 다큐프라임

강제

혁신을 원한다면 반역자가 되라

혁신

이주희 지음

EBS BOOKS

중요한 것은 아이디어가 아니다

나처럼 1980년대에 컴퓨터를 사용하기 시작한 사람들은 'C:〉'라는 기호 앞에 깜빡이던 커서를 기억할 것이다. 그 시절에는 모든 명령어를 직접 문자로 쳐서 컴퓨터를 작동시켜야 했다. 이른바 DOS^Disk Operating System라고 부르던 방식이었는데 이 방식에서는 우리가 컴퓨터 하면 당연하게 떠올리는 아이콘도, 바탕화면도, 심지어 마우스도 필요하지 않았다. 오직 키보드를 통해 문자를 입력하는 것만이 컴퓨터와 소통하는 유일한 방법이었다.

이렇게 불편한 입출력 시스템을 획기적으로 개선해서, 직관적인 이미지 위주로 바꾼 것이 GUI^Graphical User Interface다. 지금도 우리는 컴퓨터나 스마트폰을 켰을 때 바탕화면과 아이콘, 프로그램 창을 통해 GUI를 매일 접하고 있다. 생각해 보라. 이런 것들이 없다면 컴퓨터나 스마트폰을 사용하는 것이 얼마나 불편하겠는가? 어떤 사람들에게는 아예 불가능하게 느껴질지도 모르겠다.

이렇게 중요한 혁신을 인류에게 선물한 사람은 누구일까? 이런 궁금증을 품고 개발 과정을 따라가다 보면 '이번에도 역시 이 사람인가?' 싶은 인물이 등장한다. '스티브 잡스'다. 다만 이번 경우에는 우리에게 익숙한 최초 개발자로서는 아니고 오히려 잡스가 그토록 조롱했던 카피캣Copycat● 의 모습으로 등장한다.

원래 처음으로 GUI를 개발한 회사는 복사기로 유명한 제록스였다. 이미 1970년대에 제록스의 팰로앨토연구소PARC는 마우스를 이용한 혁신적인 그래픽 입력 방식을 개발하고 있었다. 우연히 이 정보를 입수한 애플의 스티브 잡스는 제록스가 애플에 투자하는 대가로 이 기술에 대한 접근권을 요구했다.

설마 이런 결정적 기술을 쉽게 공개했을까 싶겠지만, 이 기술의 가능성을 전혀 이해하지 못하고 있던 제록스의 경영진은 곧바로 미끼를 물었다. 스티브 잡스에게 모든 것을 보여주라는 지시를 연구소에 보낸 것이다. 연구소 직원들은 피땀 흘려 개발한 기술을 허무하게 제공하게 된 것에 분노했지만, 별다른 방법이 없었다. 연구소를 방문해 기술 시연을 본 잡스의 반응은 폭발적이었다. 훗날 잡스는 이 순간 자신이 "컴퓨터의 미래를 봤다"고 회상했다.

곧바로 애플이 개발하고 있던 리사Lisa와 매킨토시Macintosh에 GUI를 탑재하기 위한 연구가 시작되었다. 물론 그렇다고 해서 애플의 연구진들이 제록스의 개발품을 베끼기만 한 것은 아니었다. 완벽주의자인 스티브 잡스가 관여한 만큼 매킨토시의 GUI는 애초에 제록스가 보여준 수준을 한

●   잘나가는 제품을 그대로 모방해 만든 제품을 비하하는 말. 스티브 잡스는 항상 경쟁자인 마이크로소프트나 삼성, 구글을 카피캣이라고 조롱했다.

참 뛰어넘는 완성도를 보여주었다.

하지만 그렇다고 해서 최초의 개발자가 제록스의 팰로앨토연구소이고 애플이 이 아이디어를 훔쳤다는 사실이 변하는 것은 아니다. 스티브 잡스 자신도 이 사실을 인정했다. 오히려 "좋은 예술가는 모방하고 위대한 예술가는 훔친다"라며 자랑스러워하기까지 했다.

이렇게 스티브 잡스가 한창 매킨토시 개발에 열을 올리고 있을 때, 빌 게이츠가 이끄는 마이크로소프트에서 IBM PC를 위해 '윈도Windows'라는 새로운 운영체제를 개발 중이라는 사실이 알려졌다. 물론 우리가 매일 컴퓨터를 켤 때마다 만나는 그 '윈도'다. 잡스는 격노했고, 당장 빌 게이츠를 호출했다.●

스티브 잡스가 분노의 회오리를 한바탕 터뜨리고 난 후, 빌 게이츠는 여유 있는 태도로 자신은 이 문제를 조금 다르게 생각한다고 말했다. 자신이 애플의 재산을 훔친 것이 아니라 사실은 제록스의 재산을 훔치려고 했는데, 애플이 먼저 훔쳐간 것으로 보아야 한다는 것이었다. 잡스의 대답은 알려지지 않았지만 아마 할 말이 없었을 것이다.[1]

우리는 보통 혁신을 이야기할 때 '아이디어'에 대해 먼저 이야기하는 습관이 있다. 혁신적 아이디어만 있으면 모든 문제가 해결될 것처럼 여기는 것이다. 하지만 불행히도 아이디어는 그 자체로 아무런 변화도 일으키지 못한다. 스티브 잡스나 빌 게이츠의 경우처럼 아주 쉽게 훔칠 수도 있다. 심지어 이런 행위가 법적으로 처벌받지도 않는다.●● 그러니 쓸모 있는 아이디어가 있다면 쉽게 퍼지는 것이 당연하다. 상식선에서는 좋은 아이디어가 부족한 것이 혁신의 문제 같겠지만, 아이디어를 얻는 것은 오히려 쉬운 일이라는 의미다. **그러니 혁신을 위해 천재가 될 필요는 없다.**

그렇다면 도대체 무엇이 문제일까? 아이디어가 문제가 아니라면 당연히 아이디어의 '실행'이 문제일 것이다. 아이디어를 생각하는 것보다 구체적인 결과물을 만들어내는 것이 훨씬 중요하다는 뜻이다. 바로 이 지점에서 '권력의 필요성'이 등장한다. 무엇이든 일이 되도록 만들려면 일을 밀고 나갈 수 있는 힘이 있어야 하기 때문이다. **추진력으로서의 권력이 필요하다는 의미다.** 이것이 권력에 집중해야 하는 첫 번째 이유다.

하지만 혁신에서 권력이 중요한 것은 단지 추진력을 얻기 위해서만은 아니다. 여기에는 더 근본적인 이유가 숨어 있다. **'진정한 혁신'은 항상 기득권을 공격할 수밖에 없다는 점이 바로 그것이다.** 그러므로 권력의 문제를 해결하지 않고 혁신에 성공하는 것은 불가능하다. **'혁신'이 본질적으로 권력을 둘러싼 정치적 행위가 될 수밖에 없으며 일종의 '반역 행위'로 간주될 수 있는 이유다. 천재가 될 필요는 없지만 용감한 전사는 되어야 하는 것이다.**

앞으로 다룰 네 개의 에피소드는 '혁신'과 '권력'의 관계를 설명하기 위해 화약혁명의 역사에서 뽑아낸 이야기들이다. 인류 역사에는 정치권력을 바꾸는 일이 아님에도 불구하고 혁명이라는 이름이 붙은 변화들이 몇 가지 있다. 신석기혁명, 농업혁명, 산업혁명 같은 것들인데, 이후 인류의 삶을 혁신적으로 변화시켰기에 '혁명'이라는 이름을 얻었다.

화약혁명도 그중 하나다. 화약혁명도 전쟁터의 모습을 혁신적으로 바꿨

- 이때까지는 컴퓨터 제조사인 애플이 소프트웨어, 특히 오피스프로그램 공급사인 마이크로소프트의 주요 고객이었기 때문에 빌 게이츠는 스티브 잡스가 부르면 가야만 하는 입장이었다.
- •• 저작권이나 특허법이 보호하는 대상은 사상, 감정, 콘셉트 등의 독창적인 아이디어가 아니라, 이런 아이디어 등을 창작적으로 '표현'한 것이나 구체적인 제품으로 '물질화'한 것만이다. 이런 원칙을 아이디어와 표현의 이분법이라고 한다.

다. 전쟁터에서 인간의 근력筋力이 아닌 새로운 동력원을 찾았다는 점에서, 화약혁명은 산업혁명과 유사한 변화를, 산업혁명보다 몇 세기 앞서서 불러일으켰다.

화약혁명 이후 야만이 문명을 이기는 것은 전쟁터에서 불가능한 일이 되었고, 전사의 용기는 무의미해졌으며, 훈련받은 집단의 힘이 더 결정적인 요소가 되었다. 특히 전쟁의 승패는 점점 더 총체적인 국력, 특히 산업력에 의해 결정되었다. 우리에게 익숙한 근대적 전쟁이 시작된 것이다. 전쟁의 역사를 통틀어 아마 가장 큰 혁신이었을 것이다.

하지만 내가 화약혁명을 통해 혁신에 관해 이야기하려는 이유는 화약혁명이 인류 역사에 큰 변화를 불러일으킨 사건 중 하나이기 때문만은 아니다. 농업혁명이나 산업혁명 대신 화약혁명을 선택한 이유는 따로 있다. 혁신의 현장이 바로 '전쟁터'였다는 점 때문이다. '전쟁터'에서의 혁신이었다는 점이 앞으로 전개할 이야기의 핵심이다.

이렇게 이야기하면 왜 하필 비극적인 전쟁의 역사를 통해 혁신의 비밀을 찾으려 하느냐고 되물을지 모르겠다. 솔직히 말하자면 내게는 이것이 가장 쉬운 길이기 때문이다. 전쟁은 그 자체로는 인간이 저지르는 가장 비극적 행위이지만 관찰자의 시점에서 보자면 '승패가 분명하고, 변화의 과정이 빠르며, 결과와 교훈이 비교적 명확'하다는 장점(?)이 있다. 순간의 선택이 생사를 가르고 국가의 미래를 결정한다. 사례연구를 통해 무엇을 배우고자 한다면 가장 탁월한 교본인 것이다.

다큐멘터리를 제작하며 전쟁사 분야의 현존하는 최고 대가 중 한 분인 제프리 파커 교수를 인터뷰한 적이 있었다. 인터뷰 중에 파커 교수는 역사를 공부하는 이유에 대해 다음과 같은 이야기를 들려주었다.

"우리는 역사로부터 무엇을 배울 수 있을까요? 만약 당신이 아주 똑똑하다면 어떤 일을 하지 말아야 할지 알 겁니다. 실패에 관한 공부가 성공에 관한 공부보다 더 유익합니다. 누군가가 성공했다면 어떻게 성공했는지는 정확히 알 수 없어요. 변수가 많기 때문이죠. 하지만 무엇 때문에 실패했는지는 알 수 있어요. 그리고 그 실수는 반복하지 않을 수 있죠. 역사는 엄격한 선생과 같아요. 냉혹한 선생이죠. 무엇을 하지 말아야 하는지 알려줍니다. 무엇을 해야 하는지는 잘 알려주지 못합니다."[2]

역사가 냉혹한 선생이라면 전쟁보다 더 냉혹한 선생은 없을 것이다. **따라서 혁신에 대해 가장 냉혹한 선생을 찾고자 한다면 화약혁명 이상의 선생을 찾는 것도 불가능하다.** 이것이 이번 책에서 화약혁명의 역사를 통해 혁신을 이야기하려는 이유다. 21세기를 대표하는 경영학의 구루Guru중 한 사람인 존 코터도 "평온한 시대에서 얻은 교훈은 그 가치가 의심스럽다"고 하지 않았던가.

차례

PART
I

혁신은 기득권을
공격한다

"혁신은 현상을 유지하려는 세력에게
끊임없이 위협을 가하는 행위이며
따라서 본질적으로 정치 행위다."

— 제프리 페퍼

1516년 8월 24일, 알레포 인근의 다비크 초원에는 당시 이슬람 세계의 양대 강국인 오스만제국과 맘루크 술탄국의 군대가 집결해 있었다. 셀림 1세가 거느린 오스만의 병력은 대략 6만 명. 오스만의 정예병력이 모두 참여한 대규모 원정군이었다.

이에 대해 이집트와 시리아를 지배하고 있던 맘루크 술탄국 역시 자신이 동원할 수 있는 모든 병력을 동원했다. 이집트 본국에서 온 맘루크 군단에 더해 인근 지역인 알레포와 다마스쿠스의 영주들이 끌고 온 병력까지 참여한 대병력이었다. 아마도 오스만제국과 비슷한 규모의 병력이 참전한 것으로 보인다. 결과에 따라 이슬람 세계의 맹주가 가려질 결정적 전투가 시작된 것이다.

그런데 거대제국끼리의 격돌임에도 불구하고 전투는 싱거울 정도로 빨리 끝났다. 불과 반나절 정도의 전투에서 맘루크 술탄국은 그야말로 괴멸적인 타격을 입었다. 직접 참전한 술탄 알 가우리가 전사할 정도였으니 그

피해를 짐작할 수 있을 것이다. 술탄이 전사한 만큼 주력군인 맘루크 군단 역시 전멸에 가까운 피해를 입었다.

물론 한 번의 전투에서 패한다고 해서 곧바로 전쟁에서도 패하는 것은 아니다. 예를 들어 기원전 216년에 벌어진 칸나이 전투에서도 로마는 인류 역사상 유례를 찾기 어려울 정도의 참패를 당했지만 결국 전쟁에서는 이긴 적이 있다.

우리 역사를 돌아보더라도 그렇다. 우리는 북방 유목제국들과의 전쟁 시 첫 전투에서는 대부분 패했지만, 끈질기게 물고 늘여져서 결국에는 승리하고는 했다. 충분한 예비전력과 싸우려는 의지만 있다면 본국인 이집트에서의 전투는 더 치열할 것이고 맘루크 술탄국이 전세를 역전할 가능성도 얼마든지 있었다.

하지만 이후의 역사는 그렇게 흘러가지 않았다. 살아서 도망친 병력을 중심으로 복수전을 준비한 맘루크 술탄국은 이어진 전투에서 마지 다비크 전투보다 더 쉽게 무너져 버렸다. 전세를 역전하기는커녕 힘 한번 써보지 못하고 굴복한 것이다. 더불어 200년 넘게 이집트와 시리아의 지배자로 군림해 온 맘루크 술탄국은 역사의 무대에서 사라져야만 했다.

처음부터 압도적인 전력 차가 있던 것은 아니었다. 전력 차는커녕 지난 100년 동안 이슬람 세계의 지배권을 둘러싸고 일진일퇴를 거듭할 정도로 막상막하의 호적수였다. 오스만제국은 이 전쟁에서 승리함으로써 제국의 지배 영역을 두 배로 넓힐 수 있었는데, 이 사실만 보아도 맘루크 술탄국이 대등한 상대였다는 것을 알 수 있다.

그런데 이 호적수 사이의 대결이 허망할 정도로 싱겁게 끝난 것이다. 마치 세계적인 복서 알리와 포먼, 레너드와 헌즈의 대결이 1회 만에 끝난 것이나 마찬가지다. 도대체 오랜 기간 호적수로 으르렁거리던 오스만제국과 맘루크 술탄국의 대결은 왜 이렇게 싱겁게 끝난 것일까? 이것이 이번 편에서 따라갈 주된 질문이다.

그런데 조금 맥 빠지는 이야기를 하자면 답은 이미 정해져 있다. 전 세계의 모든 전쟁사 학자들에게 물어보아도 모두 동의할 수밖에 없는 정답이다. 이 책의 주된 소재가 무엇인지를 떠올린다면 눈치 빠른 독자들은 이미 알고 있을 것이다. **오스만제국은 화약혁명이라는 혁신을 받아들였고, 맘루크 술탄국은 화약혁명을 도외시했기 때문이다.**

이 대답은 주장도 아니고 그냥 '팩트'라서 누구도 반박할 수 없을 만큼 명확하다. 무엇보다 마지 다비크 전투에서 승패를 결정지은 것이 오스만제국이 동원한 대포나 화승총 같은 화약 무기였다는 사실이 증거다. 다만 이렇게 답해버리고 나면 어쩐지 정말 중요한 대답은 듣지 못한 답답함을 느낄 수밖에 없다. 손으로 모래를 움켜잡으려 해도 꽉 쥐면 쥘수록 점점 더 빠져나가는 것처럼 허망함이 느껴지는 것이다.

그 이유는 이런 설명이 결과를 가지고 원인을 설명하는 방식이기 때문이다. 틀린 말은 아니지만 사실 동어반복이라 아무것도 설명하지 못하는 것이나 마찬가지다. 화약 무기 때문에 패했는데 패한 이유가 화약 무기가 없어서라고 말하는 것이 무슨 의미가 있겠는가? 조금 더 명확한 문제의식을 위해서는 질문을 새롭게 정리할 필요가 있다. 따라서 이번 편의 질문은 이렇게 바꾸고자 한다.

"왜 맘루크는 화약 무기라는 혁신을 거부하고 오스만은 혁신을 받아들였는가?"

이 질문이 진짜 질문이다. 이 질문에 대한 답을 찾아야만 우리는 맘루크들이 겪어야 했던 어이없는 패배의 이유를 정확하게 이해할 수 있을 것이다. 그리고 맘루크들이 패배한 이유를 올바로 이해하게 된다면, 역사라는 냉혹한 선생이 알려주는 '절대 하지 말아야 할 것'에 대한 교훈도 얻을 수 있을 것이다.

과거의 전쟁,
엘리트 전사의 시대

>>> **천적이 없는 전사, 몽골** <<<

본격적으로 이야기를 시작하기 전에 전문적인 역사학자라면 절대 하지 않을 질문을 하나 해보려 한다. "인류 역사상 가장 강력한 군사집단은 누구인가?"라는 질문이다. 힘자랑하는 10대 남자아이들이나 좋아할 질문 같지만, 여러분도 곰곰이 생각해 보면 의외의 재미가 느껴질 것이다. 알렉산더일까? 카이사르일까? 혹은 나폴레옹일까? 칭기즈칸일까?

그런데 결론을 내리기 전에 미리 알아두어야 할 사실이 하나 있다. 모든 군대에는 약점과 강점이 공존한다는 것이다. 이 때문에 일종의 궁합이랄까, 상성이랄까 하는 부분이 존재한다.

예를 들어 중기병重騎兵은 멋진 갑옷 덕분에 겉보기에는 무적처럼 보이고 또 돌파에도 강하지만, 그 무게 때문에 기동력이 약하다. 따라서 기동력이 뛰어난 군대를 만나면 의외의 약점을 드러내기도 한다. 기동력이 좋은 군대도 약점은 많다. 버티는 전투에는 아무래도 약하기 때문에 공성전이라도 벌어지면 제풀에 지칠 수밖에 없다.

해군의 경우에도 빠른 속도를 자랑하는 첨저선尖底船● 위주의 해군은 수심이 깊은 먼바다에서는 유리하지만, 수심이 낮고 섬이 많은 근해에서는 오히려 배의 움직임이 제한되어서 불리하다. 또 하부구조가 좁아서 대포를 발사할 때의 반동을 흡수하기가 평저선平底船●●보다 불리하기도 하다. 이 때문에 조선 수군은 판옥선 같은 평저선을 주력으로 삼았고, 조선시대 내내 섬이 많은 우리나라 근해에서 무적을 자랑하며 위용을 떨칠 수 있었다.

상황이 이러하므로 천적이 전혀 없는, 그야말로 무적의 군대를 고르는 것은 사실상 불가능하다. 타고난 전사인 스파르타인들도 알렉산더의 군대처럼 제대로 된 기병대를 만나면 힘을 쓰기 어렵고, 탁월한 기동력으로 중원을 휘젓고 다니던 거란군도 훨씬 작은 나라인 고려군 앞에서는 맥을 추지 못했다. 나폴레옹의 그랑드 아르메Grande Armée●●●처럼 전투에서는 패하지 않아도 보급 때문에 패하는 경우도 있다.

그런데 딱 하나, 궁합이나 상성을 뛰어넘는 군대가 있다. 동시대를 기준으로는 거의 약점을 찾을 수 없는 군대다. 기동성도 뛰어나고, 야전에서 패하는 일이 거의 없으면서 심지어 공성전 또한 잘하고, 보급에도 강한 부대가 있는 것이다. 세상에 그런 군대가 어디 있느냐고? 바로 13세기 몽골군이다. 몽골군이 왜 약점이 없는 군대가 되었는지는 지난번 책 『강자의 조건』에서 썼기 때문에 여기에서 반복하지는 않겠다.●●●●

하지만 꼭 지적하고 싶은 것은 몽골군이 야전이든 공성전이든, 혹은 단기전이든 장기전이든 어떤 형태의 전투에도 능했다는 점이다. 보통 우리는 30년 대몽 항쟁에 대한 과장된 이미지 때문에 몽골군이 평지에서의 회전 이외에는, 그러니까 공성전이나 산악전투에서는 약했을 것이라고 여기지만 절대 그렇지 않다. 도저히 올라갈 수 없을 것 같은 중앙아시아의 험한 요새나 사면이 물로 둘러싸인 남송의 거대한 성들도 몽골군의 말발굽을 막아내지 못했다. 심지어 암약暗躍하는 아사신파●●●●●의 본거지인 알라무트도 몽골군에게 파괴되어 사라질 정도였다.

당연히 몽골제국의 팽창기였던 13세기에는 싸워서 진 적이 거의 없었다. 소규모 전투에서 일시적으로 패배한 적은 있어도 전략적 목적을 포기해야 할 정도의 패배를 당한 적은 몽골군끼리 싸운 전투를 제하고는 없다고 해도 과언이 아니다. 13세기 몽골군은 문자 그대로 '무적'이었다. 그런데 이렇게 무시무시한 몽골군이 전략적 목적을 포기할 정도의 패배를 당한 전투가 하나 있다. 바로 1260년에 벌어진 아인잘루트 전투다. 아마 13세기를 통틀어 유일한 사례가 아닐까 싶다.

전투가 벌어진 배경은 물론 몽골의 침략전쟁이었다. 오고타이칸●●●●●●이 사망한 이후 한동안 정체되어 있던 몽골의 정복전쟁은 후계자 다툼을 정리하고 몽케칸이 즉위한 후 다시 시작되었다. 칭기즈칸 사후 가장 유능

- 　배의 바닥이 V형으로 뾰족한 배. 속도가 빠르고 대양에서의 폭풍에 쉽게 뒤집히지 않는다.
- ●●　배 밑에 평평한 판을 깐 평탄한 구조의 배. 강가의 나룻배뿐 아니라 조선 수군을 대표하는 판옥선이나 거북선 등은 모두 평저선이다.
- ●●●　대육군. 나폴레옹이 1805년부터 쓰기 시작한 말로 프랑스군 중심의 나폴레옹 군단을 일컫는다.
- ●●●●　혹시 궁금한 분이 있다면 「강자의 조건」 109쪽 '제국의 이방인들' 부분을 읽어보기 바란다.
- ●●●●●　중세 시아파의 극단주의 암살조직. 영어로 암살을 뜻하는 어새신(assassin)의 어원이 될 만큼 중세 내내 공포와 두려움의 대상이었으나 1256년 몽골군에 의해 근거지가 파괴되고 몰락했다.
- ●●●●●●　몽골제국의 2대 대칸. 칭기즈칸의 셋째 아들로 일찍부터 아버지를 도와 전쟁터에서 공을 세웠고, 1229년 몽골의 대칸이 되어 제도 정비에 힘썼다. 즉위 직후 친히 금나라를 공략, 1234년 금나라를 멸망시키고 이후 중앙아시아를 점령했다. 이후 유럽 원정을 통해 시베리아와 러시아의 대공국들을 복속시켰고, 동유럽을 정복했으나 1241년 갑작스럽게 사망했다.

한 군주로 불리는 몽케칸은 1253년에 소집된 쿠릴타이Khuriltai●에서 두 개의 전선에 병력을 집중하기로 결정했다.

물론 가장 중요한 전선은 중국 남부 지방에서 항전을 계속하고 있던 남송이었다. 전 세계에서 가장 번성한 경제력을 보유한 남송은 정복될 경우 대칸의 직할지가 될 운명이었으므로 몽케칸으로서는 절대 포기할 수 없는 공격 목표였을 것이다. 몽케칸은 바로 아래 동생인 쿠빌라이를 남송 전쟁의 책임자로 임명했다.

두 번째 전선은 서남아시아였다. 이곳은 13세기를 기준으로 남송과 함께 가장 뛰어난 경제력과 문화를 가지고 있었다. 몽골제국으로서도 반드시 정복해야 할 지역이었다. 몽케칸은 또 다른 동생인 훌라구를 서방 원정의 책임자로 임명했다. 만약 훌라구가 서남아시아의 이슬람 지역을 정복한다면 다음 목표는 당연히 아프리카가 될 예정이었다.

원정 준비를 끝낸 훌라구가 몽골 초원을 떠난 것은 1255년이었다. 몽골 초원을 출발한 훌라구의 1차 공격 목표는 흥미롭게도 전설적인 암살자 집단, 아사신파였다. 인류 역사상 가장 유명한 암살자 집단이 아닐까 싶은 아사신파의 근거지가 이란고원이었기 때문이다. 칭기즈칸이 지휘했던 이전 정복전쟁에서는 서남아시아에 대한 영구적인 지배권 확립을 목표로 하지 않았기에 암살자 집단에 불과한 아사신파는 무시해도 좋은 존재였다. 하지만 이 지역에 자신만의 왕국, 새로운 울루스●●를 건설하는 것이 목표였던 훌라구는 안정적 통치에 방해가 될 아사신파를 무시할 수 없기도 했다.

전설적인 암살자들과 정복자들의 대결! 왠지 흥미진진한 에피소드로 가득할 것 같은 이 전쟁은 사실 매우 싱겁게 끝났다. 몽골군의 손쉬운 승리로 끝난 것이다. 수백 년간 어둠 속에서 맹렬히 활동하던 암살자 집단이

일한국의 창시자 훌라구
몽골 초원을 떠나 새로운 울루스 건설에 방해가 되는 이들을 토벌했다.

이렇게 쉽게 무너진 이유는 암살자 집단이라는 아사신파의 특성이 몽골군에 대해서는 오히려 약점이 되었기 때문이다.

영어 암살자의 어원이 될 정도로 아사신파가 뛰어난 암살자들인 것은 분명한 사실이다. 하지만 어둠의 존재에 대한 기록이 대부분 그렇듯이 이들의 암살 기법은 동시에 과장된 신화와 전설로 윤색되어 있기도 하다. 사실 이들의 수법은 매우 단순하고 잔인하면서도 합리적이었다. 굳이 비슷한 방식을 꼽자면 현대의 자살 폭탄 테러와 유사했다. 실제로 암살을 수행하는 암살자들을 '피다이'라고 불렀는데, 그 뜻은 '자살특공대'라고 한다. 이름만으로도 아사신파의 암살 방식이 쉽게 상상될 것이다.

아사신파의 방식을 설명하자면 이렇다. 먼저 재능 있고 어린 암살자들을 각국의 궁정에 시중이나 노예로 잠입시킨다. 재능 있는 아이들을 뽑아

---

* 몽골제국의 여러 왕족과 장수로 구성된 족장 회의. 칸의 추대, 전쟁의 결정, 법령 따위의 주요 사항을 협의하는 집단 의사결정 제도다.
** '나라, 국가'라는 의미의 몽골어. '백성, 사람'이라는 뜻이 강하게 내포되어 있다. 칭기즈칸은 정복을 통해 얻은 영토와 백성을 여러 아들들과 동생들에게 나누어주고 다스리게 했는데 각각의 영지가 울루스가 된다. 따라서 몽골제국 전체는 대칸이 다스렸지만 그 안에는 작게 쪼개진 여러 개의 울루스가 존재했다.

서 보내는 만큼 군주나 고관의 옆에서 시중드는 사람이 되는 것은 그리 어려운 일이 아니었을 것이다. 그렇게 상당한 시간이 흐른 후 암살의 필요성이 생겼을 때 이들에게 지령이 내려진다. 지령이 내려오면 암살자들은 군주나 유력한 고관을 암살한다.

바로 옆에 있던 시종인 만큼 암살은 쉬웠을 것이다. 다만 이런 경우 암살자가 현장에서 체포될 수밖에 없다는 문제점이 있다. 하지만 그런 희생쯤은 이들에게는 기꺼이 치를 만한 것이었다. 심지어 상대방에게 공포를 안겨주기 위해 공개된 장소에서 암살을 저지르는 경우가 대부분이었다고 한다. 처음부터 암살자의 생사는 염두에 두지 않는 방식인 것이다. 놀라운 무술 실력이나 엄청난 은신술 따위는 필요 없는, 그야말로 합리적이고 확실한 방법이었다.

십자군 전쟁 당시 이슬람 측의 영웅이던 살라딘*이 아사신파를 토벌하려고 했을 때의 일화를 보아도 이 방식의 효과를 알 수 있다. 기록에 따르면 시리아 일대를 평정하고 있던 살라딘은 이번 기회에 아예 아사신파까지 토벌하기로 마음먹었다고 한다. 암살자들이란 안정된 통치 기반을 만들려는 통치자들에게는 언제나 눈엣가시 같은 존재들이기 때문이다.

그런데 그때 살라딘의 침실에서 독이 든 과자와 "너는 우리 손안에 있다"라는 편지가 발견되었다. 간담이 서늘해진 살라딘은 아사신파 토벌 계획을 철회할 수밖에 없었다. 술탄의 침실에 침입할 수 있었다는 것은 술탄의 주변인 중에 내통자가 있지 않고는 불가능한 일이다. 아마 살라딘의 시종 중에도 아사신파가 심어놓은 암살자가 있었을 것이다.

그런데 이 방식에는 결정적인 문제가 하나 있다. 그 지역에 뿌리를 내린 토착 정권에게만 가능한 방법이라는 점이다. 암살자를 잠입시켜서 유력자의 곁에 자리 잡기까지 시간이 필요하기 때문이다. 당연히 완전한 이방인들에게는 써먹을 수 없는 방식이다. 그리고 이슬람 세계에서 몽골군은 완전한 이방인들이었다.

그렇다면 진짜 군사적 대결로 몽골군을 이겨야 한다는 이야기인데 암살자 집단이 정규군을 전투에서 이기는 것은 불가능하다. 원래 음지에서 활동하는 자들은 태양 아래에서는 맥을 못 추는 법이다. 더구나 상대가 몽골군이라면 더욱 불가능한 일이었을 것이다. 이런 이유로 아사신파는 몽골군에게 힘 한번 써보지 못하고 토벌당하고 말았다.

〉〉〉 몽골의 재앙이 이슬람을 덮치다 〈〈〈

아사신파를 소멸시킨 훌라구는 곧 이슬람 세계의 심장이던 바그다드를 별 어려움 없이 함락시켰고, 이후 1260년 정월 드디어 팔레스타인에 모습을 드러냈다. 원정을 시작한 지 5년째에 접어들던 해였다. 이스라엘을 비롯한 팔레스타인이 20세기 혹은 21세기에 중동의 화약고라 불리듯 이곳은 13세기에도 분쟁지역이었다. 아니, 아마 역사가 시작된 이래 이곳이 분쟁지역이 아니었던 적은 없을 것이다. 한반도도 지정학적으로 저주받은 곳이라고 이야기되고는 하지만 정말 저주받은 곳은 바로 팔레스타인이다.

바로 이곳이 아프리카와 아시아를 잇는 통로이기 때문이다. 아시아에서

·   원래 이름은 살라흐 앗 딘. 이집트 아이유브 왕조의 창시자로 1187년 예루살렘을 점령해 이슬람의 성지를 수복했다. 이후 벌어진 3차 십자군 전쟁에서는 사자심왕 리처드 1세의 호적수로 이슬람군을 이끌었다.

아프리카로 진출하려는 세력이나 아프리카에서 아시아로 진출하려는 세력은 반드시 이곳을 장악하려고 했다. 심지어 대륙을 넘어 진출할 생각이 없는 세력조차도 상대방이 밀고 들어오는 것을 막기 위해 이곳에 대한 지배권을 행사하려 했다. 일종의 완충지대로 활용한 것이다.

13세기에는 그렇지 않아도 시끄러운 이 지역에 십자군까지 끼어든 상태였다. 그야말로 전쟁이 일상이었다. 덕분에 주인이 수시로 자주 바뀌던 지역이기도 했지만, 그래도 1260년경에는 이집트가 이 지역에 대해 주도권을 쥐고 있었다.

몽골군이 접근하자 당연히 이집트의 수도 카이로에 위급 신호가 전달되었다. 팔레스타인이 뚫리면 이집트는 곧장 침략군의 먹잇감이 될 수밖에 없었다. 이집트 술탄 쿠투즈는 전국에 동원령을 내리고 전쟁을 준비하기 시작했다. 정예병력으로 이름난 맘루크들을 중심으로 원정군도 꾸리기 시작했다. 오랜 정적이던 바이바르스와 화해하고 그를 선봉 부대의 대장으로 삼기까지 했으니 그야말로 거국일치의 태세였다.

이집트가 전쟁 준비로 한창일 때 몽골군도 시간을 허비하지는 않았다. 1260년 1월에는 알레포가, 3월에는 다마스쿠스가 몽골군의 말발굽에 굴복했다. 특이하게도 다마스쿠스 공략에는 십자군까지 몽골군과 함께 참전했다. 이 지역의 기독교 국가였던 안티오키아 공국과 아르메니아 왕국인데, 이들은 몽골군을 동방에서 온 또 다른 십자군 정도로 생각하고 전투에 동참했다고 한다.

동아시아에서 온 몽골군이 어떻게 십자군으로 받아들여질 수 있느냐고 의아할 테지만 훌라구의 선봉장인 키트부카가 기독교 신자였다는 점을 생각해 보면 전혀 근거 없는 망상이라고 할 수는 없을 것이다. 또 몽케

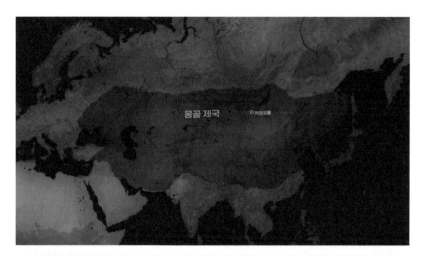

전성기 시절의 몽골제국
몽골군의 말발굽은 서남아시아 곳곳에 거침없이 찍혔다.

칸과 훌라구의 어머니였던 소르칵타니 베키가 네스토리우스파 기독교도 였다는 점도 고려되었을 것이다.

더구나 당시의 십자군은 7차 십자군을 이끌던 프랑스의 루이 9세가 이 집트에서 맘루크 군단에게 완패당한 이후 마땅한 후방 지원도 없이 고립 무원 상태에 있었다. 별다른 근거가 없었다고 해도, 지푸라기라도 잡는 심 정으로 몽골군을 또 다른 십자군으로 받아들였을 것이다. 덕분에 1260년 3월 1일, 다마스쿠스가 함락되었을 때 안티오키아 공국의 보에몽 6세는 몽골군과 함께 승자의 일원으로 입성할 수 있었다. 이후에도 십자군 기사 들은 몽골제국의 동맹군으로 전투에 참여했다고 한다.

알레포와 다마스쿠스 점령을 통해 시리아를 확보한 몽골군은 지중해를 오른쪽으로 두고 곧장 이집트를 향해 남하하기 시작했다. 이집트마저 몽 골군에게 정복된다면 이슬람 세계는 송두리째 몽골군의 지배하에 들어가 는 셈이었다. 계절은 아직도 전투에 적합한 여름이었다. 몽골군의 진격 속 도라면 해가 바뀌기 전에 이집트는 몽골군의 위력을 경험하게 될 것이다.

관례에 따라 훌라구는 우선 이집트의 수도인 카이로에 무조건 항복을 요구하는 사절을 파견했다. 항복한다면 제국의 일원으로 평화롭게 살 수 있지만 저항한다면 '고양이 한 마리 살려두지 않는' 몽골군의 공포를 맛보 게 될 것이라며 무시무시한 경고를 보냈다. 하지만 당시 이슬람 세계에서 가장 강력한 국가였던 이집트는 아직 칼 한번 부딪쳐 보지 않은 몽골군에 게 항복할 생각이 없었다.

더구나 이집트를 지배하던 맘루크들은 비타협적이고 호전적인 태도로 정평이 나 있었다. 이집트의 술탄 쿠투즈는 사신의 목을 자름으로써 자신 의 뜻을 드러냈다. 사신을 죽임으로써 끝까지 싸운다는 의사표시를 한 것이다. 특히 몽골제국은 사신을 죽인 적은 절대 가만두지 않았기 때문에 이집트 측은 아마도 퇴로를 끊는다는 느낌으로 사신을 죽였을 것이다. 상대가 이렇게 나온다면 훌라구로서도 세계를 떨게 만든 몽골군의 위력을 직접 보여주는 수밖에 없었다. 몽골군의 선봉대가 아프리카로 넘어가는 길목의 도시, 가자를 공략하기 시작했다.

그런데 이 시점에서 이집트로서는 행운이라고 할 만한 사건이 일어났다. 대칸이었던 몽케칸이 사망했다는 소식이 훌라구에게 도착한 것이다. 아직 유목국가의 면모를 유지하고 있던 몽골제국은 대칸이 사망할 경우 쿠릴타이를 통해 선거로 후계자를 선출하게 되어 있었다. 그런데 훌라구는 칭기즈칸의 친손자이자 사망한 몽케칸의 동생이기도 했다. 당연히 유력한 대칸 후보이자 선거에 반드시 참여해야 하는 황금씨족[•]이었다. 아무리 전쟁이 한창이더라도 본국으로 돌아가지 않을 방법이 없었다.

훌라구는 쿠릴타이 참석을 위해 본국으로 귀환을 결정했다. 그렇다고 진행하던 정복전쟁을 내팽개칠 생각은 없었다. 훌라구는 선봉장인 키트부카에게 시리아와 팔레스타인에 대한 대책을 일임했다. 하지만 총사령관이 귀환하는 만큼 상당수의 병력도 훌라구를 따라 전선을 이탈할 수밖에 없었다. 당시 훌라구가 이끌던 몽골 원정군의 전체 규모는 6만 명 정도로 알려져 있는데, 총사령관이 귀환하는 만큼 아마도 절반 이상의 군대가 훌라구를 따라 철수한 것으로 보인다. 다만 그렇다 하더라도 팔레스타인 지역에서 작전 수행이 가능한 최소한의 전략단위는 남겨놓았을 것이다.

• 칭기즈칸의 직계 후손을 일컫는 말. 칭기즈칸 이후 몽골 초원에서는 오직 황금씨족만이 칸이 될 수 있었다.

몽골군의 전략단위는 1만 명으로 구성된 투멘이다. 여담이지만 조선시대 무장의 벼슬을 칭하던 만호萬戶도 몽골 지배기의 흔적으로 투멘이라는 호칭을 받아들인 것이다. 아무튼 앞뒤 상황을 고려할 때 키트부카가 거느린 몽골군은 적게 잡으면 한 개 투멘, 많게 잡아도 두 개 투멘이었을 것이다. 병력이 1만 명에서 2만 명 사이라는 이야기다.

이집트라는 강적을 상대하기에는 너무 적은 병력처럼 보이겠지만, 20년 전의 유럽 원정에서도 몽골군은 2만 명 정도의 병력으로 폴란드와 독일 지역을 초토화한 경험이 있었다. 그러니 이 정도도 만만한 전력은 아니었을 것이다. 더불어 이들이 주둔하고 있는 시리아나 팔레스타인 지역이 장기적으로 이 이상의 병력을 부양할 능력이 있는지도 고려해야 했을 것이다. 결국 2만 명 정도의 몽골군에 앞서 언급했던 일부 십자군 기사들이 동맹군으로 가세한 상태였다.

의도한 것은 아니겠지만 훌라구가 떠난 시기에 맞춰 이집트의 맘루크 군단도 팔레스타인에 모습을 드러냈다. 몽골군이 본국인 이집트로 진입하기 전에 승부를 내기 위해서였다. 그렇다면 팔레스타인 방어를 위해 파견된 이집트군의 병력은 어느 정도였을까?

13세기 말 전성기를 구가하던 맘루크 왕조의 기록에 따르면 맘루크군의 총병력은 2만 9000명 정도였고, 그중 1만 명 정도가 술탄의 직속 부대로 카이로에 주둔하고 있었다고 한다. 여기에 할카라고 불리던 4만 명 이상의 보조병들이 추가되었는데 이들은 대부분 각 지역의 요새를 지키는 방어병력이었다. 따라서 장거리 원정에 데려갈 수 있는 상태는 아니었을 것이다.

결국 가용병력이 3만 명을 넘지 않았다는 뜻인데, 그중 일부는 본국을 지키기 위해 남아야 했을 것이므로 팔레스타인으로 원정 온 이집트군의 총병력은 몽골군과 비슷했을 것으로 보인다. 이쪽도 병력이 의외로 적다고 생각할지 모르지만, 이집트 맘루크군도 몽골군 못지않은 정예병력이다. 잠시 후 설명하겠지만 이들은 일종의 기사들이고 기사 한 명의 전투력은 일반 병사의 전투력과는 차원이 다르기 때문이다.

〉〉〉 선택받은 엘리트 노예, 맘루크 〈〈〈

몽골군으로부터 아프리카를 구한 아인잘루트 전투에 대해 이야기하려면 몽골군의 상대인 맘루크들이 어떤 군대인가 하는 점부터 먼저 알아야한다. 이들이 상당히 독특한 존재인 탓이다. 아마 대부분의 사람들은 맘루크라는 단어 자체가 생소할 것이다. 통상적인 역사책에서 그리 중요하게 다루지 않기 때문에 이 독특한 존재를 발견하기란 쉽지 않다. 전쟁사에 유별난 관심을 가진 것이 아니라면 말이다.

하지만 최소한 군사적인 면에서 보자면 이슬람 세계에서 이들은 매우 중요한 존재였다. 중세 이슬람 세계에서 가장 강력한 군사 엘리트였기 때문이다. 그리고 더욱 흥미로운 점은 이 군사 엘리트들이 노예였다는 사실이다.

이 점이 바로 맘루크의 첫 번째 특징이다. 맘루크라는 단어 자체도 아랍어로 '소유된 자'라는 뜻이라고 한다. 당연히 노예라는 이들의 신분을 나타내는 것이다. 엘리트 군대가 노예라는 사실이 다소 의외라고 느낄지 모르지만, 계급사회가 공고하면 공고할수록 사실은 가장 밑바닥의 존재인 노예들이 활약할 여지는 더 커지는 법이다.

굳이 멀리 갈 필요 없이 동아시아의 경우를 보더라도 그렇다. 임금의 바로 다음 자리로 이른바 '일인지하一人之下 만인지상萬人之上'이라 불리는 재상宰相은 원래 음식을 요리하는 노예라는 의미의 단어였다고 한다. 그러나 처음에는 노예에 불과하더라도, 주인의 지위가 하늘 끝까지 올라가면 노예의 지위도 하늘 턱밑까지 따라가는 것이다. 맘루크들도 마찬가지였다. 이들은 비록 노예이지만 그들의 주인이 군주이기 때문에 일반적인 노예와는 전혀 다른 존재가 될 수 있었다.

"맘루크 병사는 항상 지위가 높았습니다. 이들은 귀중한 사람들이었고 충분히 훈련받았습니다. 그들은 직업군인들이었고 당시 최신 기술로 훈련했습니다. 통치자의 관점으로 보자면 고용하고 훈련을 시킨 후 자유를 줬기 때문에 이들이 통치자에게 강한 충성심을 갖는 장점이 있습니다. 또한 그들은 이슬람권 밖에서 모집된 사람들이었습니다. 대부분은 튀르크어를 했고 아니면 체르케스어를 했습니다. 아랍 지역 사람들이 아니었고 애초에 무슬림으로 태어나지도 않았습니다. 보통 그들은 수천 마일 떨어져 있는 가족들과 연락이 끊겼습니다. 그뿐만 아니라 그들은 다른 부족, 다른 계급층 등 사회의 다른 집단들과 지역적 연결성을 갖고 있지 않습니다. 고립된 존재였죠. 따라서 그들은 자신이 속한 맘루크라는 집단이 정체성의 핵심이었습니다. 또 강력한 집단의 정신을 갖고 있었습니다. 마치 훌륭한 축구팀처럼 말이죠. 이들은 이 집단, 이 군대의 일원이었고 보통의 경우에는 자신들의 지도자, 통치자에게 절대적으로 충성했습니다. 이후 그들은 단지 엘리트 병사에 머물지 않고 군대의 지휘를 책임지는 데까지 발전했습니다. 그 뒤로는 심지어 성, 도시, 한 지방의 주지사까지 되기도 했죠."[1]

노예들을 엘리트 군인으로 양성하는 것은 절대군주인 술탄에게도 여러 모로 유용한 일이었다. 무엇보다 이들은 고아였다. 당연한 이야기이지만 어린 시절에 노예로 팔려왔기 때문에 이들에게는 어떤 일가친척도 없었고 오직 술탄만이 맘루크들의 아버지이자 주인이었다. 이들은 단지 가족으로부터만 고립된 것이 아니었다. 이집트 사회로부터도 고립되어 있었다.

맘루크들이 붙잡혀서 팔려 온 곳은 러시아 남부의 킵차크 지역이었는데 주로 튀르크족이나 체르케스족이었다고 한다. 당연히 이집트인들과는 혈통도 다르고 문화도 달랐다. 심지어 사용하는 언어도 달랐다고 한다. 그만큼 이집트 내부의 특정 세력과 손을 잡으려야 잡을 수 없는 존재였다. 술탄의 처지에서 보자면 자신의 권력을 위협하는 어떤 세력과도 연결되지 않고 오직 자신만을 바라볼 수밖에 없는 맘루크들이 매우 유용한 존재였을 것이다.

다만 고립된 존재인 만큼 자기가 속한 집단에 대한 소속감이 매우 강했다. 자칫 배타적 이익집단화의 가능성이 높다는 이야기다. 하지만 이들을 활용하기 시작한 초기에는 이런 단점이 크게 눈에 띄지는 않았을 것이다. 덧붙이자면 술탄에게 봉사하기 위해 교육받았으므로 맘루크들은 교육 수준도 상당히 높은 편이었다고 한다. 그저 힘만 센 무식한 노예들이 아니었다는 뜻이다.

이렇게 군주에 대한 충성심도 높고, 기존의 기득권 세력과 연결될 가능성도 없는 데다, 교육 수준마저 높다면 군대가 아닌 다른 곳에도 이들을 활용하고 싶어지는 것이 인지상정이다. 술탄들은 이들을 다양한 곳에 써먹기 시작했다. 일개 병사에서 군사령관으로 출세하는 것은 당연하거니와 심지어 각 지역의 지사나 중앙정부의 행정 관료로 출세하기도 했다. 노예라는 신분을 넘어, 아니 오히려 노예라는 이유로 이집트 사회의 엘리트 집단으로 성장할 수 있었다.

맘루크들의 또 다른 특징은 이들이 '하이브리드ʰʸᵇʳⁱᵈ 중기병'이라는 점이다. 복합적인 재능을 가진 중기병이었다는 뜻이다. 중기병이면 그냥 중기병이지 무슨 하이브리드 중기병이 있느냐고 되물을지 모르겠지만, 이렇게 부를 수밖에 없는 이유가 있다.

우선 이들의 특성을 정확하게 이해하기 위해 중기병과 경기병의 전술적 차이부터 알아보도록 하자. 보통 기병이면 다 같은 기병이라고 생각하기 쉬운데, 같은 기병이라도 중기병과 경기병輕騎兵의 구성에 따라 군대는 전혀 다른 성격을 가진다. 어쩌면 말을 타고 있다는 점만 같을 뿐 완전히 다른 군대라고 할 수도 있다.

경기병의 가장 전형적인 예는 몽골 기병이다. 이들은 속도와 기동성을 중시하기 때문에 매우 가볍게 무장을 한다. 갑옷도 금속 갑옷을 입는 경우는 거의 없고, 입더라도 최소한의 부위만을 금속으로 보호하고 나머지 부분은 가죽이나 천을 덧댄 갑옷을 입는다. 당연히 정면충돌로 적을 공격하는 무모한 짓은 잘 하지 않는다. 오히려 기동성을 최대한 활용한 전술을 사용한다.

우선 전투 초반에는 활을 이용해 원거리에서 적을 공격한다. 그러다가 적의 대형이 흐트러지면 이때 유목민 특유의 곡도를 휘두르며 적을 공격해 숨통을 끊는다. 따라서 이들이 가장 중시하는 무기는 당연하게도 활이다. 지금도 몽골의 나담축제에 가면 말타기와 활쏘기를 가장 중요하게 생각하는 것을 볼 수 있는데, 몽골이 가진 경기병의 전통 때문으로 보인다.

중기병들은 전혀 다르다. 이들이 중시하는 것은 정면충돌로 적의 방어

갑옷과 긴 창으로 무장한 서양 군대 ⓒ Albrecht Altdorfer
중기병은 방어력과 돌파력을 얻는 대신 날렵함과 기동성은 포기해야 했다.

선을 돌파하는 것이다. 현대전에서 탱크가 하는 역할과 같다. 가장 전형적인 예는 당연히 유럽의 기사들이다. 온몸을 철갑으로 감싸고, 그것만으로 부족한지 말에게도 갑옷을 입힌다. 사용하는 무기도 정면 돌파가 목적인 만큼 말 위에서 사용할 수 있는 긴 창이 가장 중시되었다. 랜스lance라는 긴 창을 사용한 마상창시합이 중세 기사들의 무술대회에서 가장 중요한 경기라는 것을 떠올리면 중기병에게 창이 얼마나 중요한지 이해할 수 있다.

다만 두꺼운 장갑에 4미터가 넘는 긴 창을 들고 싸우는 덕에 방어력과 돌파력은 나무랄 데가 없었지만, 기동성은 포기해야만 했다. 말이 갑옷에 사람까지 수백 킬로그램이나 나가는 무게를 지고 날렵하게 움직이기란 사실상 불가능한 탓이다. 특히 자유로운 방향 전환 면에서는 경기병과 비교조차도 할 수 없었다.

동아시아에서 중기병으로 유명했던 금나라 기병의 경우 괴자마拐子馬라
는 제도를 운용했는데 이들은 말과 사람에게 갑옷을 입히는 것도 모자랐
는지 아예 말 세 마리를 쇠사슬로 묶었다고 한다. 돌파력을 위해 방향 전
환 자체를 포기한 것이다. 당연히 말 위에서 활을 쏘는 방식의 전투는 별
로 중시되지 않았다. 무거운 갑옷에 방향 전환까지 불가능하면 화살 공격
의 위력이 아무래도 떨어질 수밖에 없기 때문이다.

그런데 신기하게도 맘루크들은 중기병인데도 불구하고 활을 자유자재로
다루었다. 심지어 가장 즐겨 사용하는 무기이기도 했다. 맘루크들이 대부
분 킵차크 지역 출신인 이유도 이 지역의 유목민들이 활을 잘 쏘는 전통을
가지고 있어서였다고 한다. 이쯤 되면 맘쿠르들이 얼마나 활을 중시했는지
알 수 있을 것이다.

다만 활을 잘 사용하려면 아무래도 유럽 기사들에 비해서는 갑옷의 방
어력을 다소 포기해야 했다. 말 위에서의 움직임 면에서도 말의 기동성을
살리기 위해서도, 유럽 기사들보다는 가벼워야만 활을 쏘는 데 유리하기
때문이다. 기동성을 위해 방어력의 손해를 감수하는 일종의 타협을 한 것

14세기의 맘루크 전사
더블린 체스터비티 도서관 소장
방어력과 기동성의 조화를 통해 하이브리드 중기병
으로 거듭났다.

이다. 이런 타협을 통해 맘루크들은 중기병이면서도 기동성과 활이라는 원거리 무기까지 갖춘 '하이브리드' 중기병이 될 수 있었다.

> "맘루크군의 흥미로운 점 중에 가장 잘 알려진 것은 특히 중동, 이집트, 시리아를 중심으로 한 맘루크군이 훈련으로 아주 많은 것을 다뤘다는 점입니다. 단지 말을 타고 창을 쓰는 것뿐만 아니라 창, 검, 철퇴 심지어는 밧줄까지 사용하는 훈련을 받았죠. 활을 사용하는 데도 매우 능숙했습니다. 레슬링으로도 훈련을 받았습니다. 때때로 대중오락의 형태로 볼 수 있는 유형의 훈련을 하기도 했습니다. 일종의 공연으로 보여주는 거죠. 시리아와 이집트의 맘루크는 화기를 제외하고 모든 무기들에 대한 훈련을 받았습니다."[2]

거의 모든 무예에 능통했다는 뜻이다. 그리고 이들의 이 뛰어난 전투기술을 '푸루시이야furusiyya'라고 불렀다. 상황이 이러했으니 이 '푸루시이야'야말로 노예에 불과했던 맘루크들이 엘리트 대접을 받을 수 있는 가장 중요한 기반이었을 것이다. 아주 어린 나이부터 강도 높은 훈련을 받아야만 획득할 수 있는 기술이었기 때문이다. 그 덕분에 이들은 노예 신분임에도 대체 불가능한 인적 자원으로 높은 평가를 받을 수 있었다. 이렇게 되면 당연한 이야기이지만, 원한다고 해서 아무나 맘루크가 될 수 있는 것이 아니게 된다.

> "맘루크는 중앙아시아에서 어린 시절에 노예가 되거나 모집된 사람들입니다. 유목민이라고 할 수 있는데, 이들은 아주 어린 시절부터 말타기와 활쏘기의 전문가가 됩니다. 말을 타면서 동시에 활과 화살로 쏘는 겁니다. 그들이 팔리거나

좀 더 직접적으로 노예가 되는 때면 이미 기마 궁수에게 필요한 기본적인 기술과 근육 발달이 이뤄져 있습니다.

맘루크군과 몽골군이 사용했던 뒤쪽으로 휘어져 있는 활이나 영국에서 유명한 장궁, 즉 7피트 활로 전문 궁수가 되기 위해서는 상체에 특별한 근육과 뼈 구조를 발달시킬 필요가 있습니다. 청소년기가 되기 전에 신체의 그 부분들에 대한 단련을 시작하지 않으면 불가능한 일이죠. 30세에 기마 궁수가 되려면 25년 전부터 시작해야 하는 겁니다. 그런 다음에 이집트와 시리아에 팔렸습니다. 그리고 아주 좋은 대우를 받았습니다.

10년 이상을 함께 막사에서 살았고, 전문 군인으로서 고도의 훈련을 받았어요. 같은 유목민 출신이지만 몽골군과는 좀 달랐어요. 출정하지 않을 때 대부분의 시간을 유목민으로 살았던 몽골군과는 다르게 맘루크들은 말타기와 전쟁 시의 무기 사용을 매일 배웠던 전문 군인들이었습니다. 따라서 몽골군과 비슷한 기술을 갖고 있었지만 동시에 훨씬 더 많은 전문적 훈련을 받았고 더 다양한 무기와 보호 장비를 갖고 있었습니다."[3]

30세의 맘루크가 되기 위해서는 25년 전, 그러니까 5세부터 강도 높은 훈련을 받아야만 하는 것이다. 프리미어리그의 축구선수나 메이저리그의 야구선수가 되기 위해서는 아주 어린 나이부터 평생을 훈련해야 하는 것과 같은 이치다. 여러분 주변의 누군가가 20세에 축구를 시작하고 싶다고 한다면 "미안하지만 취미로만 하라"고 조언할 수밖에 없을 것이다.

마찬가지로 누군가가 맘루크들의 높은 사회적 지위에 매혹되어 20세에 맘루크가 되겠다고 나서더라도 그것은 불가능한 일이었다. '하이브리드' 중기병으로서의 전투기술이 일종의 높은 진입장벽 역할을 하는 셈이다.

〉〉〉 군대를 위해 존재하는 국가 〈〈〈

이런 과정을 거쳐 붙잡혀 온 노예 신세에서 술탄이 거느린 엘리트 군단으로 출세한 맘루크들은 몽골군의 침공이 시작될 무렵 또 한 번의 신분 상승을 경험한다. 술탄까지 제거하고 자신들이 직접 권력을 장악한 것이다. 약간 돌아가는 감이 있기는 하지만 맘루크 술탄국의 특징을 이해하기 위해서는 반드시 알아야 할 필요가 있으므로, 이 부분도 조금 알아보고 넘어가도록 하자.

노예에 불과했던 맘루크들이 이집트의 주인이 되기까지는 샤자르 알 두르라는 영리하지만, 불행했던 한 여인의 선택이 결정적인 영향을 미쳤다. 원래 맘루크 왕조 이전에 이집트를 지배하고 있던 왕조는 이슬람의 영웅, 살라딘을 시조로 하는 아이유브 왕조였다. 그런데 1249년, 아이유브 왕조의 이집트에 십자군이 밀고 들어왔다. 프랑스 왕 루이 9세가 거느린 7차 십자군이었다.

하지만 십자군에 맞서 싸워야 할 이집트의 술탄은 병든 몸이었다. 몸에 무리가 가는 것을 무릅쓰고 전선으로 향했지만, 결국 술탄은 병을 이기지 못하고 전선에서 죽음을 맞이했다. 밖으로는 십자군이 몰려오고 안으로는 술탄마저 쓰러지자 이집트는 풍전등화의 위기에 처할 수밖에 없었다.

이 위기를 벗어나게 한 것이 바로 샤자르 알 두르라는 술탄의 여자 노예였다. 물론 술탄의 군사 노예인 맘루크들이 단순한 노예가 아닌 것처럼 술탄의 여자 노예인 샤자르 알 두르도 단순한 노예는 아니었다. 술탄의 아들도 낳은 적이 있으니 후궁이라고 보는 것이 오히려 사실에 가까울 것이다.

아무튼 미모와 지혜를 모두 갖추고 술탄의 총애를 받던 샤자르 알 두르는 술탄의 사망으로 모두가 넋을 놓고 있을 때 기민하게 움직이기 시작했다. 술탄의 죽음을 비밀로 하고 급히 술탄의 후계자인 투란 샤를 카이로로 불러들인 것이다. 이 기민한 대처 덕분에 이집트군은 십자군 앞에서 붕괴하지 않고 방어전을 계속할 수 있었다.

더구나 급보를 받고 황급히 카이로로 향하던 투란 샤는 카이로에 도착하기도 전에 신의 은총이라고 할 만한 소식을 접한다. 기세등등하게 카이로로 진군하던 십자군이 알 만수라라는 도시에서 맘루크들에 의해 궤멸당했다는 소식이었다. 기세가 오른 맘루크들은 이어진 전투에서 프랑스 왕마저 생포하는 엄청난 전과를 거둔다.

참고 삼아 이야기하자면 이때 생포된 루이 9세는 결코 평범한 군주가 아니었다. 훗날 교황청에 의해 성인聖人으로 선포된 성 루이가 바로 이 사람이다. 지금도 로마에 가면 이 성인을 기리는 성당이 있을 정도다. 결코, 별 볼 일 없는 군주가 아니었다. 그런 사람을 상대로 이 정도의 대승을 거두었으니 투란 샤는 재위를 시작하기도 전에 자신에게 신의 은총이 내린 듯한 기분을 느꼈을 것이다.

다만 이런 과도한 자신감이 오히려 투란 샤의 치세를 망치게 했다. 승리로 한껏 고무된 투란 샤는 축복받은 즉위가 가능하도록 한 공신들을 냉담하게 대하는 실수를 저지르고 만다. 바로 샤자르 알 두르와 맘루크들이었다. 상대방이 칼을 들고 있는 상태에서 이런 실수의 대가는 목숨으로 치르는 수밖에 없다. 샤자르 알 두르는 맘루크들의 행동대장인 바이바르스를 움직여 투란 샤를 살해하고 자신이 직접 여왕으로 즉위하는 파격적인 선택을 한다. 투란 샤가 즉위한 지 불과 3주 만의 일이었다.

물론 샤자르 알 두르는 영리한 여자였던 만큼 맘루크들을 결코 냉대해서는 안 된다는 것을 잘 알고 있었다. 샤자르 알 두르는 맘루크들을 권력의 파트너로 삼기로 했다. 맘루크 대장이었던 아이바크를 남편으로 삼고 공동통치를 시작한 것이다. 그렇게 노예였던 맘루크들은 드디어 술탄의 자리까지 오르게 된다. 맘루크 왕조의 시작이었다. 이대로 이 부부의 통치가 계속되었다면 몽골군의 상대는 이집트의 여왕이 되었을 것이다.

하지만 샤자르 알 두르와 아이바크의 공동통치는 질투와 증오로 얼룩진 비극적 결말을 맞는다. 두 사람의 통치가 7년째 되던 어느 날, 남편 아이바크의 목욕을 도와주던 여왕은 남편에게 며칠 전 들어온 어린 후궁의 일을 따지기 시작했다. 남편이 시앗을 보면 돌부처도 돌아앉는다고 했던가. 아무리 여걸이라도 남편의 첩은 용납하기 어려웠을 것이다. 그러자 아이바크는 화를 내며 대답했다고 한다. "그 아이는 젊지만, 당신은 더 이상 그렇지 않잖소."

감정이 무엇인지 모르는 많은 남자들처럼 아이바크도 이런 모욕이 아내에게 무슨 의미인지 몰랐던 모양이다. 더구나 샤자르 알 두르는 아이바크를 술탄으로 만들어준 은인이자 두 차례나 이집트를 구한 여걸이었다. 이런 모욕을 참고 있을 여자가 아니었다. 여왕은 곧장 배은망덕한 남편의 배를 칼로 찔렀다.

남편의 숨이 넘어가면 여왕은 세 번째 남편을 찾을 심산이었겠지만 이번에는 행운이 그녀의 편이 아니었다. 마침 밖에서 기다리던 아이바크의 아들이 목욕탕 밖으로 흘러나오는 핏물을 보고 안으로 뛰어 들어온 것이다. 여왕은 복도로 도망쳤지만 결국 아이바크의 경비원들에게 살해당하고 만다. 1257년 4월의 일이었다.

공동통치자가 한꺼번에 사라지자 권력은 아이바크의 아들에게 돌아갔다. 문제는 아이바크의 아들이 불과 15세였다는 점이었다. 딱히 정통성도 없는 아이바크의 아들이 어린 나이에도 불구하고 술탄의 자리를 지키기는 어려운 일이었다. 물론 아버지인 아이바크도 정통성이 없는 것은 마찬가지였지만 최소한 아이바크는 맘루크들 중 가장 나이 많은 선임 지휘관이었다. 그렇기 때문에 아이바크라면 다른 맘루크 지휘관들도 큰 불만이 없었다. 하지만 고작 15세의 풋내기라면 문제가 다르다.

더군다나 이 무렵에는 동쪽에서부터 몽골군이라는 회오리바람이 불어오고 있었다. 평생을 군인으로 살아온 만큼 맘루크들은 과연 이 위기 상황을 맡겨도 될지에 대한 의구심이 들었을 것이다. 그렇게 정통성도 없고 능력에 대해 믿음도 주지 못한 아이바크의 아들은 결국 맘루크들에 의해 살해당했다.

몽골의 침입이 임박했던 만큼 맘루크 지휘관들은 시간을 지체하지 않고 다음 술탄을 결정했다. 서열에 따라 백전노장이던 쿠투즈가 맘루크 왕조의 두 번째 술탄으로 즉위했다. 흥미로운 점은 이후 250년간, 그러니까 맘루크 술탄국이 존속하는 동안 이런 식으로 술탄의 자리가 결정되는 경우가 흔했다는 것이다. 생각해 보면 애초에 아이바크가 술탄이 된 것도 개인의 권력 기반이 있어서라기보다는 단순히 맘루크들의 대표 자격이었기 때문이다.

따라서 맘루크 술탄국은 진정한 권력이란 집단으로서의 맘루크들에게 있고 술탄은 그 대표 자격으로 권력을 행사하는 특징을 갖추게 되었다. 술탄은 '오너'라기보다 평직원에서부터 잔 다리를 밟아 출세한 전문경영인이라는 느낌이 강했던 것이다. 이 때문에 그 후에도 맘루크 술탄들은 자신의 아들에게 술탄의 자리를 물려주지 못한 경우가 허다했다. 설혹 물려주는 데 성공하더라도 2~3대를 넘어가는 것은 거의 불가능했다. 오너가 아니라 전문경영인인 탓이다.

이렇게 되면 아버지의 후광에만 기대는 무능한 술탄이 등장할 가능성은 낮아진다. 무능을 드러냈다가는 바로 쫓겨나는 것이다. 대신 집단의 이익에 반하는 결정을 하거나 혁신을 추진하기도 어려워진다. 권력의 근원이 술탄 개인이 아니라 집단으로서의 맘루크들에게 있었기 때문이다. 그리고 훗날 멸망의 순간이 다가왔을 때 이런 특징이 맘루크의 멸망을 앞당기는 원인이 된다.

> "맘루크들은 아주 엘리트라서 자신들과 다른 군단을 꽤 다르게 봤습니다. 그들은 자신의 기술과 능력에 대해서 정당한 자부심을 갖게 됐고, 이 때문에 자신들과 사회의 나머지 구성원들이 더 구분되는 경향이 있었습니다. 자신의 집단을 하나의 가족처럼 여기고 집단에 충성했죠. 자기 가족을 지키는 군단이라고도 말할 수 있겠네요.
> 또한 맘루크 술탄이 다른 술탄들과 다른 점 중 하나는, 완전히 발달한 맘루크 술탄국에서는 군대가 국가를 방어하고 봉사하는 게 아니었다는 겁니다. 오히려 국가가 군대를 지지하기 위해 존재하는 격이었습니다. 아주아주 중요한 얘기입니다. 국가가 군대의 종이었습니다, 군대가 국가의 종이 아니라요. 이런 점이 그들을 아주 강력하게 만들기도 했지만 큰 약점이 되기도 했습니다."[4]

하지만 이것은 먼 훗날의 이야기이며 당장 눈앞에 닥친 문제는 몽골군이었다. 내세워졌다는 느낌으로 술탄이 된 쿠투즈는 즉위하자마자 전국에 동원령을 내렸다. 거국일치의 느낌으로 오랜 정적이던 바이바르스까지 선봉대장으로 세운 원정군은 출정을 시작했다. 1260년 7월 26일이었다.

몽골 vs 맘루크,
아인잘루트에 모이다

〉〉〉 **골리앗의 연못으로 꾀어내다** 〈〈〈

바이바르스를 선봉으로 한 맘루크군이 팔레스타인으로 진입하던 무렵 몽골군은 반란을 일으킨 다마스쿠스를 진압하던 중이었다. 본인은 비록 불교도였지만 어머니와 아내가 기독교도였던 탓인지 훌라구는 정복 초기 기독교도들에 대해 매우 우호적인 태도를 보였는데, 이슬람교도들이 이 상황을 참지 못하고 반란을 일으킨 것이다.

물론 반란은 순식간에 진압당했다. 하지만 이 반란 덕분에 맘루크군은 갈릴리 지역에서 몽골군의 요격 걱정 없이 시간적으로 여유롭고 확실하게 싸울 채비를 할 수 있었다. 그리고 이 며칠의 여유가 전투에서 결정적인 차이를 만들게 된다.

맘루크들의 진출 소식을 들은 키트부카는 반란의 사후 처리를 서두른 후 곧장 갈릴리를 향해 남하하기 시작했다. 정복지에 소수의 고위 군관인 다루가치만 남겨놓고 전 병력이 이동하는 몽골군의 관례에 따라, 자신이 거느린 대부분의 병력에 십자군 기사들까지 대동한 채였다. 공격적인 전술을 선호하는 몽골군답게 키트부카의 군대는 빠르게 남하하기 시작했다.

키트부카가 전투를 서두른 이유는 몽골군이 공격적인 전술을 선호해서만은 아니었다. 정복한 지 얼마 되지 않은 지역인 만큼 전쟁이 장기화되면 피정복민들이 또 다른 반란을 일으킬 가능성이 높기 때문이었다. 키트부카로서는 속전속결로 결판을 내고, 누가 더 강한지를 피정복민들에게 보여주어야만 했다.

다만 속전속결에 대한 부담 때문인지 훌라구가 떠난 이후 키트부카의 행동은 무엇인가에 쫓기기라도 하는 듯 서두른 감이 있다. 아무튼 서두른 덕분인지 몽골군은 9월이 시작될 무렵 갈릴리 인근의 아인잘루트에서 맘루크군을 포착하는 데 성공했다.

아인잘루트라는 지명에서 아인Ain이란 '샘' 혹은 '연못'이라는 의미이고 잘루트Jalut는 '골리앗'이라는 뜻이다. 성경에 나오는 바로 그 골리앗이다. 이런 이름을 가지게 된 이유는 당연히 이곳이 골리앗과 관련된 장소이기 때문인데, 전설 속에서 다윗이 돌팔매로 골리앗을 죽인 바로 그곳이다. 전설적인 고대의 전투 이후 아인잘루트는 두 번째로 역사에 자신의 이름을 기록하게 된 셈이다. 전투 전후의 상황에 비추어 볼 때 이곳을 전투지로 고른 것은 맘루크 쪽인 것이 분명하다. 이후 벌어진 전투에서 지형의 이점을 확실하게 이용해 완승을 거두었기 때문이다.

아인잘루트의 지형을 살펴보면 우선 북쪽으로는 갈릴리산이, 남쪽으로는 길보아산이 감싸고 있는 좁은 협곡이라는 점이 눈에 띈다. 이런 협곡에서 전투를 벌이면 맘루크들처럼 육박전이 주특기인 중기병들은 행동에 제약이 거의 없지만, 기동성에 의존해야 하는 경기병들은 움직임이 제한되어서 불리할 수밖에 없다. 몽골군의 주력은 널리 알려진 것처럼 경기병이었다.

한 가지 더 이곳 지형의 특이한 점은 협곡 입구를 막고 있는 낮은 구릉이었다. 앞으로 살펴보겠지만 이 구릉 역시 전투의 승패에 결정적인 영향을 미치게 된다. 맘루크들은 이 구릉까지도 염두에 두고 이곳을 전투지로 선택했을 것이다.

1260년 9월 3일, 맘루크를 추격하며 아인잘루트까지 내려온 몽골군은 드디어 맘루크군을 발견했다. 맘루크군은 협곡 입구의 구릉에 바이바르스가 이끄는 선봉 부대를 배치하고 있었는데 몽골군의 선봉대가 이들을 본 것이다. 앞서 키트부카가 어떤 것에 쫓기는 듯 서둘렀다고 했는데 이번에도 키트부카는 별다른 정찰도 없이 곧장 전투에 돌입했다. 몽골군의 선봉대 역할을 하던 십자군 기사들은 맘루크군을 향해 달려 나가기 시작했다.

몽골군도 아닌 십자군이 선봉대 역할을 맡은 것이 이상하게 여겨지겠지만 몽골군은 원래 동맹군을 잘 활용하는 것으로 정평이 난 군대였다. 몽골군은 자신이 잘하지 못하는 전투 방식이 필요하면 자기의 방식을 고집하지 않았다. 대신 그 전투 방식을 가장 잘하는 동맹군에게 언제나 중요한 역할을 맡겼다. 공성전이 필요하면 중국인 공병대가 앞장서고, 정면 돌격이 필요하면 중기병 중심의 동맹군인 여진족이나 킵차크족이 나서는 식이었다. 심지어 수상 전투가 필요하면 고려나 남송의 수군이 앞장서기도 했다.

이것이 몽골군이 어떤 유형의 전투에서나 강할 수 있던 이유인데 이번 경우도 마찬가지였다. 아인잘루트에서 먼저 진을 치고 있던 맘루크 선봉대를 공격하기 위해서는 이 지역 지리를 잘 알고 또 정면 돌격에도 강한 십자군 기사들이 앞장설 필요가 있었다.

"몽골인은 원래 기마 궁병입니다. 중기병도 약간 있었지만 이들은 기본적으로 경기병입니다. 몽골군은 정복에 나서면, 현지인을 군대로 흡수할 방법을 찾으려 했습니다. 하지만 이미 (특정한 유형의) 전투에 익숙한 사람에게 다른 일을 시키려고 하지는 않았습니다.

코카서스산맥의 알란족처럼 전통적인 중기병은 중기병의 방식을 이용했습니다. 몽골군이 백병전 공격을 원할 때는 주로 몽골인이 나서지 않았습니다. 대신 여진족, 킵차크 튀르크족, 알란족, 러시아인인 루스족이 전투에 나섰습니다. 몽골은 매우 유연성 있게 사람들을 이용했습니다."[5]

십자군 기사들의 공격이 시작되자 바이바르스가 거느리고 있던 맘루크 선봉대가 얼마 버티지 못하고 무너지기 시작했다. 중무장한 기병이라는 점에서 맘루크들보다 더 전형적인 중기병이었던 유럽 기사들이 위력을 보이기 시작한 것이다. 적진에 균열이 생기자 전장에서 잔뼈가 굵은 노련한 지휘관 키트부카는 승부를 결정지을 기회를 잡았다고 생각했다. 곧장 몽골군에게도 돌격 명령이 내려졌다. 곡도를 치켜든 몽골군이 십자군의 공세에 합세하기 시작했다.

십자군 기사들에 더해 몽골군의 공격까지 더해지자 맘루크군은 전의를 상실한 것처럼 계곡 안으로 도망치기 시작했다. 전투 초반의 분위기는 확실히 몽골군에게 유리하게 전개되었다. 다만 맘루크군의 대열이 완전히 붕괴하지 않고 질서를 유지한 채 후퇴하는 것은 불길한 느낌을 주었다. 그러나 어차피 협곡 안으로 도망친 이상 맘루크들이 달아날 곳은 없었다. 계속 몰아붙인다면 독 안에 든 쥐 신세를 면치 못할 것이었다. 맘루크군이 협곡 안으로 후퇴하자 자연스럽게 몽골군도 함께 진입하게 되었다.

>>> 유인된 자를 기다리는 참혹한 패배 <<<

그런데 이때, 구릉에 가려 보이지 않던 맘루크의 본대가 모습을 드러냈다. 바이바르스의 선봉대는 몽골군을 협곡으로 끌어들이기 위한 일종의 미끼였고 술탄이 이끄는 본대는 구릉에 가려진 협곡 안에 매복하고 있었던 것이다. 협곡 입구의 구릉이 몽골군의 시선을 가린 덕분에 키트부카는 적의 규모를 과소평가하는 치명적 실수를 범했다.

술탄 쿠투즈는 계곡 안에서 대기하던 맘루크 주력 부대에게 돌격 명령을 내렸다. 이제 정말 본격적인 전투가 벌어지기 시작했다. 양군을 합해 3만 명이 넘는 병사가 좁은 협곡 안에서 사생결단의 난전에 돌입했다. 그리고 이런 식의 난전이 되면 장갑으로 무장한 중기병들이 활과 칼뿐인 경기병들에게 압도적으로 유리하기 마련이었다. 전투의 주도권은 완전히 맘루크들에게 넘어가고 말았다. 훗날 일한국의 역사가로 몽골의 역사를 집대성한 라시드 앗 딘은 함정에 빠진 키트부카의 운명을 다음과 같이 기록했다.

> 부하들은 그에게 퇴각할 것을 설득했지만 소용이 없었다. 그는 이 권고에 대하여, '내가 죽어야 할 곳은 이곳이다! 병사들은 칸에게 가서 키트부카가 수치스러운 후퇴를 거부하고 자신의 임무에 목숨을 바쳤다고 전할 것이다. 한 무리의 몽골군의 손실이 칸을 너무 슬퍼하게 해서는 안 될 것이다.'라고 물리쳤다. …
> 마침내 그의 말이 쓰러지고 그는 포로가 되었다. 그는 손을 뒤로 결박당한 채 쿠투즈 앞으로 끌려왔고, 쿠투즈는 정복된 정복자에 대해 다음과 같이 모욕했다. '그렇게 많은 왕조들을 쓰러뜨리고, 이제 덫에 빠진 너를 보아라!' 마침내 그를 체포한 자들이 그의 목을 베었다.[6]

전투 결과는 참혹했다. 몽골군은 거의 아무도 살아남지 못했다. 사령관인 키트부카마저 생포되어 처형당할 정도였으니 나머지 몽골군의 피해는 말할 필요도 없을 것이다. 설상가상으로 키트부카가 전군을 이끌고 남하한 덕분에 전투가 끝나고 나자 시리아와 팔레스타인 지역에서 몽골군은 완전히 사라지게 되었다. 단 한 차례의 전투로 지난 1년간 몽골군이 획득한 모든 영토가 무주공산이 되고 만 것이다.

맘루크 입장에서는 이 지역에서 패권을 확립할 절호의 기회를 맞은 셈이다. 술탄 쿠투즈와 바이바르스는 이 기회를 놓치지 않고 곧장 다마스쿠스와 알레포 등 시리아의 주요 지역을 정복하기 시작했다. 사실은 정복도 아니었다. 이 지역의 이슬람교도들이 기독교도를 우대하는 몽골의 지배에 대해 반감을 가지고 있었기 때문에 맘루크들을 오히려 해방자로 받아들였다. 전투가 아니라 무혈입성이 대부분이었다는 이야기다.

덕분에 맘루크들은 아인잘루트 전투 이후 피 한 방울 흘리지 않고 몽골군을 유프라테스강 건너까지 몰아내는 데 성공한다. 몽골의 침략이 맘루크들에게는 오히려 축복이 된 셈이다. 골치 아픈 소국들을 정복해서 자신들에게 넘겨준 꼴이 되었기 때문이다.

"이 전투 이후에도 몽골은 이집트를 정복하려는 시도를 몇 차례 더했습니다. 훌라구 시절에도 그랬고, 그 후손들도 몇 번 시도했죠. 하지만 한 번도 성공하지 못했습니다. 시리아나 팔레스타인도 차지하기 어려웠습니다. 이유가 있습니다. 처음 몽골군이 시리아에 왔을 때는 시리아와 이집트가 분열돼 있었습니다. 아이유브 왕조의 혈통을 이은 작은 소국들로 나뉘어 있었죠. 서로 싸우고 있었어요. 몽골군이 쉽게 정복할 수 있었던 이유입니다.

하지만 아인잘루트 전투 이후에는 상황이 달라졌습니다. 맘루크 술탄국이라는 강력한 국가에 의해 통일이 된 겁니다. 정복이 쉽지 않았습니다. 더구나 몽골군도 패배시킬 정도의 강력한 군대도 갖고 있었죠. 이 때문에 아인잘루트 전투는 몽골제국의 서쪽 경계선을 결정한 전투가 됐습니다. 13세기 이후로는 맘루크 국가, 맘루크 술탄이 이집트와 시리아를 완전하게 지배합니다. 맘루크 술탄 국가는 정말 대단했습니다. 성공적으로 수 세기 동안 유지됐습니다."**7**

칭기즈칸이 정복전쟁을 시작한 이래 몽골군이 이런 정도의 패배를 당한 것은 처음 있는 일이었다. 그리고 더욱 뼈아픈 것은 회복할 수 없는 패배였다는 점이었다. 그전의 몽골군은 설혹 한두 차례의 전투에서 패배하더라도 곧 돌아와서 상대방을 굴복시킬 수 있었다. 하지만 이번에는 그렇게 되지 않았다.

훌라구나 그를 이은 일한국의 칸[汗]들이 여러 차례 시리아를 침공했지만 이미 통일 제국을 만들어낸 맘루크들을 이길 수는 없었다. 결국 몽골제국의 서쪽 경계는 유프라테스강이 되고 말았다. **노예 출신의 병사들이 역사상 최강의 정복자들을 몰아내고 이슬람 세계를 구원한 것이다.**

새로운 전쟁,
화약 제국 오스만의 등장

>>> 전쟁의 폭풍이 시작되다 <<<

맘루크군이 몽골군을 몰아낸 1260년 이후 시리아와 팔레스타인 그리고 이집트는 맘루크들의 차지가 되었다. 시리아와 팔레스타인 지역이 차지하는 전략적 중요성에 비추어 볼 때 맘루크 술탄국이 이슬람 세계를 대표하는 강국이 되었다는 의미이기도 했다. 몽골군을 몰아낸 맘루크군은 곧이어 십자군도 몰아내기 시작했다.

맘루크군에게 완패당한 7차 십자군 이후 십자군 운동은 완연하게 쇠락기로 접어들어 있었는데, 그런 십자군 세력이 맘루크들의 기세를 당하기는 어려웠다. 겨우 명맥만 유지하던 십자군 국가들은 1291년 아크레 함락을 끝으로 팔레스타인에서 완전히 사라지게 되었다. 이후 200년간 맘루크들은 이집트와 팔레스타인, 그리고 시리아의 지배자로 군림할 수 있었다.

하지만 16세기가 시작될 무렵이 되자 맘루크들도 낙관할 수 없는 정세가 조성되기 시작했다. 만만치 않은 강적이 둘이나 등장했기 때문이다. 페르시아의 전통을 이어받은 사파비제국과 유럽과의 성전聖戰으로 단련된 오스만제국이 바로 그들이었다. 양쪽 모두 쉽지 않은 존재였지만, 특히 연이어 호전적인 군주들이 등장하던 오스만은 한시도 긴장을 놓을 수 없는 적수였다.

수학자이자 역사학자인 피터 터친은 자신의 저서 『제국의 탄생』에서 대제국은 문명과 문명이 충돌하는 변경에서 시작된다고 주장한 바 있다. 변경 너머의 이질적인 집단과 대결하며 내부의 결속력을 높인 민족이 높은 수준의 협력 정신인 아사비야asabiya를 기반으로 대제국을 건설한다는 이론이다.

아마 이 이론에 가장 잘 어울리는 제국이 오스만일 것이다. 유럽과 이슬람이 만나는 변경지대 아나톨리아에서, 유럽에 대한 성전을 수행하던 전사집단 '가지Ghazi'가 오스만제국의 출발이기 때문이다. 사실상의 창업주인 오스만 1세도 '가지'라는 칭호를 가장 선호했다고 하니 유럽에 대한 성전이 이 나라의 건국 정신이었던 셈이다.

오스만제국은 성전의 정신으로 충만한 전사집단답게 이슬람 내부의 투쟁보다는 유럽을 향한 정복전쟁을 통해 성장해 나갔다. 그렇게 성장을 이루어가던 오스만이 그 방향을 전환한 것은 콘스탄티노플이 손안에 들어온 1453년부터였다. 콘스탄티노플 공방전에 대한 자세한 이야기는 이 책의 목적을 벗어나기 때문에 생략하지만, 메흐메트 2세에 의한 콘스탄티노플 정복이 오스만의 역사에 몇 가지 결정적인 영향을 미쳤다는 점은 꼭 지적할 필요가 있다. 가장 큰 영향은 물론 오스만의 영토적 통일성이 완성되었다는 점이다.

이것은 지도를 찾아보기만 해도 단번에 이해할 수 있다. 콘스탄티노플 점령 이전에 오스만제국의 영토는 아나톨리아에 위치한 아시아 영토와 그리스 중심의 유럽 영토로 나뉘어 있었다. 심지어 수도도 두 개였는데 건국 초기의 중심지였던 부르사가 아시아 영토의 수도 역할을 하고 있었고, 새로 정복한 유럽 영토의 수도는 에디르네였다.

제국의 심장부이자 교통의 목구멍이라고 할 만한 콘스탄티노플이 기독교 국가로 남아 있는 한 이런 형태의 국가 구조는 어쩔 수 없는 일이었고, 술탄은 두 곳을 오가며 제국을 통치해야 했다. 당연히 통치의 효율성도 떨어지고 이질적인 문화를 가진 양쪽 영토를 유기적으로 연결하기도 어려웠다. 해결책은 오직 콘스탄티노플 정복뿐이었는데 1453년에 메흐메트 2세가 이 문제를 해결한 것이다.

>>> 이슬람 세계의 태양은 하나다 <<<

콘스탄티노플 정복은 단지 영토적 통일성의 확보라는 물질적 영향만 남긴 것이 아니었다. 정신적으로도 중요한 영향을 미쳤다. 바로 오스만제국이 자신을 로마제국의 후계자로 인식하기 시작했다는 점이었다. 메흐메트 2세는 콘스탄티노플을 점령하고 이곳을 수도로 삼은 이후 자신을 카이사르로 칭하기 시작했다. 여기에서 카이사르는 로마 황제라는 뜻이다.

아시아 출신의 이슬람교도가 로마제국의 황제를 자처한다는 것이 조금 어색하게 느껴질지 모르겠지만 콘스탄티누스 이전의 로마는 어떤 종교도 인정하는 다민족, 다종교 국가였다. 아시아 출신 황제도 여럿 있었으니 실제 로마인들이라면 그리 어색하게 여기지 않았을 것이다.

아무튼 로마제국의 후계자를 자처하는 것은 단지 명예의 문제는 아니었다. 자연스럽게 로마의 옛 영토에 대한 소유권을 주장할 수 있었다. 동로마제국의 옛 영토였던 시리아와 이집트 정복이 오스만제국의 관심사로 떠오르기 시작했다. **맘루크로서는 오스만의 위협을 심각하게 고려해야 할 시기가 온 것이다.**

"경쟁은 오스만제국이 콘스탄티노플을 정복하고 명백한 강대국이 된 이후부터 일어났습니다. 그들은 더 넓게 보기 시작했어요. 더 큰 야망을 갖게 된 거죠. 그들은 스스로를 무슬림의 황제, 새로운 무슬림 카이사르와 같이 생각했습니다. 그들은 붕괴돼 사라진 비잔틴 로마제국을 계승하게 됐죠.

맘루크 술탄국에는 큰 위협이 됐습니다. 오스만과 맘루크라는 크고 강력하고 부유한 두 국가는 아나톨리아의 남부와 남동부의 국경을 공유했습니다. 지금의 터키와 시리아의 경계 정도죠. 보통은 완충 역할을 하는 작은 국가들 때문에 떨어져 있었는데요. 이런 완충 국가들은 그때까지는 대부분 맘루크의 영향을 받았고 조종되기까지 했었습니다. 하지만 오스만이 권력을 키우면서 국경 지역의 일부를 장악했고, 이 거대하고 야심 찬 두 국가가 직접 접촉해 경쟁하게 됐습니다."**8**

1481년 봄, '정복자' 메흐메트 2세의 대군이 이스탄불을 출발했다. 콘스탄티노플 함락 이후 끊임없이 이어지던 메흐메트 2세의 정복전쟁은 동지중해 일대를 공포에 몰아넣고 있었다. 당연히 주변국들은 오스만군의 다음 행선지에 촉각을 곤두세웠다.

"오스만제국은 콘스탄티노플을 함락시키고 난 후 그들의 세력을 동쪽으로 확장했습니다. 아시아 쪽으로 진출했어요. 우선 아나톨리아와 아제르바이잔으로, 그리고 그 후에는 남쪽으로 시리아와 이라크로 세력을 넓혔습니다. 그런데 이 지역에는 맘루크가 자신의 속국이라고 생각하는 작은 국가들이 흩어져 있었습니다. 오스만은 그들을 지배하고 싶어했습니다. 그게 대립의 시작이었어요."**9**

우선 유럽인들은 이 군대가 자신들의 땅으로 몰려올 것으로 생각했다. 한 해전인 1480년, 오스만제국이 이탈리아에 대한 정복전쟁에 착수한 상태였기 때문이다. 콘스탄티노플 다음은 로마라는 공포가 이탈리아를 지배하고 있었다. 아시아라고 안심할 수는 없었다. 실제 전투가 시작되기 전에는 누구에게도 자신의 속마음을 털어놓지 않는 메흐메트 2세였기에 군대의 목적지가 시리아나 이집트가 아닐 것이라고는 누구도 장담할 수 없었다.

그러나 이 원정의 최종 목적지는 결국 아무도 알 수 없게 되었다. 이스탄불을 출발한 군대가 소아시아의 말테페에 도착했을 때 메흐메트 2세가 병으로 쓰러지고 말았기 때문이다. 유럽인들을 공포에 떨게 했던 '정복자' 메흐메트는 다시 일어서지 못했다. 덕분에 지금으로서도 1481년의 마지막 원정이 어디를 향한 것이었는지는 알 방법이 없다. 하지만 이스탄불을 출발한 군대가 소아시아로 향했다는 점에 비추어 볼 때 아마도 이 군대의 최종 목적지는 이집트라고 보는 것이 자연스러울 것이다.

메흐메트 2세가 사망하자 로마의 성당에서는 감사 기도가 올려지고, 베네치아에서는 축제가 벌어졌으며, 유럽의 군주들은 축배를 들었다. 꿈속에서도 만나고 싶지 않은 그리스도의 적이 드디어 죽었으니 축하하지 않을 수 없었을 것이다. 하지만 정말 감사 기도와 축배가 필요했던 곳은 카이로

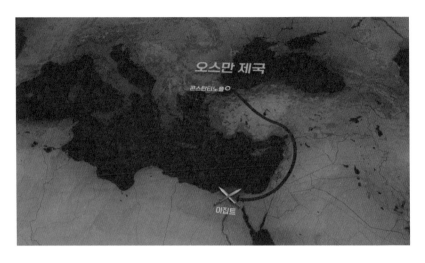

오스만제국의 이집트 정복
메흐메트 2세를 꼭 닮은 손자 셀림 1세는 이집트의 운명을 바꾸었다.

가 아니었을까?

메흐메트 2세를 이은 술탄 바예지드 2세는 화려한 정복자이기보다는 착실한 내치형 군주였기 때문에 바예지드가 통치하던 30여 년간 이스탄불과 로마, 그리고 카이로의 관계는 원만한 편이었다. 하지만 그 뒤를 이어 할아버지를 꼭 닮은 셀림 1세가 즉위하자 새로운 풍운이 몰려오기 시작했다. 셀림은 오직 자신만이 이슬람 세계의 유일한 태양이라는 사실을 증명하고 싶어 했기 때문이다.

뛰어난 시인이기도 했던 셀림 1세는 다음과 같은 시로 야망을 표현했다.

카펫 한 장은 두 명의 수피교도를 받아들일 수 있을 만큼 크지만, 이 세상은 두 명의 왕을 받아들일 만큼 크지 않다.

오스만 vs 맘루크,
전쟁의 패러다임이 바뀌다

〉〉〉 백전노장 맘루크의 생애 마지막 전투 〈〈〈

시리아 북부의 중심도시인 알레포에서 북쪽으로 40여 킬로미터 정도 올라가면 튀르키예와 국경이 멀지 않은 곳에 다비크라는 작은 마을이 하나 나온다. '코란'과 함께 이슬람교의 가장 중요한 경전으로 꼽히는 '하디스•'에서 최후의 성전이 일어날 곳이라고 예언된 곳이다. 이슬람 버전의 아마겟돈인 셈이다.

아직 예언에 기록된 최후의 전투는 일어나지 않았지만, 지금으로부터 500여 년 전인 1516년, 이슬람 역사에서 매우 중요한 전투가 이곳에서 벌어졌다. 오스만제국과 맘루크 술탄국의 운명을 결정한 마지 다비크 전투다.

•   예언자 무함마드가 말하고, 행동하고, 다른 사람의 행위를 묵인한 내용을 기록한 책. 코란, 이즈마, 키야스와 함께 이슬람법의 4대 원천을 이루며 이슬람의 '등뼈'라고 평가되는 중요한 문서다.

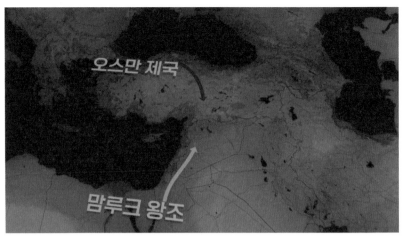

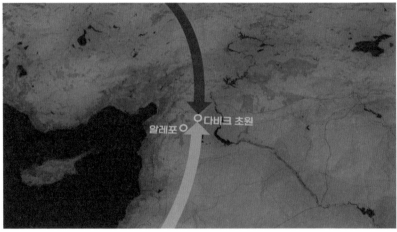

마지 다비크 전투

최후의 전투 장소라고 예언된 곳에서 오스만과 맘루크의 운명이 갈렸다.

1516년 8월 24일. 다비크 초원에 집결한 두 나라의 군대는 모두 합쳐서 10만 명이 넘었다. 양쪽 모두 술탄이 직접 참전한 만큼, 자신이 동원할 수 있는 정예병은 모두 모아 결집한 상태였다. 오스만제국의 술탄 셀림 1세도, 맘루크의 술탄 알 가우리도 이 전투에 나라의 미래가 걸려 있다는 것을 잘 알고 있었다.

특히 더 절박한 쪽은 알 가우리였다. 지난해의 전투로 맘루크 술탄국의 오랜 속국이던 라마잔과 둘카디르가 오스만제국에 병합되었기 때문이다. 완충지대 역할을 하던 두 나라를 빼앗긴 상태에서 이번 전투마저 패한다면 맘루크 술탄국에 더 이상의 미래는 없었다. 일흔이 넘도록 전장을 누벼온 술탄 알 가우리는 아마도 자기 생애 마지막 전투가 될 이번 전투에서 모든 것을 걸기로 했다.

한창때의 혈기 넘치는 셀림 1세와 70세를 넘긴 알 가우리는 그 외모의 차이만큼이나 이질적인 존재였다. 셀림이 자신의 혈통에 강렬한 자부심을 가진 오스만제국 왕가의 왕자였던 데 비해, 알 가우리는 맘루크의 오랜 전통 그대로 노예에서 출발해서 잔 다리를 밟아 술탄 자리에까지 오른 입지전적인 인물이었다. 그의 이름처럼 쓰이고 있는 알 가우리라는 별칭도 처음 노예로 팔려와서 교육받았던 알 가우리 군사학교의 이름에서 따온 것이었다. 노예였던 자신을 술탄으로 만들어준 맘루크 군단의 미래를 위해서도 알 가우리는 이번 전투에서 반드시 이겨야 했다.

우선 알 가우리는 카이로에서부터 데려온 정예병인 맘루크들을 전선 중앙에 역초승달 모양으로 배치했다. 진형을 역초승달 모양으로 짠 것은 중기병의 장기인 중앙 돌파의 파괴력을 최대한 높이기 위해서였을 것이다. 마치 날아가는 화살촉처럼 가장 강력한 중앙으로 적 방어선을 돌파해서, 적진을 양분하는 것이 이 진형의 목적이었다.

알 가우리의 의도대로 중앙이 단절된다면 유기적 연결을 잃은 오스만군은 군대가 아닌 오합지졸로 전락할 것이며, 맘루크군의 손쉬운 사냥감이 될 것이다. 기병대의 배후에는 보병들을 배치했는데 이들의 역할 역시 기병대로 단절된 적을 요리하는 것이었다.

전선의 왼쪽에는 알레포에서 합류한 총독 카이르 베이의 군대가 자리 잡았다. 중기병의 돌격을 우선시하는 맘루크군의 전통에 따라 이들도 역시 중기병이었다. 오른쪽에도 시리아에서 합류한 다마스쿠스 총독 시 베이의 군대가 자리 잡았다. 물론 이들도 중기병이었다. 전체적으로 중기병이 먼저 돌격해서 적진을 무너뜨리고 보병에게 뒤처리를 맡기는 것이 맘루크의 전술이었다.

"오스만제국의 군대와 술탄에 의해 위협을 받았을 때 맘루크 술탄은 자기가 할 수 있는 한 최고의 군대를 동원했습니다. 사실 아주 좋은 군대였어요. 또 아주 전통적이었습니다. 북쪽으로 전진해서 평평하고 트인 지역인 다비크 초원에 자리를 잡았죠. 한 가지 문제도 있었는데요. 시리아 북부의 대도시인 알레포의 총독이 믿음직스럽지 못하다고 여겨지는 거였습니다. 아마도 좀 기회주의적이었던 것 같습니다. 그래서 이들 병력은 전투 부대의 왼쪽 날개에 배치됐습니다. 물론 알 가우리 술탄에게는 이집트 출신, 혹은 이집트를 기반으로 한 사람들로 구성된 최고의 병력이 있었습니다. 이집트 맘루크였어요. 이들이 중앙에 있었죠. 그리고 시리아의 다른 대도시인 다마스쿠스의 병력이 오른쪽에 배치됐습니다. 전술은 여전히 전통적인 전략에 가까웠습니다.

근대 초기까지는 중앙에 가장 강력한 병력이 있었습니다. 왼쪽은 전통적으로 방어를 맡았고, 오른쪽은 공격적인 역할을 맡았죠. 따라서 오른쪽에 신뢰하는 사람들이 있었습니다. 믿을 만하고 충성심 높은 사람들로, 그들의 임무는 공격이었습니다. 확신할 수 없는 사람들에게는 움직임이 없는 위치를 주면서 도망가지 않기를 바랐습니다."[10]

〉〉〉 전세를 뒤엎은 오스만의 비밀 무기 〈〈〈

오스만제국의 셀림 1세는 전혀 다른 진형을 준비하고 있었다. 얼핏 보면 고대의 명장들이었던 한니발이나 카이사르가 즐겨 사용하던 진형을 모방한 듯했다. 중앙에 보병인 예니체리Janissary●들을 배치하고 좌우에 기병을 배치했기 때문이다. 고전적인 배치이기는 하지만 맘루크들에게도 이런 대형이 통할지는 미지수였다.

예니체리들이 콘스탄티노플을 정복한 정예병이라 하더라도 콘스탄티노플 전투는 일종의 공성전이었다. 애초에 기병보다는 보병이 중심이 될 수밖에 없는 전투였다는 뜻이다. 하지만 탁 트인 평원에서 기병을 상대로도 잘 싸울 수 있을지는 의문이었다. 그렇다고 셀림 1세가 이런 선택을 한 것이 오스만제국에 기병이 부족해서는 아니었다. 오스만 역시 튀르크족의 후손이다. 우리식으로 말하자면 돌궐족인 것이다. 아시아의 초원지대를 주름잡던 유목민족의 후예에게 기병이 없을 리가 있겠는가? 당연히 오스만의 기병대도 이름난 강병이었다.

하지만 셀림 1세는 이번 전투에서 이들 중기병에게 좌우익의 공격을 맡겼다. 셀림의 의도가 무엇인지는 전투가 진행됨에 따라 드러날 것이다. 여기에 더해 셀림은 전선의 2열에 자신만의 비밀 무기를 감추어두었다.

전투는 맘루크의 우익을 담당하고 있던 시 베이의 돌격으로 시작되었다. 뜨거운 8월의 태양을 받으며 중기병의 금속 갑옷이 번쩍이기 시작했다. 돌격해 들어가는 시 베이의 기병대는 곧 오스만제국의 좌익을 담당하고 있

●   신군(新軍). 새로운 병사라는 뜻으로 14세기에 창설되어 오스만제국의 정복전쟁을 이끌었다.

던 중기병들과 부딪혔다. 중기병과 중기병 사이의 육박전으로 양군은 한 덩어리가 되었다. 철갑과 철갑이 충돌하고 창과 창이 부딪히기 시작했다.

> "전투가 시작되자 맘루크의 오른쪽 군단이 오스만제국의 기병대를 공격했습니다. 숙련되고 용감하고 잘 훈련된 일급 기갑 기병대였죠. 그리고 아주 성공적이었습니다. 그들은 오스만의 왼쪽 날개를 밀어냈습니다. 어려웠지만 성공적이었어요. 하지만 완전한 승리는 아니었습니다. 이때 전투로 인해 먼지가 일어나기 시작했습니다. 이런 일은 항상 있어요. 8월이라 덥고 건조하고 먼지가 많았죠."[11]

이제 중앙에 자리 잡은 술탄 알 가우리가 결단을 내릴 때가 왔다. 흙먼지 때문에 우익의 상황을 정확히 확인할 수 없다는 것이 다소 아쉬웠지만, 지고 있지 않은 것만은 분명했다. 알 가우리는 승부를 걸어보기로 했다. 드디어 중앙의 맘루크 군단에게 돌격 명령이 떨어졌다. 몽골군과 십자군을 분쇄한 맘루크군이 금빛 갑옷을 번쩍이며 용수철처럼 달려 나가기 시작했다. 전투의 결정적 순간이 시작된 것이다.

엘리트 중기병인 맘루크군의 돌격은 중앙에서도 효과를 보이기 시작했다. 그나마 오스만군 쪽도 중기병이 배치되어 있던 우익의 전투는 기병 대 기병의 전투였지만 중앙은 기병 대 보병의 전투였다. 특별한 대책이 있는 것이 아니라면 보병이 기병의 돌격을 저지하기란 쉬운 일이 아니다. 오스만제국을 대표하는 예니체리들 역시 맘루크들의 돌격을 감당하지 못했다.

결국 진형이 무너지기 시작했다. 알 가우리의 의도대로 전투가 진행되기 시작한 것이다. 이대로 예니체리의 진형이 무너진다면 맘루크군은 오합지졸로 변한 적군을 유린하고, 셀림 1세의 숨통을 끊어놓을 것이다. 하지만

술탄의 친위대 예니체리 ⓒ Jacopo Ligozzi

기병인 맘루크를 보병인 예니체리가 상대하도록 한 전략에는 비밀이 있었다.

맘루크의 승리가 눈앞에 보이던 그 순간, 갑자기 전세가 바뀌기 시작했다. 붕괴하기 시작한 예니체리의 배후로 셀림이 숨겨놓은 비밀 무기가 등장한 것이다.

> "오스만군의 진형은 전투 수레 혹은 화차 전술이라고 합니다. 오스만제국 방식의 화약 무기 전투라고 할 수 있습니다. 보통 진형의 중앙에는 사슬과 밧줄로 연결된 수레가 있었어요. 그리고 그 뒤에 야포와 머스킷을 든 예니체리가 숨는 겁니다. 그러니까 수레가 포병대와 보병대 화기의 보호막 역할을 해주는 거예요. 왜냐하면 당시에는 총의 발사 속도가 매우 느렸기 때문입니다. 발포와 발포 사이가 굉장히 취약했습니다. 보호가 필요했죠. 유럽에서는 이 순간에 총포를 가진 보병대를 보호하기 위해 긴 창을 가진 창병을 이용했어요. 반면에 오스만은 수레를 이용했죠."12

예니체리들은 붕괴한 것처럼 보였지만, 사실은 전투 수레 뒤로 숨기 위해 질서 있게 후퇴를 한 것뿐이었다. 예니체리들이 후퇴하자 맘루크들은 전투 수레에 맞닥뜨려야 했다. 맘루크들의 돌격이 강력하다 하더라도 수레를 부수기는 어려웠다. 당황한 맘루크들이 머뭇거리는 사이, 대포와 예니체리의 화승총이 불을 뿜기 시작했다. 맘루크군이 오스만군의 막강한 화력 앞에 고스란히 노출되어 버린 것이다.

일부 용감한 맘루크들이 불굴의 의지를 드러내며 돌격했지만 풍차를 향해 달려가는 돈키호테의 만용일 뿐이었다. 체계적인 화약 무기의 공격 앞에 맘루크들은 속수무책으로 학살당하기 시작했다. 때맞춰 불길한 외침이 병사들 사이에서 터져 나오기 시작했다. 술탄이 죽었다는 외침이었다.

"그는 나이가 많았고 시력도 좋지 않은 상태였죠. 애초에 몸이 좋지 않았습니다. (술탄이 죽었다는) 사실을 확인할 수 없는 루머가 빠르게 퍼지기 시작했습니다. 또 오스만군의 강력한 공격에 깃발이 내려갈 거라는 공포가 있었습니다. 깃발을 뺏기면 모든 게 무너집니다. 근대 이전의 전투에서 깃발을 잃지 않는 건 아주 중요합니다.

병사들 눈에 깃발이 보이지 않으면 '무슨 일이야? 무슨 일이야?' 하고 당황하게 됩니다. 이런 혼란의 와중에 맘루크 지휘관들 중 두 명이 사망하게 됐고, 이로 인해 더 큰 혼란이 빚어졌습니다. 점점 더 심각해져서 거의 패닉이 될 정도였어요."[13]

맘루크들의 돌격은 아비규환으로 변하고 말았다. 일단 붕괴가 시작되면 세상 어디에도 이 혼란을 이겨낼 강군은 없다. 250년간 무적을 자랑하던 맘루크의 강철 같은 군기도 붕괴를 막을 수 없었다.

중앙이 붕괴하면서 우세한 전투를 벌이고 있던 우익의 다마스쿠스군도 무너지기 시작했다. 총체적인 붕괴가 시작된 것이다. 중앙과 우익이 무너지자 좌익을 책임지고 있던 알레포의 총독 카이르 베이는 곧장 자기 군대를 이끌고 도망치기 시작했다. 애초의 우려대로 맘루크 술탄국과 운명을 함께할 생각은 이 기회주의자에게 없었다.

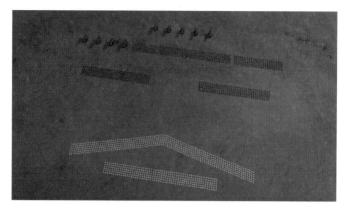

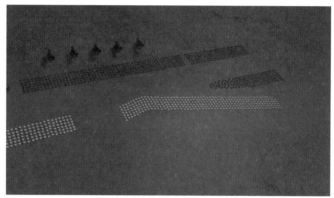

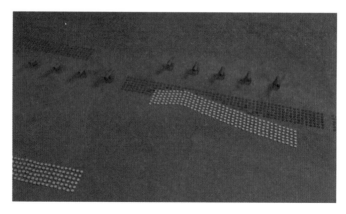

마지 다비크 전투의 전반전

우익 맘루크군의 공격은 예니체리 진형을 무너뜨렸으나 그 뒤에는 오스만군의 화약 무기가 숨어 있었다.

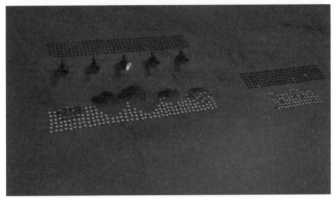

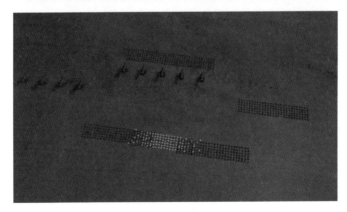

마지 다비크 전투의 후반전

대포와 화승총의 화력 앞에 맘루크군의 좌익과 중앙의 정예병력까지 섬멸되었다.

정체성,
전쟁의 승패를 가르다

>>> **화약을 증오한 권력자, 맘루크** <<<

이렇게 해서 맘루크의 신화는 끝장이 났다. 카이로에 남아 있던 알 가우리의 후계자 투만 베이가 마지막 저항을 시도했지만 이미 정예병이 몰살당한 상태에서 이런 저항은 헛된 시도일 뿐이었다.

전투의 승패를 가른 것은 이미 살펴본 것처럼 화약 무기였다. 대포와 화승총의 일제사격이 250년간 패배를 몰랐던 맘루크들을 간단히 분쇄해 버린 것이다. 문제는 왜 맘루크들은 화약 무기도 없이 무모한 돌격을 감행했는가 하는 점이다. 앞서 정리한 질문으로 돌아가자면 **"왜 맘루크는 화약 무기라는 혁신을 거부하고 오스만은 혁신을 받아들였는가?"**

가장 먼저 생각할 수 있는 첫 번째 가능성은 맘루크들이 오스만제국의 화약 무기에 대해 몰랐을지도 모른다는 것이다. 미리 정보를 알고 있었다면 이렇게 무모하게 돌격하는 돈키호테식의 대응은 하지 않았을 것이기 때문이다. 하지만 매우 상식적인 추측이기는 해도 이것은 사실이 아니다.

우선 오스만제국이 화약 무기를 사용한다는 것은 결코 비밀이 될 수 없었다. 유명한 콘스탄티노플 공방전에서부터 오스만은 화약 무기를 사용하고 있었다. 마지 다비크 전투가 1516년에 벌어졌고 콘스탄티노플 공방전이 1453년에 있었으므로 이 두 전투 사이에는 63년의 시간 차이가 있다.

중세의 정보 전달이 아무리 늦었다고 하더라도 63년 동안 눈을 감고 있지 않는 한 모를 수는 없는 일이다. 더군다나 오스만제국은 맘루크 술탄국 제1의 가상적국이었다. 비록 패배했어도 결코 무능하지는 않았던 맘루크의 지도자들이 이런 사실조차 몰랐다는 것은 말도 되지 않는 상상이다.

그렇다면 문화적 보수성이 작용한 것일까? 오스만제국이 진취적이었던 데 반해 맘루크들이 새로운 변화를 받아들이지 못하는 보수적인 문화를 가지고 있었을 수도 있지 않겠느냐는 말이다. 하지만 이런 대답은 정말 아무것도 설명하지 않는 무가치한 대답이다. 사실관계를 떠나서 설혹 맘루크들이 문화적으로 더 보수적이라 하더라도 마찬가지다.

이런 식의 대답에는 "왜 보수적이 되었는가?"라는 또 다른 질문이 따라 붙을 수밖에 없다. 그러니 그 무엇도 설명하지 못하는 대답이 되는 것이다. 더군다나 사실관계로 살펴볼 때도 맘루크들이 특별히 더 보수적인 문화를 가지고 있었다는 증거는 어디에도 없다. 오스만제국과 맘루크 술탄국은 모두 정통파인 수니파 이슬람 국가였고, 어느 쪽도 이민족에게 배타적인 순혈주의자들은 아니었다.

세 번째로 생각해 볼 만한 가능성은 유럽과의 지리적 거리다. 지금이라도 지도를 펴서 터키와 이집트의 위치를 확인해 보면 이 설명이 상당히 설득력 있게 느껴질 것이다. 오스만제국의 영토를 이어받은 튀르키예는 유럽과 국경을 바짝 맞대고 있다.

지금도 그리스나 불가리아와 국경을 마주하고 있지만 한창 팽창하던 16세기에는 헝가리나 오스트리아가 오스만제국과 국경을 공유하고 있었다. 지리적으로는 거의 유럽 국가나 마찬가지다. 반면 이집트는 지금이나 16세기에나 유럽과의 사이에 지중해를 두고 있다. 직접 육지로 연결된 유럽 국가가 없는 것이다.

그런데 16세기에 전 세계에서 가장 빠른 속도로 화약 무기가 발달하고 있던 곳은 아무래도 유럽이었다. 그렇다면 이집트에 자리 잡은 맘루크 술탄국은 오스만제국에 비해 아무래도 신기술을 도입하기가 어렵지 않았을까? 하지만 이것도 정답은 아니다.

지리적 거리가 문제되는 것은 그저 지도 위의 거리가 가까운가, 먼가에 있지 않다. 중요한 것은 교통과 교류에 장벽이 있는가, 없는가다. 예를 들어 상당히 가까운 거리여도 직접 발로 걸어가야 하는 샛길밖에 없는 경우와 다소 먼 거리라 할지라도 고속도로가 뚫려 있는 경우를 비교해 보면 쉽다. 기술의 전파나 문화적 교류에는 먼 거리라도 고속도로가 있는 편이 가까운 거리라도 샛길밖에 없는 경우보다 훨씬 유리하다.

그리고 '바다' 하면 거친 파도와 태풍이 연상되는 동아시아와 달리 지중해는 전혀 교통의 장벽이 될 수 없는 바다였다. 오히려 고속도로였다고 생각하는 것이 사실에 부합한다. 고대 그리스인들과 페니키아인들 이래 지중해를 둘러싼 국가들은 언제나 지중해를 통해 물자를 나르고 문화를 교류했다. 로마가 지중해를 모두 둘러싼 대제국이 될 수 있었던 이유도 지중해가 장벽이 아니라 교통로였기 때문이다. 그러니 지중해라는 바다가 가로막아서 화약혁명이 전파되지 않았다는 설명은 거짓말이다.

"지중해가 장벽이라는 주장은 사실이 아니라고 봅니다. 완전히 사실이 아니에요. 무역이 계속됐습니다. 이탈리아의 제노바는 최대 무역 강국 중 하나였는데 사실상 맘루크와 동맹을 맺었습니다. 수 세기 전에도 그랬고 당시도 마찬가지로 그랬습니다.

반대로 베네치아 사람들은 결국 잘되지는 않았지만, 오스만제국과 동맹을 맺으려 했습니다. 화약 무기, 다양한 총은 시리아와 이집트 영토에서 잘 알려져 있었습니다. 아주 이른 시기부터 말이죠."**14**

실제로 맘루크들에게 화약 무기를 도입하는 것이 얼마나 쉬운 일이었는지는 마지 다비크 전투 이후에 벌어진 일들이 잘 보여준다. 마지 다비크에서 패배한 이후 카이로에 남겨진 맘루크들은 알 가우리의 후계자 투만 베이를 중심으로 최후의 저항을 준비하기 시작했다.

당연히 동원할 수 있는 모든 수단이 동원되었다. 맘루크들도 바보가 아니었던 만큼 그들이 눈으로 직접 확인한 화약 무기의 위력을 인정할 수밖에 없었다. 대량의 화약 무기가 이탈리아 상인들을 통해 이집트로 들어오기 시작했다. 문제는 이 막대한 양의 화약 무기를 사용할 사람이 없었다는 점이다.

화약 무기로 무장한 군대를 서둘러 이끌고 나섰지만 이어진 라이다니야 전투의 결과는 참담한 패배였다. 오랫동안 화약 무기를 사용하며 숙련된 예니체리들을 급조한 부대로 당할 수는 없었기 때문이다. 하지만 중요한 사실은 맘루크들도 구하려고 마음만 먹으면 화약 무기를 얼마든지 구할 수 있었다는 점이다. 그러니 유럽과의 거리나 지중해라는 바다는 전혀 문제가 아니었다.

그렇다면 도대체 무엇이 문제였을까? 정보의 부족이나 문화적 보수성, 지리적 불리함 탓이 아니라면 무엇이 맘루크들로 하여금 화약 무기를 도외시하게 만든 것일까?

> "맘루크는 엘리트 군단이기 때문에 총과 관련된 것들을 좋아하지 않았습니다. 더럽다고 생각했고 품위를 떨어뜨린다고 생각했어요. 영웅적인 게 아니죠. 여자들이나 비겁한 자들이 사용하는 무기라고 생각했습니다. 그들은 스스로 전통적인 방식으로 싸우는 영웅적 전사라고 생각했습니다. 유럽 중세의 기사들처럼요. 자기 자신들에 관해서는 이런 구시대적 태도를 보였어요. 하지만 그들도 점점 화약 무기가 불가피하다는 것을 인지했습니다. 그래서 이를 사용할 다른 사람들을 모집했습니다. 하지만 그러면서도 이들을 더러운 일을 대신 해주는 열등한 존재들이라고 여겼습니다. 자신들과는 다른 존재죠."[15]

헤라클레스나 아이손처럼 자긍심 넘치는 영웅들이던 맘루크들은 자신들이 화약 무기를 사용하는 모습을 상상도 할 수 없었다. 여자들이나 사용하는 더러운 무기를 손에 대는 것은 치욕으로 받아들여졌다.

사실 서둘러 화약 무기를 구입해 들고 나선 라이다니야 전투에서도 맘루크들은 화약 무기를 직접 사용하지는 않았다. 보조병이라고 할 수 있는 흑인 부대와 북아프리카인들만이 화약 무기를 사용했다. 왜 끝까지 총을 들지 않았느냐고 맘루크들에게 물어본다면 맘루크들은 아마 이렇게 대답할 것이다.

"맘루크들이 총을 드는 순간 맘루크는 더는 맘루크가 될 수 없다."

그런데 왜 총을 드는 순간 맘루크는 맘루크가 아닌 것이 될까? 이쯤에서 우리는 앞서 설명한 맘루크의 특징을 다시 떠올려볼 필요가 있다. 이들은 노예이면서 엘리트다. 완전히 이질적인 단어의 조합으로 이루어진 존재인 것이다. 그리고 도저히 연결될 수 없을 것 같은 이 이질적인 두 단어를 연결하는 것은 맘루크들의 전투기술인 '푸루시아'였다. 이 특별한 전투기술은 마치 프리미어리그의 축구선수처럼 어린 시절부터 혹독한 훈련을 거쳐야만 얻을 수 있었다. 그런 만큼 일종의 진입장벽처럼 맘루크들의 지위를 지켜주는 방패이기도 했다.

그런데 맘루크들이 총을 드는 순간, 이 기술은 아무 쓸모가 없어진다. 여자들조차 쓸 수 있는 총이 있는데 구태여 맘루크들에게 의지할 필요가 없기 때문이다. 진입장벽이 사라지는 것이다. 그렇게 진입장벽이 사라지고 나면 맘루크들은 여느 이집트인들과 똑같은 존재가 된다. 당연히 엘리트 대접도 사라질 것이다.

결국 화약 무기를 받아들이느냐 마느냐의 문제는 단순히 새로운 무기한 종류를 늘리느냐 마느냐의 문제가 아니라, 맘루크들이 가진 권력의 기반이던 '푸루시아'를 포기하느냐 마느냐의 문제였다. **당연히 자신이 가지고 있는 권력, 엘리트로서의 기득권을 포기하느냐 마느냐의 문제가 되는 것이다.**

여러분이라면 어떻게 하겠는가? 물론 이집트를 위해서 대승적으로 자신의 권력을 포기하고 기꺼이 역사의 뒤안길로 사라져 준다면 현명하고도 고마운 일이다. 그러나 과연 이런 선택을 할 수 있는 인간 집단이 있을까? 아마 없을 것이다. 바로 이 때문에 혁신적 기술은 항상 기득권을 공격하게 되고, 혁신은 권력투쟁의 문제로 귀결되는 것이다.

더구나 맘루크 술탄은 세습이 아니라 맘루크 집단 안에서 승진을 통해 올라가는 자리였다. 이 점이 문제를 더욱 어렵게 만들었다. 권력이 술탄 개인이 아니라 맘루크 전체에게 있었기 때문에 전체 맘루크들의 정체성이나 이해관계를 무시한다는 것은 불가능한 일이었다. **술탄 자신도 맘루크들이 가진 정체성의 포로였던 것이다.**

"맘루크의 술탄은 본질적으로 군인으로서 자신의 커리어를 시작했어요. 그들이 반드시 화기를 싫어한 것은 아니지만 화기를 사용하는 자신을 상상할 수가 없었던 거예요. 반면 오스만제국의 술탄, 예를 들어 메흐메트 2세는 화기 사용의 전문가가 됐습니다. 메흐메트는 1453년 콘스탄티노플의 마지막 포위 작전에서 포병대를 지휘했어요. 기병으로서의 정체성은 오스만 통치자의 일부가 아니었죠. 하지만 맘루크 술탄이 가진 정체성의 일부였습니다.

화기 도입의 전략적 필요성을 알아차렸지만, 맘루크는 기병의 정체성을 갖고 있었던 거예요. 그러니까 맘루크가 화기에 대해 문화적으로 적대적이었다거나 더럽다고 생각한 게 아니라 그저 맘루크 자신들이 보병이 되는 것을 생각할 수가 없었던 겁니다. 왜냐하면 자신들은 기병일 때 더 잘 싸울 수 있고 더 가치 있으니까요.

하지만 그들에게도 총이 필요해지자, 총을 사용하기 위해 외부인을 모집했어요. 그런데 흥미롭게도 모집한 외부인들과 같은 언어를 사용하지도 않았죠. 그들이 보병의 화기, 총, 대포를 사용하도록 사람들을 고용했어도 오스만처럼 자신들의 군에 유기적으로 통합시키지 않았던 거예요. 자신들의 일원으로 인정하지 않은 거죠.

그들도 화약 무기의 필요성을 알았고 또 원했지만 이해를 하지 못한 거예요. 예를 들어 현대전에서 어떤 장군이 인공지능에 대한 동시대적 태도를 갖고 있다고 자처하면서, 군사적으로는 어떻게 사용해야 하는지도 모르고, '인공지능은 훌륭하고 나도 원해'라고 하는 거나 마찬가지입니다."**16**

〉〉〉 불완전한 혁신을 주저한 대가 〈〈〈

그런데 혁신적 기술의 채택을 방해하는 요소가 하나 더 있다. **바로 '모든 새로운 기술은 불완전한 형태로 등장한다'는 사실이다.** 아마 맘루크들도 화약 무기가 처음부터 온전한 형태로 등장했다면, 그러니까 19세기처럼 후장식 강선소총*으로 등장했다면 주저 없이 자신의 기득권을 포기하고 화약 무기를 채택했을 것이다. 한 번만 사용해 보아도 우열이 너무나 분명하기 때문이다.

하지만 신기술이 이 정도의 완성도에 도달하려면 오랜 시간과 시행착오가 필요한 법이다. 초창기의 화약 무기도 마찬가지였다. 우리가 화약 무기하면 떠올리는 그런 완성도 높은 무기가 전혀 아니었다. 16세기에 등장한 화약 무기인 머스킷**을 사용해서 전쟁을 치르는 것은 속이 터질 정도로 답답한 일이었다. 간단히 발사 과정을 살펴보면 다음과 같다.

우선 총의 개머리판을 바닥에 대고 막대로 총열 내부를 청소한다. 다음에 화약을 적당량 넣은 후 납으로 만든 총알을 총구에 밀어 넣는다. 조준

---

* 현대의 소총처럼 뒤쪽에서 총알을 장전하고 총열 내부에 나사 모양의 홈을 의미하는 강선을 둔 총. 전장식에 비해 정확도가 높고 탄환이 회전하며 나가므로 강한 파괴력을 지닌다.
** 원시적 화승총인 아쿼버스의 개량형. 긴 총신을 가진 전장식 화기이며 총신은 현대의 소총과 달리 강선이 없는 활강식이다.

할 때 총알이 다시 굴러 나오면 안 되기 때문에 종이나 천 조각 같은 충전재를 총알 주변에 넣고 막대로 단단히 다진다. 이제야 비로소 총알 장전이 끝났다. 바로 이어서 들고 쏘면 좋겠지만 아직 발사 준비는 절반도 끝나지 않았다.

이제부터 방아쇠 쪽을 준비해야 한다. 이 시절의 화약 점화는 불붙은 심지를 사용했기 때문에 발화 장치를 별도로 준비해야 했다. 총열 내부의 화약과 연결된 작은 화약 접시에 발화용 화약을 약간 따르고 불붙은 심지를 방아쇠에 연결한다. 혹시 꺼질지 모르므로 살살 불어서 불씨를 살려야 할 수도 있다. 이제야 준비가 끝났다. 비로소 총병은 총을 들고 조준을 시작할 수 있다.

당연히 총을 쏘기까지는 굉장히 긴 시간이 필요했다. 1607년에 발간된 네덜란드의 훈련 교본에 따르면 구분 동작이 무려 42단계였다고 한다. 숙련된 총병도 한 발을 발사하기 위해서는 2분 이상의 시간이 걸렸다. 오죽했으면 당시의 화승총을 두고 "사람 손이 세 개라면 유용했을 물건"이라는 평이 나왔겠는가?

여담이지만 한창 머스킷이 활약하던 17세기에 총병들을 부르는 별명이 '12사도'였다고 한다. 발사 속도를 높이기 위해 총알과 화약 등을 담은 표준화된 패키지를 가슴에 달았는데, 보통 12개였기 때문이다. 한 번의 전투에서 사용하는 총알이 12발을 넘지 않았다는 뜻이기도 하다. 심지어 이 12발을 다 사용하는 경우도 거의 없었다고 하니 얼마나 발사 속도가 느렸는지 알 수 있을 것이다.

그나마 어렵게 발사된 총알이 다 적에게 날아가는 것도 아니었다. 16세기를 기준으로 오발률이 50퍼센트 정도였다고 한다. 쏜 총알 중 반은 적에게 날아가지도 않는 것이다. 심지어 총알이 발사되지 않고 폭발해서 아군을 다치게 하는 일도 심심치 않게 일어났다.

> "16세기에 개발된 총은 우리가 일반적으로 생각하는 보병의 무기로 크기가 컸습니다. 크고 무거웠어요. 총신도 길고 100그램 정도 되는 무거운 총탄을 사용했습니다. 받침대에 놓아야 발사할 수 있었어요. 크고 무겁고 재장전하기도 시간이 오래 걸리는 데다 사거리는 겨우 100미터 정도였습니다. 조준은 거의 불가능했고 그저 적이 있는 방향으로 쏘는 게 다였습니다."[17]

상황이 이러했기에 자긍심 넘치는 기사들이라면 총 없이도 이길 수 있겠다고 생각하는 것이 오히려 자연스러웠을 것이다. 총 한 자루와 기사 한 명의 싸움이라면, 기사가 이기는 것이 당연하기 때문이다. 맘루크들도 그렇게 생각했다. 실제로 그런 경험도 있었다.

잘 알려지지 않은 사실이지만 맘루크 술탄국에서도 마지 다비크 전투 이전에 이미 화약혁명을 이용하려고 한 술탄이 있었다. 1496년에 즉위한 나시르 무함마드라는 술탄으로, 전임 술탄이었던 카이트 베이의 아들이었다. 즉위할 당시 아직 10대의 소년에 불과했던 무함마드는 초대 술탄이었던 아이바크의 아들처럼 정통성 부족에 시달려야 했다.

고민하던 나시르 무함마드는 일종의 친위부대로 화승총 연대를 창설했다. 당연히 맘루크들은 누구도 총을 들려고 하지 않았고, 무함마드는 흑인 노예들에게 총을 들려서 부대를 창설할 수밖에 없었다. 그런데 무함마드가 자신의 친위부대인 화약 연대를 중용하기 시작하자 맘루크들의 분노가 폭발했다.

봉기한 맘루크들이 궁전으로 난입하자 아직 소수에 불과했던 술탄의 화승총 부대는 별다른 저항도 하지 못하고 학살당하고 만다. 물론 그들의 주인인 젊은 술탄도 같은 운명을 피하지 못했다. 더불어 화약혁명이라는 이집트의 또 다른 미래도 함께 학살당했다.

이 사건은 맘루크들에게 잘못된 교훈을 남겼다. 열등한 화승총 부대쯤은 자신들의 뛰어난 무술 실력으로 간단히 제압할 수 있다는 믿음이었다. 물론 이런 믿음은 제대로 된 화승총 부대를 만나지 못했을 때만 가질 수 있었다. 오스만제국의 예니체리들과 마주했을 때 맘루크들은 오판의 대가를 혹독하게 치러야 했다.

혁신의 순간에 등장한 신기술은 항상 불완전한 상태로 등장하기에, 기득권을 지키려는 세력에게 잘못된 판단을 불러일으키고는 한다. 그 정도의 불완전한 기술이라면 숙련된 낡은 기술로도 충분히 상대할 수 있을 것이라는 오판을 내리고 마는 것이다. 그러니 신기술을 받아들임으로써 기득권을 잃을 수밖에 없는 기존 세력으로서는 신기술을 거부하는 것이 오히려 합리적 판단으로 보이기 쉽다.

조금 쑥스러운 이야기이지만 내가 근무하는 지상파 방송사에서도 처음 OTT와 유튜브가 모습을 드러냈을 때 온갖 논리로 그 가능성을 깎아내리고는 했다. TV 화면이라는 기존의 시청 습관이 있기 때문에 OTT나 유튜브가 지상파를 밀어내기는 어려울 것이라든지, 대중이 즐겨 선택하는 TV 채널의 개수는 어느 정도 한계가 있으므로 새로운 채널의 진입에는 제한이 있을 것이라든지 하는 논리였다. 하지만 사람들이 TV가 아닌 다른 화면으로 콘텐츠를 즐기기 시작하자 지상파는 순식간에 경쟁력을 잃기 시작했다. 우리는 TV 밖의 세상을 상상하지 못했던 것이다.

화약혁명도 마찬가지다. 일대일의 대결이라면 조잡한 초창기 화약 무기는 절대로 숙련된 전사를 이길 수 없다. 하지만 화약 무기에 최적화된 새로운 전술이 등장하자 이런 우위는 순식간에 무너지기 시작했다. 앞으로 조금 더 자세히 설명하겠지만, 최종적으로 전열보병* 전술로 수렴되는 집중 사격 전술이 개발되자 일대일이라는 중세 기사들의 낭만적 전투 방식은 우스꽝스러운 시대착오로 변했고 전쟁터는 기사들의 자리를 박탈했다.

> "많은 사람들이 왜 이런 불완전한 화약 무기를 더 선호하고 활, 특히 석궁과 긴 활의 사용을 그만뒀는지 궁금해합니다. 그 이유는 우선 엄청난 관통력 때문이라 생각합니다. 유용성이죠. 느리고 크고 무겁지만, 사람들을 죽이고 피해 입히는 데는 훨씬 더 효과적이었어요. 두꺼운 갑옷도 뚫고 방패도 뚫고 100미터 이내의 말도 쉽게 죽일 수 있었어요. 이렇듯 활이나 다른 발사식 무기보다 더 효과적이었기 때문입니다.
>
> 그리고 총이 매력적이었던 더욱 중요한 이유는 숙련된 기술이 필요한 무기가 아니라는 겁니다. 사용하기에 숙련된 기술이 필요하지 않았어요. 부피가 크긴 했지만 비교적 빠르게 사용하는 법을 배울 수 있었죠. 정확성이 중요하지 않았기 때문에 사격 연습도 필요하지 않았어요. 총의 매력은 높은 관통력과 다른 무기를 사용하기 위해 필요했던 오랜 훈련 없이도 빠르게 사용할 수 있다는 거였습니다.
>
> 이렇게 되자 대규모 부대를 운용하기가 쉬워졌어요. 쉽게 징집해서 훈련시킬

---

* 　머스킷으로 무장한 다수의 보병이 횡대로 나란히 서서 사격하는 전술. 일제사격의 효과를 높이기 위해 도입되어 19세기까지 가장 일반적인 보병 전술로 사용되었다.

수 있으니까요. 그리고 대규모 부대가 되면 여럿이 한꺼번에 많은 총탄을 발사하게 됩니다. 나중에는 여러 열이 순차적으로 번갈아 총을 쏘는 방식이 도입되죠. 그러면 느린 장전 속도나 부정확성 같은 약점이 극복되는 겁니다."[18]

이처럼 혁신은 전혀 예상 밖의 영역에서, 기득권에 연연하는 인간의 이기심을 비웃을 정도로 빠르게 진행되고는 한다. **새로운 기술이 새로운 상상력을 자극하고 새로운 상상력은 새로운 패러다임을 만든다. 정말 무서운 것은 기술 그 자체가 아니라 기술이 만들어내는 패러다임의 변화다.** 아예 전쟁 방식이 바뀌는 것이다.

이 때문에 기존의 전쟁 방식 안에서만 전쟁을 바라보는 맘루크 같은 기득권 세력은 신기술의 진정한 위력을 이해하지 못하고 결국 도태되고 말았다. **그런 의미에서 낡은 방식의 성공에 집착하는 기득권자들에게 혁신은 아예 불가능한 것인지도 모르겠다. 상상조차 불가능하기 때문이다.**

〉〉〉 혁신에 자유로운 집단, 오스만 〈〈〈

그렇다면 반대로 오스만제국이 화약혁명이라는 혁신을 받아들인 이유는 무엇일까? 맘루크들이 실패한 원인을 정확히 이해했다면, 아마 여러분도 쉽게 이유를 찾을 수 있을 것이다. 새로운 기술로 인해 도태당할 기득권 세력이 권력을 잡고 있지 않았기 때문이다.

우선 오스만제국의 권력자인 술탄은 세습된 권력자였기에 특정 집단의 이해관계로부터 비교적 자유로운 존재였다. 오스만 술탄은 전혀 스스로를 엘리트 기병이라고 생각하지 않았다. 당연히 기병의 눈으로 세상을 보지도 않았다. 따라서 기병이 전쟁터에서 퇴출당한다고 해도 전혀 아쉬울 일이 없었을 것이다. 충분히 유능한 군주라면 언제든지 새로운 무기 체계를 자신의 군대에 도입할 수 있었다.

더욱이 오스만제국 술탄의 친위부대였던 예니체리들도 기병의 이해관계나 정체성으로부터 자유로운 집단이었다. 그들은 맘루크들과 달리 보병이었기 때문이다. 사실 기병과 보병이라는 차이만 제외한다면 맘루크들과 예니체리들은 공통점이 많았다.

우선 맘루크가 노예였던 것처럼 오스만제국의 예니체리도 노예였다. 오스만은 데브시르메Devshirme라는 제도를 통해 예니체리들을 충원했는데 정복당한 기독교도 집안의 어린아이를 노예로 차출해서 군인으로 훈련시키는 제도였다. 이들도 맘루크들처럼 어린 나이에 모든 혈연관계를 단절하고 술탄의 노예로 살아가야 했기에 오직 술탄에게만 충성하는 군사집단이 되었다. 술탄의 친위부대였던 만큼 맘루크들이 그랬던 것처럼 예니체리들도 좋은 교육을 받았고 관직에도 진출할 수 있었다.

하지만 이런 공통점에도 불구하고 기병과 보병이라는 이들의 차이가 화약혁명을 대하는 자세에서는 더욱 결정적 영향을 미쳤다. 화약 무기는 기본적으로 보병의 무기이기 때문이다. 화약 무기를 받아들이기 위해서 맘루크들은 말에서 내려와야 했지만, 이미 말 위에서 싸우고 있지 않던 예니체리들은 그럴 필요가 없었다.

다시 말해서 맘루크들은 화약 무기를 받아들이는 것이 기병이라는 자신들의 정체성을 포기하는 일이었지만, 예니체리들은 자신의 정체성을 포기하는 일이 전혀 아니었다. 정체성을 포기하기는커녕 더 성능 좋은 무기를 받아 능력이 업그레이드되는 기분이었을 것이다. 따라서 예니체리들은 화약혁명에 전혀 저항하지 않았다.

이 차이가 화약혁명 이후 두 나라의 운명을 결정했다. 권력을 가진 자와 권력자의 가장 중요한 친위세력이 화약혁명으로 도태될 존재인가 아닌가가 화약 무기에 대한 이들의 태도를 결정한 것이다.

> "예니체리는 군 노예였지만 기병이 아닌 보병으로 싸웠어요. 그리고 그들은 일찍부터 보병의 화약 무기를 도입했습니다. 16세기에도 전쟁터에서는 여전히 화약 무기와 함께 활과 화살을 사용했는데도 말이죠. 그들을 적어도 서양에서는 화약 무기를 사용한 최초의 상비 보병대라고 합니다.
> 그들의 배경, 그들이 모집되고 훈련된 방식은 맘루크와 크게 다르지 않습니다. 하지만 싸운 방식이 달랐어요. 그들은 유기적으로 연결된 전략 체계의 일부가 됐고, 화약 무기를 사용하는 새로운 전투 방식을 개발했습니다. 이것이 오스만 제국 승리의 비결이었습니다. 그리고 그 체계를 이용해 그들은 전투에서 진 적이 없죠."[19]

혁신으로 도태당할 자들을 권력의 자리에 둔 채 혁신은 불가능하다. 이집트에서 화약혁명이 실패한 것은 화약혁명이라는 혁신으로 도태될 자들이 권좌에 있었기 때문이다. 기병으로서의 정체성을 포기할 수 없는 맘루크들을 권좌에 둔 채 어떻게 화약혁명이 가능하겠는가? 화약혁명이 가능하려면 맘루크들을 권좌에서 끌어내려야만 했다.

그런 힘을 가진 세력이 당시 이집트에는 없었겠지만, 그리고 그것이 이집트의 불행이었지만, 오직 그 길만이 이집트가 화약혁명이라는 혁신을 받아들일 유일한 길이었다. 그런 점에서 나시르 무함마드의 화승총 연대가 맘루크들에게 학살당한 순간, 이집트의 미래는 파괴된 것이나 다름없었다. **혁신에 반대하는 세력과의 권력투쟁에서 혁신을 추구하던 세력이 패배함으로써, 혁신은 불가능한 일이 되었기 때문이다.**

PART
II

서양 우위의
분기점

"우리가 스스로를 잡아먹지 않으면
다른 누군가가
우리를 잡아먹을 겁니다."

— 스티브 잡스

지금부터 잠깐 시간 여행을 떠나보자. 시간을 돌려 600년 전으로 가보
는 것이다. 글을 쓰고 있는 지금이 2023년이니까 1423년이다. 먼저 동아시
아로 가보자. 당시 중국을 지배하고 있던 나라는 명나라인데 두 해 전인
1421년에 난징[南京]에서 베이징[北京]으로 수도를 옮기는 대역사가 있었다.
하지만 아무래도 경제의 중심지는 아직 양쯔강[揚子江] 주변에 있었고 중요
한 대도시들 역시 양쯔강 유역에 있었다. 난징이나 항저우[杭州], 닝보[寧波]
같은 대도시들은 모두 50만 명에서 100만 명이 넘는 인구를 자랑하고 있
었다.

　이 대도시들을 구경해 보자. 아마 운하 주변에 국한해서 본다면 지금
중국에 가서 보는 풍경과 크게 다르지 않을 것이다. 운하는 촘촘히 뻗어
있고, 맵시를 뽐내는 세련된 건축물들이 운하를 감싸고 있으며, 요즘 볼
수 있는 관광객들을 태운 배들 대신 다양한 크기의 무역선들이 바쁘게 운
하를 드나든다.

시장에도 물건이 넘쳐난다. 경제 중심지로 번영을 구가하던 항저우의 시장에 가면 동남아시아에서 온 백단, 후추 같은 각종 향신료에서부터 시베리아에서 온 자작나무 공예품까지 세상의 모든 물건을 구할 수 있었다. 이때보다 조금 뒤인 1488년에 남중국에 표류한 조선의 선비 최부는 귀국길에 들른 항저우의 풍경을 다음과 같이 전하고 있다.

> 항주는 곧 동남의 한 도회지로 집들이 이어져 있어 행랑을 이루고, 옷깃이 이어져 휘장을 이루었다. 저잣거리에는 금은이 쌓였고 사람들은 수가 놓인 비단옷을 입었으며, 외국 배와 큰 선박이 빗살처럼 늘어섰고, 시가는 주막과 기루가 지척으로 서로 마주 보고 있었다. 사계절 내내 꽃이 시들지 않고 8절기가 항상 봄의 경치이니 참으로 별천지였다.[1]

이 글은 최부가 직접 보고 기록해서 임금께 바친 글이니 다소 미화는 되었을지 몰라도 허풍은 아닐 것이다. 15세기에 뉴욕 같은 도시를 하나 꼽으라면 아마 항저우가 아니었을까? 아시아는 단지 부유하기만 한 것이 아니었다. 평화롭기까지 했다. 중원에서 원나라를 몰아낸 명나라가 건국되고, 한반도에는 조선이 들어선 이후 동아시아에서 대규모 전쟁은 자취를 감추었다.

그래도 북방의 국경에서는 유목민들과 크고 작은 전투가 벌어졌지만, 중국이든 조선이든 본토에서는 전쟁의 걱정을 잊은 나날이 이어졌다. 명나라 후기에 동아시아를 방문한 이탈리아 선교사 마테오 리치는 유럽에서라면 1년치 전쟁 물자로 사용되었을 화약을 하룻밤 불꽃놀이로 소모하는 중국의 축제에 경악을 금치 못했다. 화약을 이렇게 유흥에 낭비하는 것도 평화가 있었기에 가능한 풍경이었다.

그러면 이제 유럽으로 가보자. 런던이든 파리든 로마든 상관없다. 어느 곳이든 마찬가지일 테니 말이다. 만약 '해가 지지 않는 제국'을 상상하고 영국의 수도 런던을 방문한다면 여러분은 아마 충격을 받을 것이다. 우선 도시의 규모부터 초라하기 그지없다. 100년 전쟁에 흑사병, 끊이지 않던 민란으로 15세기 런던의 인구는 4만 명에 불과했다. 템스강도 지금의 쾌적한 모습과는 딴판일 것이다. 도시에는 오물 냄새가 진동하고 강 위를 지나가는 배들도 무역선은커녕 양털을 실은 거룻배들뿐이다.

런던은 더럽고 초라하기만 한 것이 아니었다. 위험하기까지 했다. 위생 상태와 영양 상태가 엉망이라 평균수명은 30세도 되지 않았고 도시 전체에 폭력이 난무했다. 기록에 따르면 1330년부터 1479년 사이에 사망한 영국 귀족의 4분의 1은 살해당했다고 한다. 귀족들의 삶이 이 정도였으니 평민들의 삶은 말할 필요도 없을 것이다. 당시 런던의 살인 사건 발생률은 현대의 어느 도시보다 높았다.

전쟁도 끊이지 않고 일어났다. 우선 1337년에 시작된 백년전쟁은 좀처럼 끝날 기미를 보이지 않았다. 간혹 휴전 기간이면 웨일스, 스코틀랜드, 아일랜드와 전쟁을 벌였다. 이마저도 아니면 왕위 쟁탈전이 벌어져 수많은 귀족들과 병사들이 죽어나갔다. 토머스 홉스의 『리바이어던』 속 표현을 빌리자면 당시 영국인들의 삶은 "외롭고, 가난하고, 비참하고, 야만적이며 짧았"다.[2]

자, 이제 선택의 순간이 왔다. 당신이 1423년의 세상에서 살 곳을 골라야 한다면 어느 곳을 고르겠는가? 아마 물어볼 필요도 없이 동아시아를 선택할 것이다. 전 세계 산업 생산량의 3분의 2가 아시아에서 만들어지고, 풍요와 평화가 함께 있는데 무슨 고민이 필요하겠는가?

15세기, 아시아의 우위는 너무나 분명했다. 구태여 통계를 들이밀지 않아도 동아시아와 유럽의 도시들은 '부'와 '삶의 질'의 차이가 극명했다. 오늘날 뉴욕이나 파리 같은 선진국의 도시를 구경하는 것만으로도 그 풍요를 알 수 있는 것처럼 말이다. **하지만 이런 우위는 불과 200~300년 사이에 뒤바뀌기 시작했다. 열세에 놓여 있던 유럽은 지속적인 혁신, 특히 화약혁명이라는 군사혁신을 통해 세계사를 주도하기 시작했지만, 동아시아는 경쟁력을 잃고 후퇴하기 시작했다.**[•]

왜 이런 일이 벌어졌을까? 도대체 그 200~300년 사이에 무슨 일이 일어난 것일까? 훗날 우리가 서세동점西勢東漸이라고 표현하게 된 이른바 '바스쿠 다 가마'의 시대는 어떻게 가능했을까? 이것이 이번 장에서 우리가 좇아가야 할 질문이다. 정확히는 이 질문의 절반을 좇아갈 것이다.

"왜 세상의 다른 곳들과 달리 유럽에서는 화약혁명이 가능했는가?"

혁신과 권력의 문제에 주목하겠다는 이 책의 문제의식에 따라 이렇게 표현할 수도 있겠다.

"유럽의 권력자들은 왜 다른 지역의 권력자들과 달리 화약혁명을 받아들였는가?"

그리고 쌍을 이루는 또 다른 질문 "동아시아에서는 왜 화약혁명이 정체되었는가?" 혹은 "동양의 권력자들은 왜 화약혁명을 지속하지 않았는가?"에 대해서도 이어서 다룰 것이다. 이렇게 동전의 양면을 이루는 질문들을 좇아가다 보면 우리는 권력이라는 조건 외에 혁신의 성패를 좌우하는 또 다른 조건을 발견할 수 있을 것이다.

---

* 물론 화약혁명 하나만으로 유럽의 우위가 결정된 것은 아니다. 최소한 산업혁명이 시작되기 전까지 동아시아에 대한 유럽의 우위는 명백해 보이지 않았다. 하지만 화약혁명이 하나의 결정적 분기점이라는 사실 역시 명백하다. 산업혁명 이전에도 유럽은 인도나 서아시아, 아메리카 등에서 압도적인 군사적 승리를 이어갔고, 이때 획득한 광대한 식민지가 산업혁명에도 유리한 조건을 만들었기 때문이다.

전쟁의 발단,
프라하 창문 투척

⟩⟩⟩ 금권 선거로 얻는 왕좌 ⟨⟨⟨

　1618년은 결과적으로는 유럽 역사에서 중요한 한 해가 되었지만, 당시의 유럽인들에게는 여느 해와 별다를 것 없는 평범한 한 해였을 것이다. 늘 그렇듯이 유럽은 전쟁 중이었다. 우선 네덜란드에서는 필리페 2세의 가톨릭 강요 정책에 폭발한 종교전쟁이 독립전쟁으로 변한 채 60년째 이어지고 있었다. 영국과 스페인의 관계 역시 심상치 않았다. 1588년에 벌어진 칼레 해전 이후로도 스페인은 호시탐탐 영국에 대한 간섭을 노리고 있었다.

　호전적인 젊은 군주들이 연이어 등장한 북유럽의 상황은 더욱 폭력적이었다. 야심만만한 스웨덴 국왕 '구스타프 2세 아돌프'가 덴마크, 러시아, 폴란드와 연이어 전쟁을 벌이고 있었기 때문이다. 전쟁이 벌어지지 않는 지역이라고 해서 딱히 더 평화롭거나 풍요로운 삶이 보장되는 것도 아니었다. 전쟁 하면 떠오르는 살인, 약탈, 강간, 방화, 도둑질은 평화 시에도 일상이었다. 비슷한 시기에 드레스덴에서 프라하로 향한 어느 여행자의 기록에는 다음과 같은 구절이 나온다.

> 약 150개의 교수대와 형벌 수레를 보았다. 죄수들이 매달려 있었는데 일부는 죽은 지 얼마 안 되었고, 일부는 썩어가고 있었다. 살인자의 시신들은 형벌 수레에 사지가 찢겨나간 상태였다.[3]

이처럼 온 유럽에서 폭력이 난무하는 상황이었으니 1618년 보헤미아에서 불온한 움직임이 있다고 해도 딱히 큰일은 아니라고 여겨졌을 것이다. 하지만 이해 봄, 보헤미아의 수도 프라하에서 벌어진 사건은 근대 유럽을 만들었다고 여겨지는 30년 전쟁의 도화선이 되었다.

사건은 당시 대부분의 분쟁이 그렇듯 종교적 갈등으로 시작되었다. 후일 '프라하 창문 투척 사건'이라는 독특한 이름으로 불리게 되는 이 사건이 왜 30년 전쟁의 도화선이 되었는지를 이해하기 위해서는 우선, 신성로마제국의 구조에 대해 알아야만 한다. 너무 자세하게 다루면 지루할 수 있으므로 전쟁의 원인을 이해하기 위한 최소 수준에서 다루어보도록 하자.

사건의 무대인 신성로마제국은 거칠게 선을 긋자면 지금의 독일과 오스트리아에 폴란드와 체코 일부를 포괄하고 있는 나라로서, 그 유래를 거슬러 올라가면 카를 대제에게까지 연결되는 유서 깊은 제국이었다. 하지만 신성로마제국은 거창한 이름과 달리 도저히 단일한 제국이라고 부를 수 없는 분열된 국가이기도 했다. 영국이나 프랑스 혹은 스페인이 왕실을 중심으로 안정된 중앙집권체제를 수립해 가던 와중에도, 사실상 신성로마제국은 독립적 군주로 군림하는 수많은 봉건영주들이 분할 통치하고 있었다.

우선 황제의 자리부터 그다지 안정적이지 않았다. 황제라는 명칭은 그럴 듯하지만 신성로마제국의 황제는 자신의 제위를 자식에게 마음대로 물려줄 수도 없었다. 제위에 오르기 위해서는 반드시 봉건영주들로 구성된 선거인단의 투표가 필요했다. 선거로 황제를 뽑았다는 말이다. 심지어 전임 황제와 별다른 인척 관계가 없어도 입후보가 가능했다.

프랑스 왕이나 영국 왕도 입후보할 수 있었다. 실제 레오나르도 다빈치의 후원자로 유명한 프랑수아 1세는 프랑스 국왕의 자리에 있으면서 신성로마제국의 황제에 입후보하기도 했다. 초기에는 군소 영주들까지 선거인단으로 참여했지만, 이른바 금인칙서•가 반포된 1356년 이후로는 오직 일곱 명의 제후에게만 투표권이 주어졌다. 이들을 선제후選帝侯라고 부른다.

선거는 만장일치가 아니라 다수결로 정했기 때문에 일곱 명 중 네 명을 확보하면 이기는 게임이었다. 투표권자를 일곱 명으로 만들면 혼란이 없을 것이라는 생각이었겠지만, 일곱 명밖에 안 되기 때문에 오히려 혼란이 생기기도 했다. 우선 매수해야 할 표적이 분명하기 때문에 완벽한 금권 선거가 되었다. 하나하나의 표에는 어마어마한 가격표가 붙었고, 선거 한번 치르고 나면 입후보했던 황제나 왕은 파산 직전의 상황까지 몰리고는 했다. 30년 전쟁도 바로 이 선거전으로부터 시작되었다.

⟩⟩⟩ 새 종교를 탄압하는 새 황제 ⟨⟨⟨

사건이 벌어지던 1618년 무렵, 신성로마제국의 황제 마티아스는 노환으로 여생이 얼마 남지 않은 상태였다. 당연히 후계자 문제가 초미의 관심사로 떠올랐다. 오랫동안 제위를 차지해 온 합스부르크 가문은 분주하게 표 계산을 하기 시작했다.

앞서 설명한 것처럼, 표는 모두 일곱 장이다. 그중 마인츠, 트리어, 쾰른의 선제후는 세습직이 아니라 대주교들이었다. 대주교들인 만큼 당연히 가톨릭이었고 임명권도 황제와 교황이 쥐고 있었다. 세 장은 가톨릭 고정 표라는 말이다. 가톨릭의 수호자를 자처해 온 합스부르크 가문으로서는 가장 안정적인 지지 세력이라고 볼 수 있었다.

반면 세속 군주들인 작센, 브란덴부르크, 팔츠●●의 선제후는 당연히 세습이었고 공교롭게도 모두 신교도들이었다. 신교 표도 세 장이 고정이라는 뜻이다. 다만 일사불란하게 움직일 가능성이 높은 가톨릭 표에 반해 신교 측 표는 루터파와 칼뱅파로 나뉜 상태라 단일 대오를 형성할 가능성이 낮았다.

결국 남은 한 장의 표만 안정적으로 확보한다면 제위는 다시 합스부르크의 차지가 될 것이 분명했다. 그리고 이 마지막 한 장의 주인공인 보헤미아 왕은 마티아스 황제가 속한 합스부르크 가문이 차지하고 있었다.

여기까지 이야기하면 상황이 가톨릭 진영에 절대적으로 유리해 보인다. 고정표만 네 장이나 마찬가지였고 신교 표는 분열되었으니 말이다. 그런데 한 가지 변수가 있었다. 보헤미아는 다른 세속 선제후들과 달리 선거로 왕을 뽑는다는 점이었다. 그리고 보헤미아의 신민들은 대부분 신교도였다.

●   당시 서신의 인장에 주로 쓰던 밀랍 대신 황금을 사용한 데서 유래한 명칭. 1356년에 신성로마제국 황제인 카를 4세가 뉘른베르크 및 메츠의 제국 의회에서 반포한 법령을 담고 있다. 신성로마제국 황제의 선거 절차, 선거권을 가진 7선제후의 권리와 자격 등을 규정한 중요한 문서다.

●●   독일 서부 지역을 대표하던 옛 지방. 하이델베르크와 만하임을 중심도시로 라인강변에 자리 잡은 신성로마제국의 제후국이었다.

물론 종교적 갈등이 격화되지 않은 상황에서는 보헤미아의 신민들도 왕실인 합스부르크 가문을 적대시하지 않았다. 덕분에 별 어려움 없이 합스부르크 가문이 황제로 선출될 수 있었던 것이다. 마찬가지로 합스부르크 출신의 황제들도 가능한 보헤미아의 신교도들을 자극하지 않기 위해 노력했다. 문제는 다음 황제로 낙점받은 페르디난트 2세 대공이 마티아스 황제보다 훨씬 강경한 가톨릭교도라는 점이었다.

페르디난트 2세가 후계자로 결정되자 제위 계승을 위한 계획이 작동하기 시작했다. 첫 번째 단추는 물론 황제 선거에서 가장 중요한 보헤미아의 왕위를 페르디난트에게 넘겨주는 것이었다. 일단 1617년에 있었던 보헤미아 왕을 뽑는 선거에서는 보헤미아의 영주들도 별다른 반발 없이 페르디난트를 보헤미아의 왕으로 선출했다.

만약 페르디난트 2세가 앞선 합스부르크 출신 황제들만큼의 신중함이라도 유지했다면 제위 계승까지도 별다른 문제는 없었을 것이다. 하지만 페르디난트는 왕으로 선출되자마자 강경한 가톨릭주의자로서 자신의 정체성을 드러내기 시작했다. 특히 교회의 소유권과 관련된 문제가 뇌관이 되었다.

너무 당연한 이야기이지만 신교新敎는 글자 그대로 새로운 종교였다. 종교개혁으로 새로 생긴 종파라는 뜻이다. 그러니 기존에 소유한 교회가 없는 것이 너무 당연했다. 따라서 신교도들은 자신의 신앙생활을 위해 새로운 교회를 세워야만 했다. 여기에 그 지역의 영주나 왕이 신교도라면 문제가 없지만, 만약 가톨릭이라면 신교도들이 새로운 교회를 세우는 것은 결코 간단한 일이 되지 않는다.

일단 건립 자체가 불법이 될 염려가 있었다. 바로 이런 일이 보헤미아에서 일어났다. 주민들은 신교도가 많은데 왕은 가톨릭인 합스부르크 가문이었기 때문이다. 따라서 보헤미아의 신교도들은 왕의 땅에 세운 신교교회를 인정해 달라는 투쟁을 벌였다. 이것이 전임 황제인 루돌프 2세 시절 벌어진 일로, 루돌프는 신교도들의 청원을 받아들여 왕의 땅에 신교교회의 건립을 허락하는 칙령을 내렸다. 그렇게 원하던 칙령을 받아낸 신교도들은 이것으로 문제가 일단락되었다고 생각하고 안심했다.

하지만 1617년에 왕이 된 페르디난트 2세는 이 칙령을 완전히 창의적인 방식으로 해석해서, 새로운 조치를 취하기 시작했다. 신교교회가 세워진 왕의 땅을 가톨릭교회에 기증해 버린 것이다. 이렇게 되면 종교의 자유는 완전히 허울뿐인 말이 되고 만다. 신앙생활의 중심인 교회가 하루아침에 주인이 바뀌어 가톨릭교회의 소유가 되기 때문이다. 신교도들의 참았던 분노가 폭발했다.

운명의 날인 1618년 5월 23일, 봉기한 신교도들은 프라하성으로 몰려들

강경한 가톨릭주의자 페르디난트 2세
황제로 선출되자마자 신교도들을 강하게 탄압한 결과 30년 전쟁을 촉발했다.

기 시작했다. 분노한 군중은 곧장 왕의 대리인들이 자리 잡고 있던 집무실로 들어가 왕이 그렇듯 역시 강경한 가톨릭교도였던 슬라바타와 마르티니츠를 붙잡았다. 그러고는 곧장 창문을 떼어내고 창밖으로 왕의 대리인들을 던져버렸다. 방의 한쪽 구석에서 벌벌 떨고 있던 비서 파브리키우스도 곧장 주인들의 뒤를 따라 창밖으로 던져졌다.

마르티니츠가 떨어지면서 "마리아여! 살려주소서"라고 비명을 지르자 군중 가운데 한 사람이 "너희 마리아가 너희를 살려줄 수 있는지 한번 보자!"라며 조롱했다고 한다. 창의 높이가 21미터였으니 당연히 마리아가 이들을 구하기는 어려웠을 것이다. 하지만 이때 기적이 일어났다. 마침 창문 밑에 쓰레기 더미가 쌓여 있었던 것이다. 떨어진 세 사람은 쓰레기 더미 덕분에 목숨을 건졌다. 이것이 유명한 '프라하 창문 투척 사건'이다.●

일이 이 지경에 이르면 반란을 일으킨 신교도들도 갈 데까지 가보는 수밖에 없다. 그들은 곧장 혁명정부를 구성하고 머지않아 들이닥칠 황제군에 대항하기 위해 군대를 조직하기 시작했다. 전쟁이 시작된 것이다.

"30년 전쟁은 계획된 전쟁이 아니었습니다. 누구도 원치 않았고, 소위 말하자면 그냥 그렇게 운이 나쁘게 시작된 전쟁입니다. 누구도 마지막에 가서는 이를 멈출 수 없었습니다. 이것이 가장 큰 문제였습니다.

처음에 전쟁은 보헤미아에서 발발했습니다. 초기의 전쟁은 보헤미아 혁명을 가리키는 것이고, 보헤미아의 엘리트들과 합스부르크 제국 간의 전쟁이었습니다. 하지만 곧 제국 전역으로 퍼져나갔습니다. 왜냐하면 반란군이 유럽 전역의 제국들과 연합해 이들을 끌어들였기 때문입니다. 제국 전체를 휩쓸었고, 거의 모든 유럽 전역이 참여했습니다."[4]

프라하 창문 투척 사건 ⓒ Johann Philipp Abelinus / Matthäus Merian
종교 탄압을 견디다 못한 신교도들은 프라하성에서 가톨릭교도인 황제의 대리인들을 떨어뜨렸다.

그렇지 않아도 신교와 구교의 갈등이 빈발했던 상황에서 일단 방아쇠
가 당겨졌다. 그러자 마른 건초 더미에 불씨를 던진 것처럼 제국 전체는 전
쟁의 소용돌이 속으로 휘말려 들어가고 말았다.

• 프라하 창문 투척 사건은 이때뿐 아니라 200년 전인 1419년 후스전쟁 당시에도 벌어졌다. 물론 이때
　창밖으로 던져진 일곱 명은 모두 즉사했다.

30년 전쟁,
진화하는 군대

>>> **해산도 탈출도 없는 테르시오** <<<

아마 이쯤에서 여러분은 본격적으로 30년 전쟁에 대해 설명하리라고 기대할 것이다. 당연히 그렇게 해야겠지만 미안하게도 나는 그렇게 하지 않을 생각이다. 30년 전쟁 자체에 대한 설명은 대부분 생략하겠다는 말이다.

여러 이유가 있지만 가장 중요한 이유는 전쟁의 양상이 너무 방대하고 복잡하다. 종교와 정치, 혈통과 외교 관계가 뒤엉키면서 30년 전쟁은 정말 복잡하기 그지없는 전쟁이 되었다. 차라리 훨씬 길게 이어진 100년 전쟁을 설명하는 편이 더 간단하다. 영국과 프랑스만 이야기하면 되고, 왕가라는 측면에서 보아도 발루아왕조와 플랜태저넷왕조만 언급하면 된다.

하지만 유럽의 거의 모든 왕조들과 국가들이 관계된 30년 전쟁은 마치 뒤엉킨 실타래와 같아서 도저히 일목요연하게 설명할 방법이 없다. 섣불리 좇아갔다가는 아마 화약혁명이라는 우리의 문제의식을 완전히 잃어버릴 것이 분명하다. 꼬리가 몸통을 흔드는 꼴이 될 것이다.

따라서 나는 이 전쟁에 대해 꼭 필요하다고 생각되는 부분만 언급할 생각이다. 물론 전쟁의 양상이 복잡한 만큼 재미있기도 한데, 혹시 30년 전쟁에 흥미가 느껴져서 자세히 알아보고 싶다면 C. V. 웨지우드가 쓴 『30년 전쟁 1618~1648』이라는 책을 읽어보라고 권하고 싶다.

> "17세기 초, 신교의 성공적인 세력 확장 시도는 가톨릭 세력과 맞닥뜨리게 됩니다. 그리고 30년 전쟁은 신교와 가톨릭이 그 갈등에 대한 해결이 날 때까지 싸운 겁니다. 그리고 마침내 국제 전쟁이 된 거예요. 20세기의 1차 세계대전 수준이었어요. 그동안 계속되던 몇 가지 갈등을 끌어들이게 되면서 더욱 복잡한 양상을 보이는데, 이런 갈등들은 30년 전쟁보다 이전에 생겨난 것들이에요.
> 16세기 중반에 시작된, 스페인으로부터 독립하려는 네덜란드와 스페인의 싸움도 30년 전쟁으로 재개되고 발트해 연안을 장악하려는 국가들, 그러니까 독일에 간섭하려던 스칸디나비아 국가들의 갈등도 있었고요. 그리고 프랑스와 스페인의 갈등도 있습니다. 유럽의 패권을 잡으려 오랫동안 계속돼 온 갈등도 16세기 초부터 있었습니다. 이 갈등도 이후에 30년 전쟁의 초점이 돼버리죠.
> 아주 긴 지속적인 전쟁이었을 뿐만 아니라 방대한 지역에서 벌어진 전쟁이었습니다. 보헤미아에서 시작되지만, 제국 전체로 번집니다. 모든 독일 국가들과 발트해 연안과 라인강까지 번졌어요. 그런 다음 스칸다나비아와 프랑스, 스페인, 이탈리아로까지 퍼져 진정한 국제전이 된 겁니다."[5]

30년 전쟁은 크게 네 시기로 나뉘는데 각 시기는 황제 측 가톨릭군에 맞선 신교 측 리더가 누구인가로 구분할 수 있다. 이 중 전반전이라고 할만

한 1기와 2기를 상징하는 인물은 팔츠 선제후 프리드리히 5세와 덴마크 국왕 크리스티안 4세다.

보헤미아 반란군에 의해 새로운 보헤미아 국왕으로 선택된 프리드리히 5세는 마음만은 선량한 군주였지만 불행히도 난세에 어울리는 인물이 아니었다. 빌라호라 전투에서 가톨릭 동맹군의 틸리 백작에게 완패당한 프리드리히는 네덜란드로 망명길에 오른 후 다시는 고국으로 돌아오지 못했다.

프리드리히 5세가 서둘러 퇴장한 이후 교대하는 듯한 느낌으로 신교 측 대표선수가 등장한다. 덴마크의 국왕이던 크리스티안 4세였다. 스웨덴의 구스타프 아돌프와 호각을 이루던 이 호전적인 군주는 신교도 보호를 명분으로 기세 좋게 밀고 내려왔지만 채 1년을 버티지 못하고 가톨릭군에게 참패당했다. 굴욕적인 평화조약과 함께 무대에서 사라진 이 사람도 다시는 국제 무대에 이름을 올리지 못했다.

이처럼 전쟁 초기의 전황은 가톨릭 진영의 압도적인 우세였다. 틸리 백

신교 측 1기 리더 프리드리히 5세
ⓒ Michiel Janszoon van Mierevelt
빌라호라 전투에서 완패한 후 네덜란드로 망명했다.

신교 측 2기 리더 크리스티안 4세
ⓒ Pieter Isaacsz
굴욕적인 평화조약과 함께 1년도 지나지 않아 참패
했다.

작과 발레슈타인 그리고 스피놀라라는 당대 최고의 명장이 이끌던 가톨
릭군은 빌라호라 전투 이후 어떤 전투에서도 패하지 않았고, 신교 진영을
괴멸 직전까지 몰아넣었다.

틸리 백작이 이끌던 가톨릭 동맹군, 발렌슈타인이 이끌던 황제군, 스피
놀라가 이끌던 스페인군은 솔직히 한 팀이라고 하기에는 어려운 존재였
고, 각자 알아서 움직이는 별개의 군대처럼 행동했다. 하지만 이렇게 각자
움직이는 상황에서도 신교도군에 대해 압도적인 우위를 보여주었다. 그리
고 이들의 압도적인 우위를 뒷받침하고 있던 것은 '테르시오**Tercio**'라고 불
리던 스페인에서 시작된 군사 편제였다.

> "테르시오는 오늘날의 연대와 같습니다. 스페인에서는 3000명, 이후에는
> 1000명 정도로 이뤄진 부대로 부대원들은 서로 다른 무기들을 갖추고 있었습
> 니다. 그들은 서로가 힘이 돼줬어요. 장창을 든 창병, 무거운 머스킷을 가진 병사

와 가벼운 아쿼버스●를 가진 병사도 있었죠. 그들은 함께 싸우고, 함께 훈련하고, 부대를 형성했습니다. 그들 중 일부는 아주아주 긴 창을 갖고 있었어요. 그리고 일부는 화기, 머스킷과 아쿼버스를 갖고 있었죠. 창병과 총병이 결합한 형태였습니다. 시간이 흐르면서 그 비율은 변했습니다. 1530년대에 처음으로 테르시오가 만들어졌을 때의 비율은 아홉 명의 창병에 화기를 가진 병사가 한 명이었어요."**6**

"테르시오는 16세기의 전투 방식입니다. 16세기 스페인군의 성공 기법이기도 합니다. 당시에는 스페인이 군사에서는 최고였습니다. 가장 성공적인 부대이며, 전투지를 지배했습니다. 테르시오는 독일식 표현은 아닌데, 독일식 표현으로는 '게발트하우펜(Gewalthaufen)'●●입니다. 강력하게 병사들을 밀집시키는 겁니다. 전통적인 스페인의 테르시오는 16세기에 3000명의 병력으로 구성돼 있었습니다.

또 중요한 점은 전체 집단에서 창병들이 많은 부분을 차지했다는 겁니다. 바깥에는 총병들이 둘러싸고 있었습니다. 이것이 테르시오를 다시 한번 보호했습니다. 병사들이 매우 조밀하게 모여 우리 영역이라고 주장하는 거죠. 테르시오의 가장 큰 장점은 해산시키기가 거의 불가능하다는 겁니다. 서로 부서지지 않도록 붙어 있다는 겁니다. 전장에서 해산도 탈출도 없다는 겁니다."**7**

>>> 황제군, 경험에서 교훈을 얻다 <<<

가톨릭군의 기본 편제인 테르시오를 이해하기 위해서는 우선 초기 화약 혁명의 역사에 대해 알아볼 필요가 있다. 앞서 맘루크에 대해 이야기할 때

스페인의 테르시오
화약 무기라는 신기술을 효과적으로 활용할 수 있는 전환점이 되었다.

잠시 살펴본 것처럼 화약혁명은 스마트폰처럼 등장하자마자 곧장 열광적으로 환영을 받지도, 세계로 퍼져나가지도 못했다. 화약 무기는 수백 년에 걸쳐 서서히, 정말 일보전진과 이보후퇴를 거듭하며 전쟁터에서 받아들여졌다. 이렇게 느리게 발전한 이유는 기술 발전이 느린 탓도 있었지만, 화약 무기라는 신기술을 효과적으로 활용할 수 있는 전술 혹은 시스템을 발견하지 못했기 때문이었다.

앞서도 말한 것처럼 '모든 새로운 기술은 불완전한 형태로 등장한다.' 15~16세기에 등장한 화약 무기는 19세기 이후에 사용된 연발총이나 강선

---

* 　크고 무거운 머스킷에 비해 가볍고 구경이 작은 화승총. 위력은 떨어지지만 정확도가 높아서 머스킷과 함께 오랫동안 사용되었다. 특히 동양에 전파되어 조총이라는 이름으로 불리게 된 화승총은 모두 아쿼버스다.
** 　폭력 결집. 폭력을 의미하는 게발트(Gewalt)와 한 무리의 병사를 의미하는 하우펜(Haufen)이 합쳐진 표현이다.

대포가 아니었다. 따라서 하나하나의 무기가 가진 위력으로만 본다면 전통적 무기인 창이나 활보다 결코 뛰어나지 않았다. 탁월한 관통력과 다루기 쉽다는 강점만큼 전쟁터에서의 사용을 방해하는 약점도 많았다.

특히 발사 후의 장전 속도가 느리다는 것은 치명적 약점이었다. 2~3분에 한 발씩 쏘는 속도로는 기병처럼 빠른 속도로 다가오는 적에게 아무것도 할 수 없었다. 화약 무기를 효율적으로 사용하기 위해서는 무엇보다 장전 시의 무방비 상태를 보완해 줄 수 있는 전술 혹은 시스템을 찾아내는 것이 급선무였다. 따라서 화약혁명 초기의 혁신은 바로 이 장전 단계의 느린 속도를 어떻게 보완할 것인가에 집중되었다고 할 수 있다. 그리고 이 부분에서 첫 번째 해결책을 찾아낸 것이 스페인이었다.

30년 전쟁이 시작되기 100년쯤 전인 16세기 초, 이탈리아에서 프랑스와 패권 다툼을 벌이고 있던 스페인은 항상 프랑스의 정예기병대에게 대항할 수단을 찾지 못해 애를 먹고 있었다. 프랑스의 귀족 기사들로 이루어진 기병대, 장다름Gendarme●은 유럽 최강이었기 때문이다.

얼핏 중세 기사들은 영국이나 프랑스나 스페인이나 다 비슷할 것이라 생각하기 쉽지만, 중세 기사도의 진정한 꽃은 프랑스였다. 중세를 상징하는 십자군 전쟁에서 주역으로 활동한 사람들 또한 가계도를 따라가면 대부분 프랑스 출신이다. 이런 전통은 근대 초기까지 이어져서 16세기에도 프랑스 기병대의 위력은 막강했다. 따라서 이탈리아의 지배권을 놓고 프랑스와 싸우고 있던 스페인으로서는 프랑스 기사들의 돌격을 무력화할 방법을 반드시 찾아야만 했다.

이탈리아 전쟁 초기에 스페인이 찾아낸 해결책은 야전 보루를 이용해서 화승총 공격을 하는 것이었다. 참호나 흉벽처럼 엄폐물 뒤에서 사격하는 방식으로 무방비 상태일 수밖에 없는 총알 장전 시간의 약점을 보완했다.

1503년에 벌어진 체리뇰라 전투는 스페인군의 새로운 전술이 효과를 발휘한 전투였다. 저돌적인 프랑스의 귀족 중기병들은 무모한 돌격을 되풀이하다가 스페인 보병들의 화승총 사격에 심각한 피해를 입고 궤멸했다. 마지 다비크 전투의 맘루크들과 같은 꼴을 당한 것이다. 아마도 이 전투가 기사들에게서 화약 무기가 승리한 역사상 첫 전투일 것이다. 이후에도 스페인은 세시아 전투나 유명한 파비아 전투에서 유사한 전술을 폈고 프랑스군을 이탈리아에서 완전히 몰아낼 수 있었다.

그런데 이런 전투 방식에는 근본적인 한계가 있었다. 참호나 흉벽 같은 엄폐물이 있을 때만 효과가 있다는 점이다. 위의 전투들은 스페인군이 잘 싸운 측면도 있지만, 프랑스군이 엄폐물이 있는 보루를 향해 앞뒤 재지 않고 무모한 돌격을 거듭해서 자멸한 측면도 있었다. 프랑스인 특유의 저돌적인 공세만 아니었다면 결과는 달라졌을 것이다.

실제로 이탈리아 전쟁 중인 1512년에 일어난 라벤나 전투에서 그랬다. 가스통 드 푸아가 지휘하던 프랑스군은 동일한 전술을 구사하던 스페인군에게 무모한 돌격을 거듭하는 대신 포격과 기병 돌격을 적절히 혼합한 전술을 구사함으로써 승리할 수 있었다.

결국 가장 보편적인 전투 방식이었던 벌판에서의 전투에서는 써먹을 수 없는 전술이라는 이야기다. 사방이 뚫린 공간에서는 참호나 흉벽 같은 적당한 엄폐물을 사용할 수 없기 때문이다. 또 수비 위주의 전투에서는 엄

• 　근대 초기 프랑스의 중기병. 귀족 출신들로 이루어진 정예병으로, 판금 갑옷으로 전신을 두르고 말에게도 마갑을 입힌 뒤 장창을 이용해 돌격했다. 15세기 말에서 16세기 중반이 전성기로, 프랑스가 이 시기에 얻은 승리에 많은 기여를 했다.

폐물 뒤에 숨을 수가 있지만, 공격할 때는 결국 몸을 드러내야 한다는 점도 문제였다. 그런 이유로 방어적인 전투에서만 써먹을 수 있었다. 실전에서 사용하기에는 한계가 많은 반쪽짜리 전술이었던 셈이다.

바로 이 부분을 해결한 것이 테르시오다. 벌판에서 엄폐물을 찾을 수 없다면 엄폐물 역할을 해줄 인간 방벽을 만드는 것이다. 바로 창을 든 밀집 군단이다. 가장 비슷한 모습을 전쟁사에서 찾는다면 알렉산더가 이끌던 마케도니아 장창병, 팔랑크스 *를 꼽을 만하다.

4미터가 넘는 장창을 쥔 창병들은 마치 고슴도치처럼 밀집해서 정면을 향해 창을 겨누었다. 고대 그리스에서도 그랬던 것처럼 이런 방식은 기병의 돌격을 막는 데 효과적이었다. 그리고 창병들의 앞에 혹은 사면에 총병들을 배치했다. 적이 공격해 들어오면 먼저 총병이 일제사격을 가한 후 적이 가까이 오면 엎드리거나 창병들 사이에 숨어서 창병이 적을 상대하도록 하는 것이다. 물론 그사이에 총병들은 장전을 하고 다음 사격을 준비했다.

> "문제는 총을 장전하는 속도였어요. 발사하고 나서는 총신을 비우고 다시 총알과 화약, 완충재를 넣어야 했어요. 최소 2~3분이 걸렸습니다. 중장기병대를 마주하고 있을 때는 한 번 쏘고 나면 중장기병 부대가 당신에게 다가와 있는 겁니다. 기사들을 떨어트려 놓을 군인이 필요했어요. 그래서 창병이 필요했던 겁니다. 창병은 머스킷과 아쿼버스를 든 병사를 보호하는 역할이었어요. 화기의 발사 속도가 충분히 빨라지기 전까지는 말입니다."[8]

----

* 고대 그리스의 주요 병력인 중장보병, 호플리테스(hoplites)가 사용하던 전술. 방패와 창을 든 다수의 병사를 고슴도치처럼 밀집대형으로 배치해 근접전을 벌이며 적을 압박했다.

벌판 위 전투에서의 테르시오 편제 ⓒ Peter Snayers

창을 든 인간 방벽이 밀집 군단을 이루어 엄폐물 역할을 했다.

이 전술이 효과적이었다는 것은 이후의 유럽 전쟁사만 보아도 알 수 있다. 테르시오 편제를 시작한 1534년 이후 스페인 육군은 자타 공인 유럽 최강으로 통했기 때문이다. 이탈리아와 플랑드르에서 스페인은 오랜 숙적인 프랑스 기사들을 압도하기 시작했다.

새로운 전술이 효과를 보이자 다른 나라들도 바로 스페인의 전술을 따르기 시작했다. 앞서 언급한 것처럼 유럽은 항상 전쟁 중이었고, 직접 싸워보면 어떤 방식이 우월한지는 누구라도 금방 알 수 있기 때문이다. 아무리 기사들의 자존심이 중요하다고 해도 매번 전쟁터에서 떼죽음을 경험하다 보면 상대방의 전술을 받아들이지 않을 수 없었을 것이다.

특히 같은 합스부르크 가문으로 스페인의 형제 국가였던 신성로마제국의 황제군은 발 빠르게 테르시오 편제를 자신들의 기본 편제로 삼았다. 덕분에 테르시오는 합스부르크 제국을 상징하는 군사 편제가 되었다. 그리고 이 편제를 예술적일 정도로 능수능란하게 사용한 사람이 바로 가톨릭 동맹군을 이끌던 틸리 백작이었다.

"틸리는 30년 전쟁이 시작했을 때 이미 노인이었다는 것에서부터 시작해야 합니다. 60세였습니다. 그 시대에서도 이미 나이가 많은 편이었고 전투지에서 부대를 이끈다는 것은 몹시 힘든 일이었죠. 틸리는 이미 많은 경험을 했습니다. 군인으로 한평생을 살았습니다. 젊은 시절에는 네덜란드 독립전쟁에서 스페인군으로 싸웠습니다. 이 경험이 틸리에게 강한 인상을 줬고, 테르시오를 어떻게 조정하는지에 대해 경험과 교훈을 줬습니다. 틸리는 테르시오와 함께 성장했기 때문에, 이것이 자신의 전문 분야가 됐습니다.

그렇다고 틸리가 스페인군에서 배운 것을 그대로 복제한 것은 아니었습니다.

확실히 말씀드리자면, 틸리는 스페인 출생이 아니었습니다. 현재로 따지자면 벨기에 출신이었습니다. 프랑스어를 구사했고 합스부르크 왕가와 신성로마제국을 따르는 사람이었습니다. 틸리는 스페인식으로 구성된 군대를 발전시켰습니다. 젊은이들을 동원해 테르시오를 효율적으로 발전시켰습니다. 스페인에서 그랬던 것처럼 3000명가량의 사람들이 마구잡이로 폭력을 행사하는 게 아니라 더 잘 움직일 수 있도록 했습니다. 더 유연한 형태로 발전한 겁니다."[9]

이 시점에서, 그러니까 틸리 백작과 발렌슈타인이 덴마크를 굴복시킨 시점에서 황제 페르디난트 2세가 신교 제후들에게 적당한 유화책을 제시했다면 전쟁은 끝났을 것이다. 명백한 반역자인 팔츠 선제후 프리드리히 5세는 몰락했고, 나머지 두 명의 신교 선제후인 브란덴부르크 선제후 게오르크 빌헬름과 작센 선제후 요한 게오르크는 비록 종교는 달라도 신성로마제국에 대한 충성심만은 분명했다.

황제군의 백전노장 틸리 백작
ⓒ Pieter de Jode / Anthony Van Dyck
테르시오를 빠르게 받아들여 전술에 적용함으로써 가톨릭 동맹군의 승리를 연달아 이끌었다.

그렇게 '30년 전쟁'이 아니라 '12년 전쟁'이 될 수도 있었던 전쟁에 다시 불을 붙인 것은 페르디난트 2세 자신이었다. 거듭되는 승리로 자신감이 차오른 페르디난트가 신교 제후들이 도저히 받아들일 수 없는 칙령을 강제했기 때문이다. 이른바 1629년의 '토지반환령'이다. 보헤미아 반란의 원인이 되었던 칙령을 더욱 확대한 이 칙령의 핵심은 지금까지 신교도들이 취득한 모든 교회 재산을 가톨릭교회에 반환하라는 명령이었다.

　가톨릭의 수호자를 자처하던 페르디난트 2세로서는 황제의 힘이 강화된 기회를 놓치지 않고 반드시 시행해야 할 정책이었겠지만, 니콜로 마키아벨리의 『군주론』에 실린 통찰을 빌리자면 인간은 부모 죽인 원수는 잊어도 재산을 빼앗아 간 자는 결코 잊지 못하는 법이다. 거듭된 패배로 숨죽이고 있던 신교 제후들 사이에 다시 불온한 움직임이 일기 시작했다.

> 인간은 아버지의 죽음은 쉽게 잊어도 재산의 상실은 좀처럼 잊지 못한다. 그 어떤 일이 있더라도 타인의 재산에는 절대 손대지 말아야 한다. 인간이란 자기 재산의 상실은 좀처럼 잊지 못하는 존재이기 때문이다.[10]

〉〉〉 규모에 대항하는 유연성의 힘 〈〈〈

　이에 대항하는 신교 측의 군대를 이야기하기에 앞서, 화약혁명의 아버지라 불리는 네덜란드의 '마우리츠 판 나사우'에 대해 먼저 알아보자. 신교 측의 편제 구성이 바로 마우리츠가 떠올린 아이디어로부터 시작되었기 때문이다.

　앞서 이야기했지만, 초기 화약혁명의 성과를 극대화하기 위해서는 화승총을 장전하는 동안의 무방비 상태를 어떻게 극복할 것인가라는 문제를 해결해야만 했다. 그리고 이 문제를 창병들의 밀집대형으로 해결한 것이 스페인 테르시오의 전술이다. 하지만 이 방식에도 명백한 한계가 있다. 창병의 역할이 강조되다 보니 아무래도 화승총을 사용하는 총병의 비율을 획기적으로 높일 수 없다는 점이다. 무리하게 총병의 비율을 늘렸다가는 기병에 대한 방어력이 현저하게 떨어질 것이기 때문이다.

따라서 초창기 테르시오의 창병 대 총병의 비율은 9 대 1 정도였고 이후에도 화기의 발전에 따라 총병의 비율이 늘어났어도 7 대 3 정도였다. 그만큼 창병이 많은 구조는 근본적으로 변하기 어려웠다. 결국 총병의 역할은 전투 초기 적병의 전열을 흐트러뜨리는 정도에 그쳤고 근접전에서 마지막 결정타는 창병이 맡는다는 방식이 정착되었다. 화약 무기는 아직도 조연의 역할을 벗어나지 못한 것이다.

이 문제점을 해결하기 위해서는 근본적인 발상의 전환이 필요했다. 그리고 이 전환을 이룩한 사람이 네덜란드의 독립전쟁 지도자 '마우리츠 판 나사우'였다. '만약 장전 시간의 공백이 문제라면 아예 이 공백을 없앨 방법은 없을까?'라는 의문이 새로운 전술의 단초가 되었다.

> "그래서 마우리츠 판 나사우가 생각해 낸 것은 맨 앞줄이 발사하고 뒤로 돌아가서 다시 장전하는 동안 두 번째, 세 번째, 네 번째, 다섯 번째 줄이 순서대로 발사하는 겁니다. 우리는 정확히 언제 그 아이디어가 탄생했는지 알고 있어요. 1594년에 마우리츠의 사촌이 그린 그림이 있어요. 사촌의 이름은 빌럼 루드빅으로 루드빅은 로마의 전술에 관한 책을 읽었는데, 로마인들은 일제히 창을 던지고 두 번째 줄이 창을 던지는 동안 뒤로 돌아갔다는 것을 봤어요. 루드빅은 화기도

그런 식으로 하면 되겠다고 생각했죠. 효과적일 수도 있겠다 생각했어요.

이 의견을 채택한 마우리츠는 처음에는 중대로 시도해 봤고 다음은 대대, 연대 순으로 시도해 봤어요. 그다음은 군 전체로 시도해 봤죠. 하지만 발사하고 뒤로 가서 재장전하고 이런 식으로 계속해서 발사하려면 아주 많은 훈련이 필요했어요. 어려운 일이었죠. 하지만 그게 17세기 초 네덜란드군의 독창성이었어요."[11]

설명하자면 이렇다. 네덜란드의 화승총 부대원은 맨 앞 1열이 사격을 하고 나면 뒤로 돌아가서 맨 뒷줄에 붙은 후 다음 총알을 장전했다. 그사이에 2열, 3열, 4열도 순서대로 사격하고 같은 방식으로 뒤로 돌아가서 총알을 장전한다. 이렇게 다시 1열이 맨 앞에 나오게 되면 이들은 이미 장전이 끝난 상태이므로 곧장 사격할 수 있다. 이런 식으로 장전과 사격을 반복하게 되면 쉴새 없이 사격하는 것이 가능해진다. 물론 이런 연속적인 교차사격에도 불구하고 적병이 바로 앞까지 오면 총병은 테르시오처럼 창병 뒤로 숨어서 다음 사격을 준비했다.

그런데 말은 쉽지만, 총탄과 칼날이 난무하는 실전에서 병사들이 이처럼 일사불란하게 행동하는 것은 쉬운 일이 아니었다. 당연히 많은 훈련과 엄한 규율이 필요했다. 그리고 일시적으로 고용한 용병들로 병력의 대부분을 해결했던 당시의 군대에서는 거의 불가능한 수준의 일이기도 했다.

물론 마우리츠는 이 부분도 결국 해결해 내는 데 성공한다. 상비군을 만든 것이다. 스페인에 대항해 네덜란드의 독립전쟁을 이끌고 있던 마우리츠는 네덜란드군을 1년 내내 근무하는 상비군으로 조직했다. 당연히 군대의 숙련도와 규율은 올라갈 수밖에 없었다. 근대 유럽 최초의 상비군은 이렇게 탄생했다.

전술이 바뀌자 군의 편제도 바뀌기 시작했다. 테르시오는 초기에 3000명이었고 후기로 가도 1000명 단위가 기본이었지만 테르시오처럼 덩어리의 힘으로 밀어붙일 필요가 없는 네덜란드군은 더 소규모 단위로 조직하는 것이 훨씬 유리했다. 마우리츠는 로마군의 대대 편제를 본떠서 500명을 기준으로 부대를 편성하기 시작했다. 로마제국 멸망 이후 사라졌던 대대라는 편제가 부활한 것이다.

더불어 화력 위주의 군대가 된 만큼 총병의 비중이 월등하게 높아졌다. 끝까지 창병의 비중이 높았던 테르시오에 비해 네덜란드가 새로 편성한 대대는 6 대 4 정도로 총병의 수가 더 많았다. 이에 더해서 군대가 소규모 단위로 편제되자 원래 의도한 것이었는지는 알 수 없지만, 훨씬 유연한 운용이 가능하게 되었다. 3000명짜리 밀집대형을 움직이는 것보다 500명짜리 대형을 움직이는 것이 훨씬 쉽기 때문이다.

다만 한가지 맥 빠지는 이야기를 덧붙이자면 마우리츠는 이렇게 새로운 군대를 조직하고도 그 효과를 충분히 누리지는 못했다. 네덜란드의 독립전쟁은 대부분 요새를 둘러싼 공성전이었고 벌판에서의 전투는 거의 없었던 탓이다. 마우리츠는 평생 단 두 번의 전투만을 벌판에서 벌였을 뿐이었다. 물론 두 번 모두 멋지게 완승을 거두기는 했다.

〉〉〉 스웨덴군, 화약혁명의 미래 〈〈〈

불온한 정세를 틈타 신교 보호를 기치로 전쟁터에 끼어든 새로운 인물은 '북방의 사자왕'이라 불리던 스웨덴의 젊은 군주, '구스타프 아돌프'였

북방의 사자왕 구스타프 아돌프

© Jacob Hoefnagel

스웨덴군의 화력을 강화함으로써 신교군의 새로운
리더로서 활약했다.

다. 마우리츠 판 나사우와 함께 화약혁명의 아버지로 불리는 이 불세출의
군인은 30년 전쟁에 개입하기 이전부터 이미 주변국들과의 전쟁으로 재위
기간의 대부분을 보내고 있었다. 폴란드와 러시아, 그리고 덴마크가 그 상
대였는데, 사실 이런 주변 강국들과 거듭되는 전쟁을 치러내기에 스웨덴
은 가난하고 작은 나라였다. 우선 인구도 150만 명 내외에 불과했고 국토
대부분도 북극권의 척박한 땅이었다.

　따라서 구스타프 아돌프는 전쟁에 동원할 수 있는 스웨덴의 잠재력을
최대한 짜내기 위해 다양한 행정적, 군사적 개혁을 추진해야만 했다. 개혁
은 다양한 방면에서 추진되어 스웨덴을 근대국가로 바꾸었지만, 우리는
'화약혁명'이라는 주제에 집중하기로 했으므로 이 부분에 관련된 내용만
집중적으로 살펴보도록 하겠다.

　구스타프 아돌프는 적은 자원으로 적과 싸우기 위해 군의 효율적 운용
이 절실했고, 마우리츠의 개혁에 주목했다. 물론 마우리츠의 방식을 그대

로 답습한 것은 아니었다. 네덜란드식 개혁에 스웨덴식의 변화가 더해졌다. 구스타프가 추구한 변화는 불같은 그의 성격을 반영하듯 훨씬 공격적인 것이었다.*

우선 네덜란드식에서는 한 열씩 발사하던 방식을 세 열이 한꺼번에 발사하는 방식으로 바뀌었다. 첫 열은 무릎쏴, 두 번째 열은 구부려쏴, 세 번째 열은 서서쏴로 발사하도록 한 것이다. 그리고 발사 후에 뒤로 돌아가서 장전하는 것이 아니라 그 자리에서 그대로 장전하고, 그 대신 뒤에 있던 열들이 앞으로 전진해서 발사하도록 했다. 네덜란드식이 서서히 물러서면서 공격하는 방식이라면 스웨덴식은 역으로 전진하면서 공격하는 방식인 것이다. 후퇴를 싫어했던 구스타프 아돌프의 저돌적인 성격이 그대로 느껴지는 듯하다.

그런데 세 열이 동시에 발사하는 데다가 전진하면서 쏘기 때문에 스웨덴군에서는 훨씬 빠른 동작이 이루어져야 했다. 이 문제를 해결하기 위해 구스타프 아돌프는 기존의 화승총인 머스킷을 개량해서 훨씬 가볍게 만들었다. 기존의 머스킷은 위력은 좋지만, 너무 무거워서 반드시 받침대에 총을 놓은 후 발사해야만 했다. 당연히 이런 형태로는 속도를 높이는 데 한계가 있었다.

스웨덴군은 받침대 없이 발사할 수 있는 가벼운 총을 가짐으로써 더 빠른 발사 속도와 기동성도 가지게 되었다. 여기에 더해 대열도 더 얇고 넓게

---

* 　　구스타프 아돌프의 불같은 성격과 관련해 재미있는 일화가 전해진다. 왕에게는 옥셴셰르나라는 냉철한 조언자가 있었다. 하루는 왕이 옥셴셰르나에게 "만일 모든 사람이 그대처럼 차갑다면 모두 얼어 죽을 걸세"라고 투덜댔다. 그러자 옥셴셰르나는 다음과 같이 맞받아쳤다. "만일 모든 사람이 전하처럼 뜨겁다면 모두 타 죽을 겁니다."

소규모로 펼쳐진 스웨덴군의 대형
화약 무기의 발사 속도를 높이고 6열의 직사각형 대열을 구성했다.

벌렸다. 발사 속도를 높여서 화력이 증강되었기 때문에 더 얇은 열로도 동일한 화력을 발휘할 수 있었기 때문이다. 따라서 10열이던 총병들을 6열로 배치하고 좌우로 더 넓은 범위의 공격도 가능하도록 했다. 이에 따라 부대의 외형은 테르시오의 정사각형에서 점점 더 좌우가 긴 직사각형으로 변하게 되었다.

여담이지만 이후에도 발사 속도가 빨라지고 화력이 강화됨에 따라 직사각형은 점점 얇아지고 길어지게 된다. 발사 속도가 빨라지면 좌우로 길게 배치하는 것이 화력을 집중하는 데 더 유리하기 때문이다. 나중에 19세기가 되면 영국 보병을 가늘고 붉은 선이라는 의미의 '신 레드 라인Thin Red Line'이라고 부르게 되는데, 붉은 제복의 보병들이 두 줄로 길게 서서 사격하는 모습을 본뜬 명칭이었다. 30년 전쟁에 비해 열 배 이상 사격 속도가 빨라졌기에 가능한 대형이었다.

"네덜란드의 개혁으로부터 대략 20년 후, 스웨덴의 구스타프 아돌프는 실제로 그 기술을 확인하기 위해 네덜란드를 방문했습니다. 그리고 돌아와서 자신의 군대를 더 빠르게 행동할 수 있도록 훈련시켰습니다. 네덜란드가 적절한 화력을 유지하기 위해 10열이 필요했다면 스웨덴은 6열만 있으면 됐습니다.

그리고 구스타프는 세 열이 같이 발사하는 아이디어도 생각해 냈습니다. 이건 특히 가까운 거리에서는 대단히 파괴적인 영향을 미치는 방식이에요. 머스킷 총알은 꽤 큽니다. 0.5인치예요. 맞으면 사망할 확률이 크죠. 그래서 머스킷을 가진 병사의 수를 늘리고, 무엇보다도 머스킷병들의 속도를 개선한 게 마우리츠 판 나사우와 구스타프가 군사혁명에 기여한 부분입니다."[12]

개혁이 어느 정도 궤도에 오르자 구스타프 아돌프는 창병의 비율을 전체 보병의 3분의 1 이하로 줄이는 조치를 단행했다. 심지어 1621년이 되면 아예 전체가 총병으로만 구성된 연대도 생기기 시작했다. 그만큼 총의 발사 속도에 자신이 붙은 것이다.

구스타프 아돌프의 개혁은 단지 총병에 국한된 것은 아니었다. 화약혁명 하면 당연히 떠오르는 대포의 성능도 획기적으로 개선했다. 공격적인 전술을 선호한 사람답게 가볍고 빠른 대포를 만들어 기동성을 높인 것이다.

"당시 대부분의 대포가 가진 문제 중 하나는 효과적으로 발사하기에는 포신이 무거워서 조종하기가 어렵다는 거였습니다. 16세기 동안 이론가들과 전문가들은 이 문제를 해결하기 위해 노력했습니다. 이때 구스타프 아돌프의 혁신이 일어났어요. 전보다 훨씬 작은 포를 만들어서 3~4파운드 포탄을 발사하는 겁니다. 포가 작아진 만큼 전쟁터에서 파괴력은 약했지만 여기저기 옮겨 다니기가 훨씬 쉬웠어요. 그리고 구스타프는 이 총을 각 보병 대대에 보급했습니다. 그래서 각 대대는 두세 개의 작은 대포를 소유하고 있었어요."[13]

"구스타프 아돌프는 4파운드 포를 사용했습니다. 무게는 230킬로그램 정도로 말 두 마리와 포병 세 명이 필요했다고 합니다. 당시 유럽에서 사용하던 대포는 보통 대여섯 마리의 말을 이용해서 끌어야 했고, 전쟁터에 대포를 한번 설치하면 방향을 바꾸거나 이동하는 게 매우 어려웠습니다. 하지만 스웨덴의 소형 대포는 비교적 쉽게 방향을 바꾸거나 이동을 할 수 있었고, 전투 중 임기응변에 매우 탁월했다고 합니다.

또 중요한 게 있는데요. 화약과 탄환을 목재 카트리지 안에 담아 표준화해서 발사 속도가 매우 빨랐습니다. 한 시간에 스무 발까지 발사할 수 있었습니다. 당시 기준으로는 경이적인 속도였다고 합니다. 여기에다 포도탄이나 산탄과 같은 작은 탄환을 한꺼번에 발포할 수 있도록 했기 때문에 보병과 포병이 매우 유기적으로 연동할 수 있었고, 밀집해서 싸우던 테르시오에게 큰 타격을 줄 수 있었습니다."[14]

이와 같은 일련의 개혁을 통해 구스타프 아돌프는 스웨덴군을 더 강한 화력, 더 빠른 기동성을 가진 군대로 만들 수 있었다. 유럽의 최북방에서 미래의 군대가 만들어지고 있었던 셈이다. 그리고 1630년 7월 4일, 구스타프는 자신이 심혈을 다해 키운 이 새로운 군대를 이끌고 신성로마제국의 영토인 포메른에 상륙했다. 구스타프의 상륙과 함께 30년 전쟁은 세 번째 국면으로 들어간다.

황제군 vs 스웨덴군,
브라이텐펠트 벌판에서의 조우

>>> 숙련되었으나 낡은, 설익었으나 새로운 <<<

독일 작센주의 라이프치히 교외에는 브라이텐펠트라는 이름의 작은 마을이 있다. 행정구역상으로는 라이프치히에 포함되지만, 막상 마을을 방문해 보면 대도시의 일부라는 사실이 의아할 정도다. 사방으로 보이는 것은 밀밭뿐인 전원적 풍경이 펼쳐지기 때문이다. 그리고 그 밀밭 한가운데에는 오래된 나무 그늘 아래 다음과 같은 글귀의 기념비가 서 있다.

Gustav Adolf, Christ und Held
구스타프 아돌프, 기독교도이자 영웅

앞에서 화약혁명의 아버지라고 내내 이야기한 바로 그 '구스타프 아돌프'다. 스웨덴의 국왕인 구스타프 아돌프의 기념비가 특이하게도 독일에

구스타프 아돌프 기념비

화약 무기를 활용한 새로운 전술을 통해 30년 전쟁의 전세를 뒤바꾸고 불멸의 이름을 얻었다.

있는 이유는 물론 이곳이 구스타프를 역사에 기록하게 만든 전투, 브라이텐펠트 전투가 벌어졌던 곳이기 때문이다.

전투가 벌어진 것은 1631년 9월, 구스타프 아돌프가 독일에 상륙한 지 1년이 조금 지난 시점이었다. 그 1년 사이 가톨릭 동맹군을 이끌던 틸리 백작은 발렌슈타인의 병력까지 넘겨받은 상태였다.[*] 틸리는 대규모 병력을 거느린 채로, 신교도 제후국이던 작센을 굴복시키기 위해 작전을 펼치고 있었다. 이미 쫓겨난 팔츠 선제후에 이어 작센 선제후까지 몰락한다면 신교 측은 더는 기댈 언덕이 없는 상황이었다.

작센의 구원 요청에 응한 구스타프 아돌프는 휘하 병력을 이끌고 라이프치히로 접근하기 시작했다. 작센 선제후 요한 게오르크가 이끌던 작센군도 물론 스웨덴군에 합류한 상태였다.

운명의 날인 9월 17일. 아침 기도를 마친 스웨덴군은 조심스럽게 진군

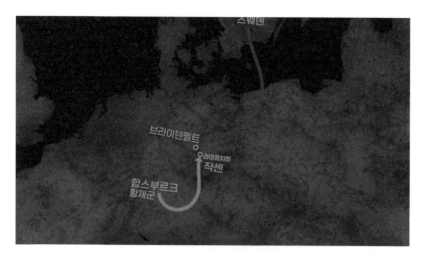

브라이텐펠트 전투가 치러진 라이프치히

틸리 백작의 황제군과 구스타프 아돌프의 스웨덴군이 맞붙었다.

하다가 브라이텐펠트 마을 외곽에서 황제군과 조우했다. 9월 중순이면 밀 수확은 이미 끝났고, 겨울작물의 파종은 아직 시작하지 않았을 테니 벌판 은 텅 비어 있었을 것이다. 초가을로 접어드는 계절이었지만 날씨는 아직 더웠고 간간이 돌풍까지 불어서 마른 땅 위에는 먼지가 가득했다. 먼지를 뚫고 벌판으로 접근하자 구스타프 아돌프의 시야에 멀리 황제군이 보이기 시작했다.

황제군은 스웨덴군이 접근하기 전에 이미 대형을 마무리한 상태였다. 평생을 전쟁터에서 보낸 만큼 노련한 지휘관이던 틸리 백작은 시간을 허 비하지 않았다. 브라이텐펠트를 전투지로 점찍은 틸리는 군대를 다그쳐

• 이 시점에서 틸리가 또 다른 가톨릭군의 지휘관인 발렌슈타인의 군대까지 넘겨받은 이유는 발렌슈 타인이 페르디난트 2세에게 일종의 파면 조치를 당했기 때문이다. 발렌슈타인은 자신의 군대를 틸리 에게 넘기고 본인의 영지로 은거했다.

황제군의 좌익을 이끈 파펜하임 백작
ⓒ Cornelis Galle / Anthony Van Dyck
브라이텐펠트 전투 시 황제군 좌익의 정예기병대를
이끌었다.

유리한 위치에 자리 잡은 채 적군을 기다리고 있었다. 황제군의 배치는 틸리가 즐겨 사용하던 대형 그대로였다.

우선 좌익과 우익에는 기병대를 배치했다. 특히 부사령관인 파펜하임 백작이 이끌던 정예기병대는 진영의 왼쪽에 은빛 갑옷을 반짝이며 자리 잡았다. 다혈질의 전사인 파펜하임의 성격 그대로 기병대는 날아가기 직전의 화살처럼 팽팽한 긴장감을 품은 채 정면을 노려보고 있었다.

중앙에는 물론 무적을 자랑하던 보병대가 테르시오 대형으로 자리했다. 15열 이상이 밀집한 정사각형의, 묵직한 해머 같은 대형 그대로였다. 좌우익의 기병이 적군의 양익을 몰아낸 후 적의 본대를 압박하면 테르시오가 묵직한 망치처럼 밀고 나가 적군을 끝장내는 것이 틸리 백작의 기본 전술이었다. 중앙의 테르시오를 다루는 것이 가장 중요하고 어려운 일인 만큼 틸리 본인이 직접 중앙의 지휘를 맡았다.

스웨덴군이 전장에 나타나자 황제군은 즉시 포격을 시작했다. 아직 진형을 마무리하기 전에 적군을 흔들어볼 요량이었겠지만 사실 포격은 별다른 효과가 없었다. 이 시대의 포격술로는 원거리에서 적에게 타격을 입히는 것이 어려웠던 탓이다.

구스타프 아돌프도 자신이 가장 신뢰하는 보병대를 중앙에 배치한 후, 황제군의 정예기병대를 마주 보는 우익에 스웨덴 기병대를 배치했다. 특이한 것은 황제군의 파펜하임 백작이 기병만으로 구성된 기병대를 이끌고 있던 반면, 스웨덴군은 기병대 사이에 보병대를 배치했다는 점이다. 보병대의 역할은 전투가 시작되면 밝혀질 것이었다.

중앙에 자리 잡은 스웨덴 보병의 배치도 황제군의 눈에는 특이하게 보였다. 채 6열이 넘지 않는 얇은 대형으로 포진해 있었기 때문이다. 전투의 마지막은 항상 창병들의 충돌로 마무리했던 황제군 입장에서 스웨덴군의 얇은 대형은 충돌로 쉽게 분쇄될 것처럼 너무 연약해 보였을 것이다. 하지만 앞서 살펴보았듯이 스웨덴군은 화력이라는 새로운 무기로 이 전투를 치를 생각이었다. 물론 결과가 어떻게 될지는 아직 미지수였다. 숙련된 낡은 기술이 설익은 새로운 기술에 승리하는 경우도 적지 않기 때문이다.

마지막으로 스웨덴군의 좌익에는 연합군인 작센군이 배치되었다. 지금까지 본격적인 전투를 치러보지 않은 산뜻한 외양의 이 군대는 구스타프 아돌프의 입장에서 약간 불안한 요소였을 것이다.

스웨덴군도 대형을 마무리하자 황제군을 향해 곧장 포격을 시작했다. 포격전은 구스타프 아돌프의 기대대로 스웨덴군의 우세 속에 진행되었다. 발사 속도, 기동성, 포의 숫자 등 모든 면에서 황제군을 압도하던 스웨덴군의 포병대는 황제군에 비해 훨씬 정확하고 빠른 속도로 포탄을 날리기 시작했다.

스웨덴의 포격 속에서도 중앙의 테르시오는 전투에 단련된 베테랑답게

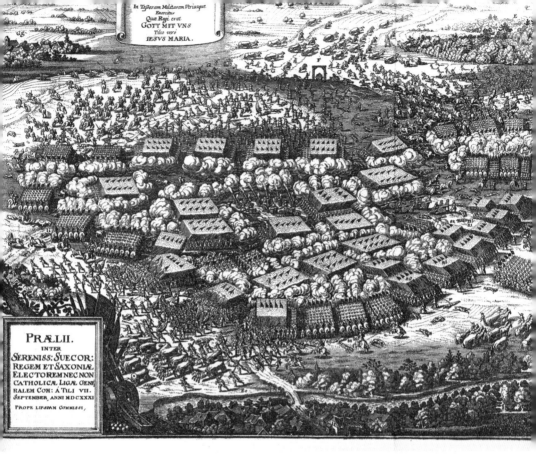

브라이텐펠트 전투 배치도 ©Oluf Hanson / Matthäus Merian

숙련된 테르시오의 황제군과 새로운 대형의 스웨덴군이 조우했다.

묵묵히 돌격 명령을 기다리며 자리를 지켰다. 하지만 불같은 성격을 가진 파펜하임 백작은 적의 포격에 속수무책으로 기다리는 것을 도저히 참지 못했다. 파펜하임은 휘하의 기병대에 돌격 명령을 내렸다. 드디어 본격적인 전투가 시작된 것이다.

황제군의 좌익에서 뛰쳐나간 파펜하임 백작의 기병대는 곧장 스웨덴군의 기병대를 덮쳤다. 10년이 넘는 전쟁 기간 내내 전쟁터를 지배해 온 기병대였던 만큼 파펜하임의 공격은 위력적이고 교묘했다. 적진을 향해 정면으로 달

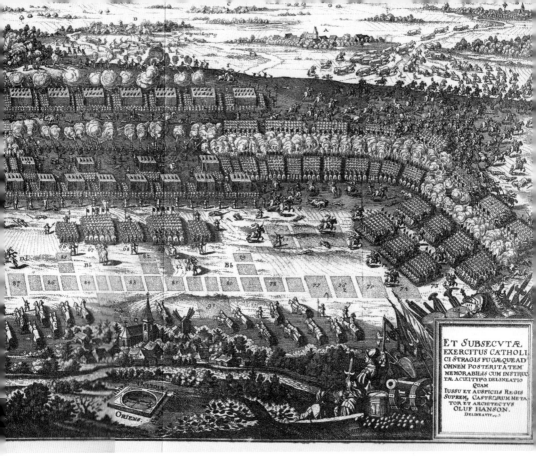

려 나가지 않고 대형을 우회해서 스웨덴군의 측면으로 치고 들어갔다. 아마도 경험 없는 군대였다면 이 첫 공격에 당황하고 무너졌을 것이다.

하지만 구스타프 아돌프의 지휘 아래 오랜 기간 단련된 스웨덴 기병은 침착했다. 스웨덴군은 즉시 대형을 틀어 황제군에 마주 섰다. 당황한 것은 오히려 황제군이었다. 스웨덴군의 신속한 기동 덕분에 황제군 기병대는 스웨덴군 전방 부대와 예비대 사이에 끼어버리고 만다. 하지만 파펜하임 백작을 당황시킨 것은 단지 적의 재빠른 움직임만이 아니었다.

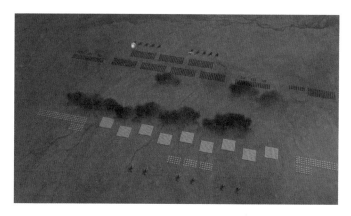

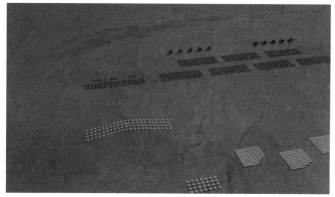

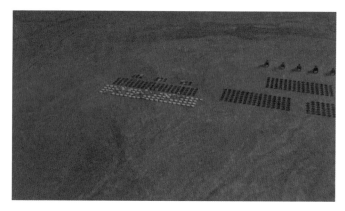

좌익 황제군의 위기

무모한 돌격을 감행했으나 이내 스웨덴군의 새로운 전술에 맞닥뜨리고 말았다.

"파펜하임에게 무슨 일이 있었느냐 하면 두 개의 부대 사이에 끼어 끔찍한 집중공격에 휩싸인 겁니다. 더군다나 이때 구스타프 아돌프의 기병과 머스킷병은 함께 공격하고 있었어요. 기병이 권총과 비슷한 피스톨로 사격을 했던 황제군과 달리 스웨덴군은 기병이 아니라 보병인 머스킷병이 총을 쏘는데, 대략 100야드 거리에서 3온스 탄을 쏩니다. 훨씬 강력하고 정확하죠.

그러면 말은 쓰러지고 갑옷을 입은 기병은 떨어져서 꼼짝 못 하게 됩니다. 그때 기병대가 달려와서 총이나 칼로 끝장을 내는 거죠. 구스타프의 기병대는 황제군의 기병대와는 달랐습니다. 구스타프는 기병들에게 피스톨을 주고 한 번만 발사하고 이후에는 검으로 공격하라고 했죠. 일단 돌파가 이뤄지면 훨씬 강력했습니다."[15]

황제군은 스웨덴군의 기병대 사이에 왜 머스킷병들이 배치되어 있었는지 비로소 알게 되었다. 기병만으로 구성된 황제군의 기병대는 말 위에서 쏘는 부정확한 권총 사격으로만 적을 공격했다. 반면 스웨덴군은 훨씬 위력적인 머스킷으로 더 먼 거리에서 적의 기병을 공격한 후, 기병들이 흐트러지면 적진으로 돌격하는 새로운 전술을 선보였다. 정예함을 자랑하던 파펜하임 백작의 기병대도 이 새로운 전술에 무너지기 시작했다.

>>> **방향을 틀어 적을 두 동강 내다** <<<

파펜하임 백작의 돌격으로 전쟁터에 격동이 생기자 중앙에 있던 틸리 백작은 어떻게 대처할지 고민했다. 전쟁터의 고함과 먼지 때문에 아직 좌익의 진행 상황은 알 수 없었지만 일단 시작된 전투에서 우위를 점하려면 먼저 움직여야 한다는 생각이 틸리의 뇌리를 스쳤다.

틸리 백작은 우익을 담당하고 있던 퓌어스템베르크에게 작센군을 향해 돌격하라고 명령했다. 만약 공격이 성공한다면 좌익의 상황과 무관하게 중앙의 테르시오들이 적의 마지막 숨통을 끊어줄 것이다.

> "퓌어스템베르크의 지휘 아래 4000명의 기병과 3000명의 보병이 있었습니다. 그들은 전쟁터의 우익에서 공격을 시작했어요. 구스타프 아돌프가 있던 스웨덴군의 중앙이 아니라 작센군이 자리하고 있던 스웨덴군의 좌익에서 공격을 시작했어요. 작센군은 황제군의 기병대와 보병대의 엄청난 맹공격을 받을 만한 준비가 돼 있지 않았죠. 잘 알려져 있다시피 작센군은 굉장히 빨리 무너집니다. 완패하고 전장에서 달아나죠. 이건 정말 결정적 순간이었어요. 이때부터 황제군은 우위에 서게 됩니다. 구스타프군의 좌익을 박살낸 거에요. 이제 해야 할 일은 측면에서 구스타프군의 중앙으로 진격해 스웨덴군을 기습하는 거였어요."[16]

실전 경험이 부족했던 작센의 산뜻한 군대는 구스타프 아돌프의 우려대로 제대로 싸워주지 못했다. 황제군의 맹공을 받자마자 달아나 버린 것이다. 사냥터에서는 늘 용감했다고 알려진 작센 선제후 요한 게오르크는 사냥터와 전쟁터는 전혀 다르다는 사실을 인정하고 재빨리 도망쳤다.

이제 전쟁터는 오롯이 스웨덴군 혼자의 힘만으로 지켜내야 했다. 그런데 작센군의 붕괴는 단지 병력이 줄어들었다는 것으로 끝나는 일이 아니었다. 좌측 측면이 붕괴해 버렸기 때문에 적군에게 옆구리를 무방비 상태로 드러내게 되었다는 점이 더 큰 문제였다. 개인이든 집단이든 인간은 항상 정면으로 싸울 수밖에 없는 존재다. 따라서 측면이나 배후에서 공격을 받게 되면 곧장 공황에 빠지고 무너질 수밖에 없다. 작센군이 도망친 상태에서 스웨덴군이 맞닥뜨린 상황이 바로 이것이었다.

아마 이 시점에 틸리 백작은 "이겼다!"고 생각했을 것이다. 전투의 결정적 순간이 왔다고 생각한 틸리는 중앙의 테르시오에게 돌격을 명령했다. 적군을 쓸어버릴 때가 된 것이다. 그런데 그 순간, 믿을 수 없는 일이 일어났다.

> "이 단계에서 두 가지 일이 일어나는데 하나는 황제군의 기병대가 작센군을 물리치고 나서 전열을 가다듬는 게 아니라 그들을 계속해서 쫓아갔어요. 그리고 이 기병대를 데려와 스웨덴군의 중앙을 공격하기 위해 다시 전열을 가다듬기까지 시간이 걸렸죠.
>
> 이 짧은 시간에 스웨덴군은 아마도 가장 복잡하면서도 성공적인 전술 작전을 펼칩니다. 보병대의 제2열을 중앙에서 분리해 90도로 방향을 틀어 황제군의 공격에 맞서 대결할 준비를 합니다. 그래서 황제군이 측면에서 공격을 할 준비가 됐을 때는 스웨덴군도 이미 준비가 돼 있었어요. 부대는 태세를 갖추고 있었고 효과적으로 황제군을 공격할 수 있었습니다.
>
> 이 공격으로 작센군을 물리친 후 황제군의 자만은 꺾였어요. 이제 쉽게 무너뜨릴 수 있게 된 거죠. 이때가 이 전투가 황제군에게 정말로 등지게 된 순간입니다. 스웨덴군의 중앙은 거의 앞으로 나서지 않으며 틸리군의 중앙으로 전진하죠."[17]

사실 작센군을 붕괴시킨 황제군은 당시 관행대로 행동한 것이다. 작센군 진영을 약탈하기 위해 도망치는 작센군을 쫓아간 것이기 때문이다. 어차피 적군이 붕괴하기 시작했으니 승리는 결정된 것이고 약탈의 시간이 되었다고 생각하는 것은 자연스러운 일이기도 했다.

그러나 스웨덴군은 지금까지 상대한 군대와는 달랐다. 물론 적장인 구스타프 아돌프도 지금까지의 지휘관과는 다른 지휘관이었다. 구스타프는 공포에 휩싸이는 대신 곧장 최전선으로 달려가 스웨덴 보병을 재배치하기 시작했다. 중앙에 배치되어 있던 병력의 일부를 틀어서 좌익에 새로운 방어선을 형성한 것이다. 일자 대형이 쐐기꼴 대형으로 바뀌었다.

그런데 이렇게 부대의 대형을 신속하게 바꾸어서 재배치하는 것은 말처럼 쉽지 않다. 당시 기준으로는 거의 불가능한 일이었다. 한 덩어리로 뭉쳐 밀집대형으로 싸우는 것이 기본이던 당시 전술에서 일단 배치가 끝난 부대를 재배치하려면 엄청난 혼란을 각오해야만 했기 때문이다. 하지만 스웨덴군은 이 불가능한 일을 해내고 새로운 대형을 완성했다. 훈련이 잘된 탓도 있지만 황제군처럼 밀집대형이 아니라 기동성이 좋은 6열의 얇은 대형이었기에 가능한 대처였다.

그리고 이렇게 스웨덴군이 황제군의 우익에 맞서는 대형을 완성하자 전투의 양상은 틸리 백작의 생각과 완전히 다른 방향으로 흐르기 시작했다. 황제군의 우익이 적진으로 깊숙이 쳐들어온 덕분에 황제군의 중앙과 우익 사이에 거대한 공간이 생긴 것이다. 스웨덴군이 여전히 단일 대오를 이루고 있는 데 반해 황제군은 두 동강이 나버렸다. 그리고 이렇게 나뉜 황제군을 향해 스웨덴군은 엄청난 화력을 퍼붓기 시작했다.

"문제는 황제군의 오른쪽이 많이 전진해 있었기 때문에 중앙은 거의 앞으로 전진하지 못했습니다. 부대가 둘로 찢어진 겁니다. 우측은 앞쪽으로 전진해 있었고, 좌측은 혼전 중이었고, 중앙은 아직 전투에도 제대로 돌입하지 못했습니다.

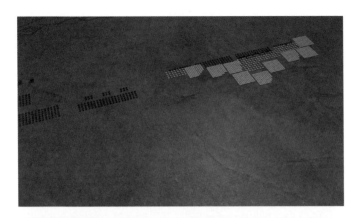

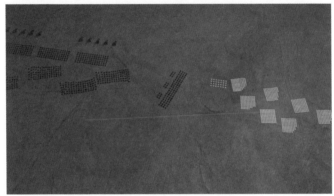

우익 황제군의 분열

스웨덴군은 방향을 틀어 무너진 작센군을 보완하며 황제군에 대응했다.

소위 단일하게 싸우지 못했던 겁니다. 테르시오의 경직성과 유연하지 못한 측면을 보여줍니다. 변화된 상황에 대응할 수 없었던 거죠. 스웨덴은 대응한 반면에요. 먼저 고립된 우익의 군대가 격파되고 박살이 났습니다."**18**

적진 깊숙이 돌격하느라 고립되어 있던 우익이 먼저 붕괴를 시작했다. 신속하게 이동한 스웨덴군의 대포와 숙련된 머스킷병의 집중사격이 효과를 본 것이다. 전세를 만회하기 위해 묵묵히 돌격하던 중앙의 테르시오도 스웨덴군의 공격에 무너지기 시작했다. 특히 손쉽게 이동할 수 있었던 스웨덴의 가벼운 대포는 테르시오를 그야말로 무참하게 분쇄하기 시작했다.

"스웨덴군의 4파운드 대대포는 아주 가벼우면서 빠르게 발사됩니다. 24파운드 탄약을 중포(重砲)에 넣는 것보다 4파운드 탄약을 가벼운 대대포에 넣는 게 훨씬 쉽죠. 무기는 아주 성공적이어서 스웨덴군이 밀고 나갈 수 있도록 해줬어요. 너무 가벼워서 군인 세 명과 말 두 마리가 전장에서 이리저리 옮길 수 있었죠. 또 스웨덴군은 사전에 대열 앞으로 산탄통을 뿌리고 아주 빠르게 포격해서 적의 크고 밀집된 진형을 무너뜨렸습니다. 대포에서 산탄이 날아가는 건 마치 기관총 같은 효과를 냅니다. 한꺼번에 많은 파편이 날아가죠. 반면에 테르시오의 문제는 그들이 대포에 취약했다는 겁니다. 라이플을 발사하면 한 사람이 죽고 멈춥니다. 하지만 포탄을 테르시오 진형에 발사하면, 진형이 30명 정도의 깊이였는데 그 전체를 한 발로 모두 죽일 수 있었어요."**19**

좌익에서 분전하고 있던 파펜하임 백작의 기병대도 무너지기 시작했다. 머스킷병의 집중사격과 기병대의 돌격이 결합한 스웨덴의 파상공세를 더

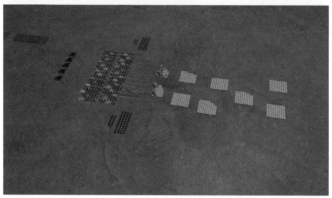

두 동강 난 황제군

스웨덴군이 대형을 재배치하며 황제군의 우익은 맹공격을 받았고 중앙과 분리되었다.

스웨덴군의 대포 ⓒ Christian Sell
가벼운 무게로 이리저리 이동하며 테르시오 진형을 효과적으로 무너뜨렸다.

는 견디지 못한 것이다. 파펜하임이 후퇴하자 스웨덴 기병대는 곧 황제군의 본진을 점령하고 황제군의 대포까지 손에 넣었다. 전쟁터에 있던 모든 화력이 스웨덴의 손에 들어갔다는 뜻이다.

원래는 황제군의 것이었던 대포들까지 황제군의 테르시오를 향해 포탄을 날리기 시작했다. 백전노장 틸리 백작의 노련함으로도 이 상황을 역전하는 것은 불가능했다. 틸리는 목과 가슴에 상처를 입고 오른팔이 부러진 채 얼마 안 되는 패잔병과 함께 전쟁터를 떠나야 했다. 그렇게 노병은 역사의 무대에서 쓸쓸히 사라졌다.

"많은 군사혁명 연구자들은 브레이텐펠트 전투를 보병대의 화기와 대포의 승리였다고 얘기합니다. 그 말이 맞습니다. 브레이텐펠트 전투는 중장기병 부대

본진까지 점령당한 황제군

스웨덴군은 적의 대포까지 손에 쥐며 집중공세를 퍼부었다.

와 테르시오와 같은 큰 부대에 맞서 화약 무기로 무장한 유연한 군대의 승리였습니다. 이 전투는 황제군에게 정말 처참한 전투였어요.

그동안 대부분의 전투에서 황제군은 쉽게 승리를 거뒀지만 무너질 때는 처참하게 무너졌어요. 대략 7000명이 전사했고 7000명이 부상을 입었어요. 또 약 9000명의 황제군이 스웨덴군의 포로가 됐습니다. 지금까지의 전투 중 최대의 전투에서 황제군이 처참하게 패배한 겁니다."[20]

역사에 기록될 만한 구스타프 아돌프의 압도적인 승리였다. 이 승리로 아돌프는 '북방의 사자왕'이자 '화약혁명의 아버지'라는 칭호를 얻게 되었다. 그토록 원하던 '불멸'을 얻은 것이다.

신교 측으로서도 이 승리는 값진 것이었다. 전쟁이 시작된 이후 무려 13년 만에 얻은 승리였다. 더구나 브라이텐펠트에서 벌어진 단 한 번의 전투로 황제군은 사실상 사라져 버렸다. 신교도들로서는 황제군이 언제 자신의 도시에 나타날지 몰라 조마조마하던 시절이 과거의 일이 되었다는 뜻이다. 신교도들이 얼마나 감격했는가는 근처 도시인 드레스덴에서 이후 100년간 전투가 벌어졌던 9월 17일을 감사의 날로 정하고 기념했다는 사실만으로도 충분히 알 수 있을 것이다.

스웨덴군 vs 황제군,
뤼첸에서의 2차전

>>> 1년 전의 패배를 교훈으로 삼다 <<<

2011년, 독일 뤼첸 지방에서는 흥미로운 발굴 조사가 이루어졌다. 400여 년 전에 있었던 뤼첸 전투의 전사자들이 묻힌 대규모 매장지가 발굴된 것이다. 이때의 발굴 조사에서 총 47구의 시신이 발견되었는데, 발굴 책임자였던 니콜 니클리쉬 교수는 이 시신들에서 다른 전투의 매장지와 다른 특이한 점을 발견했다.

"부상 패턴에 대해 계속해서 살펴본 결과 다양한 총상들이 관찰됐습니다. 주로 두개골에 생긴 총상이에요. 다른 30년 전쟁 전투지에서 나온 시신에 비해 특이할 만큼 높은 비중을 차지했습니다. 이 부분이 인상 깊었습니다. 금속 날로 된 무기의 비중은 상당히 낮았습니다. 창이나 검 같은 무기 말이죠. 날카로운 무기는 총기에 비해 훨씬 덜 사용됐습니다."[21]

조금 덧붙이자면, 뤼첸 전투는 브라이텐펠트 전투 이후 약 1년여 만에 스웨덴군과 황제군이 다시 맞붙은 전투였다. 부활한 황제군으로서는 일종의 복수전이었던 셈이다. 흥미로운 사실은 대규모 매장지의 유골들이 말해주는 것처럼 이전의 다른 어떤 전투보다 뤼첸 전투의 화약 무기 사용 빈도가 높았다는 사실이다. 전투 기록이나 매장지의 시신들로 비추어볼 때, 화약혁명의 한 획을 그은 브라이텐펠트 전투보다도 높았던 것으로 보인다.

한창 화약혁명의 와중에 있었으니 당연하다고 생각할지 모르겠지만, 그렇게 쉽게 넘기기에는 이상한 점이 하나 있다. 이 대규모 매장지에서 나온 시신들이 대부분 스웨덴 병사들의 시신이었다는 사실이다. 왠지 이상하지 않은가? 앞서 살펴본 것처럼 당시 화약혁명을 선도하고 있던 곳은 바로 스웨덴이었고, 그 리더는 구스타프 아돌프였다. 그런데 그 화약 무기에 대량으로 살상당한 병사들이 스웨덴군이라니?

이것은 앞뒤가 맞지 않는다. 최소한 이 매장지의 시신들에 관한 한 화약

뤼첸 전투 전사자들
총상을 입은 해골로 발견된 병사들 대부분은 스웨덴군이었다.

혁명은 스웨덴의 편이 아니었다는 뜻이기 때문이다. 왜 이런 일이 일어난 것일까? 화약혁명에서 앞서던 스웨덴군이 왜 화약 무기에 희생당한 것일까? 그 해답을 얻기 위해 일단 전투의 전개 과정을 따라가 보도록 하자.

브라이텐펠트에서 구스타프 아돌프가 황제군을 소멸시킨 이후, 황제 페르디난트 2세는 구스타프가 빈의 궁정으로 군대를 몰고 올지 모른다는 공포에 시달려야 했다. 황제에게는 군대가 없었다. 누구보다 자존심이 강한 페르디난트였지만 황제가 의지할 만한 사람은 오직 한 사람뿐이었다. 황제는 불과 1년 전에 전격적으로 해임한 발렌슈타인에게 매달렸다. 프라하의 유명 관광지 중 하나인 발렌슈타인 궁전을 지은 바로 그 사람이다.

30년 전쟁 최고의 풍운아로 불리는 이 사람은 천성이 군인이던 틸리 백작과 달리 상인의 감각을 지닌 매우 현실적이고 영리한 군인이었다.

> "발렌슈타인은 이 모든 일에서 굉장히 대단한 인물이에요. 브레이텐펠트에서 패배하고 스웨덴군이 독일을 가로질러 확장하면서 황제는 심각한 상황에 놓입니다. 1620년대에 그들이 얻은 모든 것들을 잃을 상황이었죠. 황제는 마지못해 1632년에 발렌슈타인을 불러내 군을 지휘하게 합니다. 발렌슈타인은 놀라운 위업을 달성해요. 1632년 초에 황제군을 재집결하고 엄청난 수의 새로운 부대를 모집합니다. 전략을 개념화하고 무기와 장비를 갖추고 군을 재배치합니다. 그리고 1632년 여름, 구스타프 아돌프에 맞선 상황을 대등하게 만들어냅니다."[22]

거절과 애원을 거듭한 까다로운 교섭 끝에 발렌슈타인은 전권을 약속받고 가톨릭의 구원자로 역사의 무대에 재등장했다. 황제군이 재건되자 구스타프 아돌프도 다시 움직이기 시작했다. 전쟁의 향배가 작센 지역에

리턴 매치의 장소, 뤼첸

1년 전 라이프치히에서의 굴욕을 기억하며 황제군은 스웨덴군과 다시 맞붙었다.

달려 있던 만큼 1년 만의 리턴 매치 역시 작센의 가장 큰 도시인 라이프치히 인근에서 벌어지게 되었다. 바로 뤼첸이었다.

구스타프 아돌프가 뤼첸으로 접근해 오자 발렌슈타인은 틸리 백작과는 조금 다른 방식으로 스웨덴군을 맞이할 준비를 했다. 이번에는 황제군도 화약혁명의 교훈을 충분히 활용해 볼 요량이었다. 발렌슈타인은 우선 대포들을 정교하게 배치하도록 했다. 전투 전날 밤새도록 포대를 쌓아 효과적인 포격이 가능하도록 준비한 것이다. 브라이텐펠트 전투보다 더 많은 대포를 확보한 것은 말할 필요도 없을 것이다.

전투 배치도 테르시오의 전형적인 밀집대형에서 탈피했다. 대신 스웨덴군처럼 숫자를 줄이고 장비도 경량화해서 기동성을 높였다. 1년 전과 같이 스웨덴군의 화력 앞에 돈키호테처럼 달려들 생각은 없었다. 다만 스웨덴군이 선보인 순환식 교차사격 전술은 오랜 훈련이 필요하므로 섣불리

모방하지는 않았다. 대신 전투지의 도랑에 총병들을 배치해서 충분한 엄폐물을 확보하도록 했다. 불과 1년 만에 황제군도 화약혁명의 교훈이 속속들이 반영된 군대로 변한 것이다.

> "발렌슈타인은 사업 투기꾼인 만큼 굉장히 상황 판단이 빠른 사람이었어요. 군에서만 50년을 복무했던 틸리 백작과는 달랐죠. 발렌슈타인은 그렇게 보수적이지 않았어요. 발렌슈타인은 구스타프 아돌프가 더 얇은 대형을 편성했다는 것을 알고는 따라 했습니다. 물론 스웨덴군만큼 빠르게 대대포를 사용하지는 못했어요. 4파운드 대포를 제조업자에게 2차 전투 전까지 만들어달라고 할 수가 없었죠. 그게 1년 후라고 해도요.
> 하지만 발렌슈타인은 대포를 모으고, 새로운 그만의 전술을 만들려 했습니다. 뤼첸 뒤편에 풍차가 있었는데, 그 풍차를 요새화시켜서 전투탑으로 만들었죠. 또 자신의 보병을 스웨덴 기병대로부터 멀리 떨어져 있도록 했습니다. 기병대가 매우 위협적이었기 때문입니다. 대신에 발렌슈타인은 매복조를 편성했어요. 머스킷병들이 도랑에 숨어 있다가 말을 탄 스웨덴군이 지나가면 그들의 말을 쏘도록 했어요. 1년 전의 구스타프처럼요. 발렌슈타인은 굉장히 수용적이고 대단한 장군이었어요. 쉽게 상대할 수 있는 사람이 아니었습니다."[23]

시간대별로 전투 상황을 복기할 수 있었던 브라이텐펠트 전투와 달리 뤼첸 전투의 전개 과정은 그리 일목요연하지 않다. 무엇보다 황제군이 스웨덴의 전술 혁신에 대해 단단히 준비했기 때문에 전투는 구스타프 아돌프의 뜻대로 풀리지 않았고 그야말로 난전이 되었다.

구스타프 아돌프는 여전히 효과적인 포격과 기동성 높은 공격으로 전장을 장악하려 했지만 황제군도 쉽게 무너지지는 않았다. 아침 일찍 시작된 전투는 정오가 되어서도 혼전을 거듭했고 오히려 황제 측 구원군까지 가세하는 바람에 스웨덴군이 황제군에게 밀리는 상황까지 연출되고는 했다.

그리고 정오가 지날 무렵, 지지부진한 전황을 타개하기 위해 전투지를 종횡무진으로 달리던 구스타프 아돌프의 말이 주인을 잃은 채 서성이는 모습으로 발견되었다. 이것이 뜻하는 바는 분명했다. '북방의 사자왕'이 전사한 것이다. 이 영웅을 쓰러트린 것도 물론 칼은 아니었다. 전투 후 발견된 왕의 시신에서는 여러 개의 총상이 발견되었다.

최종적으로 전투는 왕의 죽음에 스웨덴군이 자극을 받은 덕에 신교 측의 기적적인 승리로 끝났다. 하지만 사실 승패를 논하는 것이 어려울 정도의 처참한 전투였다. 무엇보다 카리스마 넘치는 왕이 사라진 것은 스웨덴군에게 무엇으로도 메꿀 수 없는 손실이 되었다. 전쟁은 이후로도 16년이나 더 계속되는데, 리더가 사라진 스웨덴군이 자신의 땅도 아닌 독일에서 할 수 있는 일은 많지 않았기 때문이다.

>>> 승패를 뒤집은 반걸음의 차이 <<<

왕의 죽음과 함께 30년 전쟁은 최종 국면으로 넘어간다. 전쟁의 흑막 역할을 해온 프랑스가 전쟁의 전면에 나서면서 종교의 자리를 국가이익이 대신하는 근대적 국제 관계가 시작되었다. 다만 이후 30년 전쟁의 전개 과정은 화약혁명이라는 우리의 관심을 벗어나기에 더는 따라가지 않겠다.

대신 우리의 의문에 대한 해답으로 돌아가도록 하자. '왜 스웨덴군이 뤼

뤼첸 전투에서 사망한 북방의 사자왕 ⓒ Carl Wahlbom

스웨덴군은 기적적으로 승리했지만 왕을 잃은 것은 가장 큰 손실이었다.

첸 전투에서 화력의 우위를 상실했는가?' 하는 의문 말이다.

일차적인 이유는 물론 황제군의 신임 지휘관이던 발렌슈타인이 전임자인 틸리 백작에 비해 화약혁명에 우호적이었고, 화약혁명의 성과를 활용할 만한 아이디어를 가지고 있었기 때문이다. 전투의 준비나 전개 과정에서 확인할 수 있는 것처럼 발렌슈타인은 스웨덴군이 이룬 화약혁명의 성과를 정확하게 이해하고 있었고, 이에 대해 나름의 대책을 마련했다. 삶과 죽음이 오가는 냉혹한 전쟁터에서 쓸데없는 자만심이나 오기를 앞세워, 부대를 시대착오적인 돌격으로 내몰지 않았다. 덕분에 황제군은 뤼첸에서 더 많은 화약 무기, 더 진보된 전술로 스웨덴군을 상대할 수 있었다.

그런데 이것이 다일까? 화약혁명의 위력을 이해한 현명한 지휘관만 있으면 화약혁명의 변화에는 언제든지 적응할 수 있을까? 결론부터 말하자면 결코 그렇지 않다. **아무리 의지나 아이디어가 있더라도 이를 실현할 만한 물질적 혹은 제도적 기반을 갖추지 못하면 아이디어는 무용지물이다.**

앞서 다루었던 맘루크들의 경우와 비교해 보면 이 사실을 분명히 알 수 있다. 1517년의 마지 다비크 전투에서 패한 맘루크들도 바보가 아니었던 만큼, 다음 전투에서 화약혁명의 성과를 활용해 볼 의지나 아이디어는 충분히 있었다. 이집트로 밀고 내려오는 오스만제국에 맞섰던 라이다니야 전투에서 실제로 맘루크들은 상당한 양의 화약 무기를 동원해 싸웠다.

하지만 이 전투에서도 맘루크들은 오스만제국에 참담하게 패배했다. 수십 년간 화약 무기에 숙달된 군대를 급조한 군대로 당할 수는 없었기 때문이다. 신성로마제국의 황제군은 1년 만에 스웨덴군이 이룩한 혁신의 성과를 따라잡을 수 있었지만, 맘루크군은 그렇게 할 수 없었다. 우리가 지휘관의 의지나 아이디어보다 더 중요하게 살펴야 할 지점은 바로 이곳이다. 왜 신성로마제국의 황제군은 가능했고 맘루크군은 불가능했을까?

가장 근본적인 이유는 맘루크군이 그야말로 중세시대의 군대였던 탓이다. 맘루크군은 그들이 최초로 등장했던 십자군 전쟁 시대로부터 한 치도 변하지 않고, 마치 박제를 뚫고 나온 것처럼 전쟁터에 나타난 중세의 군대였다.

이렇게 된 이유는 물론 앞서 설명한 권력 구조와 기득권의 결합 때문이었지만, 아무튼 이들과 오스만제국의 군대는 거의 다른 시대의 군대였다. 컴퓨터에 비유하자면 '도스' 시대와 '윈도' 시대 정도의 차이가 났다는 말이다. 윈도에서 돌아가는 프로그램을 도스에서 돌릴 수 없는 것처럼, 화약혁명이 만들어낸 신무기들을 맘루크들은 효과적으로 사용할 수 없었다.

반면에 30년 전쟁에서 맞서 싸운 스웨덴군과 황제군은 둘 다 화약혁명 시대의 군대였다. 애초에 화약혁명의 시초를 알린 것은 오히려 합스부르크 왕가 계열의 스페인 군대였고 이들이 화약혁명을 효과적으로 이용하기 위해 사용한 편제가 테르시오였다는 것을 기억해 보라. 네덜란드와 스웨덴은 합스부르크 왕가에 대항하는 과정에서 테르시오에 대처할 만한 조금 더 효과적인 전술을 개발해 낸 정도였다.

> "구스타프 아돌프는 군대의 편제, 군사 훈련과 군율과 관련해 개혁가라는 말을 듣습니다. 사람들은 종종 스웨덴의 규율을 얘기하는데 군인의 행동 강령과 군단 편성의 규율이 나와 있는 매뉴얼입니다.
>
> 그런데 스웨덴만 그렇게 한 게 아닙니다. 사람들은 구스타프만 지목하지만 사실 스웨덴의 규율은 합스부르크 제국의 규율을 따라 한 거예요. 근본적으로 차이가 있었던 게 아닙니다. 이 시기의 군은 국제적이었다는 사실을 염두에 둬야 합니다. 스웨덴군도 스웨덴인과 스코틀랜드인 그리고 독일인이 섞여 있었습

니다. 오직 한 나라만 개혁을 추진한 게 아니었어요. 각국이 가진 차이는 생각

보다 크지 않았습니다."[24]

　따라서 스웨덴군과 황제군의 격차는 결코 도스와 윈도의 격차가 아니었

다. 기껏해야 버전 3.0과 3.1 정도의 차이였을 뿐이다. 그러니 스웨덴군이

사용하던 전술은 얼마든지 황제군도 응용해서 사용할 수 있었다. 스웨덴

군과 황제군의 차이는 반걸음 정도에 불과했다. 물론 이 반걸음의 차이는

브라이텐펠트에서 황제군이 몰살당할 정도로 큰 것이기도 했지만, 동시에

1년 만에 따라잡을 수 있을 정도로 작은 것이기도 했다.

　　"당시에는 용병제였기 때문에 주둔지가 바뀔 때 배신하는 경우가 많던, 꽤 유

　　동성이 있던 시대였습니다. 군인들은 이쪽 진영에서 저쪽 진영으로 쉽게 넘어

　　갔습니다. 덕분에 비교적 상대편 전술에 관한 정보를 얻기가 쉬웠습니다. 당연

　　히 따라 할 수 있는 부분은 황제군도 복제를 했다고 봐야 합니다. 아무래도 생

　　명에 직접 연관된 전투이기 때문에 피해를 줄이기 위해서는 상대의 좋은 점을

　　배우는 게 매우 빠르게 이뤄졌다고 생각됩니다."[25]

　스웨덴군이 화력의 우위라는 강점을 1년 만에 상실한 이유는 실망스러

울 정도로 평범하다. 애초에 스웨덴군과 황제군의 차이가 크지 않았기 때

문이다. 이 둘은 모두 화약혁명의 아들들이었다. 당연히 새로운 기술이나

전술이 등장해도 이 우위를 누릴 수 있는 기간은 짧을 수밖에 없었다. 결

국 독일에서 스웨덴군의 우위는 그들이 혜성처럼 등장했을 때만큼이나

빠르게 사라질 운명이었다.

혁신을 강제하는
경쟁의 힘

>>> 이상한 나라의 붉은 여왕 효과 <<<

진화론을 설명하는 이론 중에 '붉은 여왕 효과'라는 것이 있다. 미국의 진화 생물학자 리 밴 베일런이 처음 제기한 이론인데, 루이스 캐럴의 소설 『거울 나라의 앨리스』•에 나오는 한 에피소드에서 모티브를 따왔다. 이 에피소드에서 앨리스는 붉은 여왕과 함께 엄청난 속도로 나무 밑을 달리는데, 아무리 달려도 주위 풍경이 전혀 변하지 않는다.

주변을 둘러보던 앨리스는 깜짝 놀랐다.

"세상에, 제 생각으로는 지금까지 줄곧 이 나무 아래에 있었던 것 같아요! 모든

•   널리 알려진 『이상한 나라의 앨리스』 후속편. 이상한 나라에 갔던 앨리스가 6개월 후 거울 나라에 가서 겪는 모험을 그리고 있다.

것이 아까랑 똑같아요!"

"당연히 똑같지." 여왕이 대답했다. "뭘 상상했는데?"

"글쎄요, 최소한 우리 세상에서는요." 앨리스가 여전히 숨을 헐떡이며 대답했다. "우리는 모든 것을 지나쳐요. 지금 우리가 달린 것처럼 그렇게 빨리 오랫동안 달린다면요."

"아주 느림뱅이 세상이로군!" 여왕이 비웃었다. "하지만, 이 세상에서는 제자리에 있으려면 죽기 살기로 달려야 하는 거야. 그러니 만약에 어딘가로 가고 싶다면 지금 달린 것보다 최소한 두 배는 더 빨리 달려야 해."**26**

밴 베일런은 종種의 진화와 멸종을 설명하기 위해 이 이야기를 모티브로 다음과 같은 이론을 세웠다. 어느 한 종이 진화할 때 그 종을 둘러싼 다른 종들도 같이 진화한다. 즉 주변 환경도 같이 진화한다는 뜻이다. **붉은 여왕의 나라에서처럼 진화의 달리기가 계속되므로, 이런 환경에서 어느 한 종이 진화를 멈춘다면 그 종이 서 있는 곳은 제자리일 수가 없다.** 계속 뒤로 밀려나는 중일 것이다. **그리고 이런 종을 기다리고 있는 운명은 멸종이다. 여러 종 사이의 경쟁이 끊임없는 진화를 촉진하는 셈이다.**

근대 유럽도 말하자면 붉은 여왕의 나라였다. 붉은 여왕의 나라에서처럼 유럽 열강도 전쟁이라는 끝없이 치열한 경쟁에 노출되어 있었다. 당연히 화약혁명에 대처하는 자세도 지구상의 다른 지역과는 다를 수밖에 없었다.

사실 맘루크들처럼 중무장한 기병이던 유럽의 기사들도 자신들의 지위를 위협하는 화약혁명을 반긴 것은 아니었다. 기득권을 가진 세상의 모든 권력자들처럼 유럽의 기사들도 혁신을 반기지 않았다. 맘루크들만큼이나 기사들도 화약 무기를 증오했다. 미겔 데 세르반테스의 『돈키호테』에 등장하는 다음과 같은 절규가 화약혁명을 맞이하는 유럽 기사들의 심정을 대변했을 것이다.

> 대포라는 악마 같은 발명품 때문에 가장 용감한 사람이 가장 비열한 겁쟁이들 손에 목숨을 잃게 되었다.[27]

마지 다비크 전투 이후 맘루크들의 절규와 비슷하지 않은가? 하지만 열강의 생존경쟁이라는 유럽의 환경은 기사들에게 선택의 기회를 빼앗았다. 경쟁이 기사들에게 화약혁명에 적응할 것을 강제한 것이다. 오스만제국이 쳐들어올 때까지 화약 무기에 대해 걱정할 필요가 없던 맘루크들과 달리 유럽의 기사들은 '화약 무기이냐 죽음이냐'라는 선택을 매일 마주하면서 살아야 했다.

그리고 몇 차례 시대착오적인 저항을 시도하기도 했지만, 유럽의 기사들은 결국 화약 무기를 손에 들 수밖에 없었다. **경쟁이라는 강제력이 화약혁명이라는 혁신의 원동력이 된 것이다. 경쟁이라는 강제력이 권력자들에게 혁신을 받아들일 것을 강제한 것이다.** 결국 모든 나라가 기사의 체면을 벗어던지고 화약혁명에서 한 걸음이라도 앞서 나가기 위해 사력을 다해 뛰기 시작했다. 엘 시드•의 나라인 스페인, 아서왕의 나라인 영국, 롤랑••의 나라이자 십자군의 주역인 프랑스까지 예외는 없었다.

• '로드리고 디아스 데 비바르'의 존칭. 중세 스페인의 전설적인 명장으로 오늘날까지 국민적 영웅으로 평가받는다.
•• 샤를마뉴대제 시절의 전설적인 기사. 「롤랑의 노래」라는 중세 서사시의 주인공이다.

"오래전, 아널드 토인비는 '도전과 응전' 이론을 제시했습니다. 도전과 응전이 문명의 흥망성쇠에 관한 열쇠라는 거죠. 토인비는 문제를 이해하고 그 문제에 빠르게 대처하는 게 열쇠라고 주장했습니다. 유럽인들의 군사혁명도 도전과 응전에 능했던 겁니다. 왜 그들이 도전과 응전을 그렇게 잘했느냐? 그들이 늘 서로 싸웠기 때문입니다.

만일 당신이 계속해서 싸우는 상황이라면 발전이 있어야 합니다. 전쟁의 목적은 상대방을 이기는 겁니다. 상대방을 이기기 위해서는 더 나아야 합니다. 더 잘 조직돼야 하고 더 많은 부대와 더 나은, 그리고 더 많은 무기가 필요합니다. 그래서 한 무리의 기사, 군이 새로운 전투기술을 개발하면, 다른 이들도 자극을 받아 개발하는 겁니다. 유럽인들이 아프리카와 아메리카, 아시아로 세력을 확장해 갈 때, 그 도전과 응전의 역학이 그들에게 강점이 됐어요."[28]

모두가 사력을 다했기 때문에 아무리 열심히 달려도 이웃 나라를 완전히 제쳐버리는 것은 불가능했다. 스페인이 새로운 혁신을 이루면 곧바로 프랑스와 네덜란드가 뒤쫓아 왔고, 네덜란드의 군사적 혁신은 곧바로 스웨덴의 혁신으로 이어졌다. 이런 상황이었으니 아무리 뛰어난 발명가가 나와도, 아무리 천재적인 전략가가 나와도 기껏해야 반걸음 정도 앞서는 것이 고작일 수밖에 없었을 것이다.

"유럽은 지리적 이점이 있었어요. 비교적 작은 국가들이 서로 붙어 있고, 그 크기가 비슷했어요. 어느 하나가 너무 커서 그 누구도 싸울 생각조차 못 하는 상황이 아니었습니다. 덕분에 전쟁이 끊이지 않았지만, 또 그게 유럽을 도왔죠. 최신 기술이 퍼지는 데 도움이 됐습니다. 왜 그런가 하면, 국가의 크기가 작아서 이웃 국가들이 뭘 하는지 쉽게 알 수 있었어요. 전투를 통해서도 알게 되지만 스파이를 보내기도 했죠.

그들은 서로에게서 배워야 하죠. 서로의 실수와 발전에서 배워야 합니다. 그리고 서로의 기술을 따라 해야 하죠. 비슷한 크기의 국가들, 아이디어와 사람들의 순환이 있었습니다. 그리고 전쟁을 가치 있게 여기는 문화가 있었어요. 이런 조건들이 기술 변화를 가져오는 경쟁을 장려했습니다.

또 한 가지가 있는데요. 적어도 오늘날에는 모두가 과학과 기술에 대한 지식을 갖고 있어요. 그런 지식 없이는 군사기술을 발전시킬 수 없기 때문입니다. 하지만 19세기 전에는 많은 발전이 실제로 해보면서 배우는 식으로 이뤄졌습니다. 과학적 이론에 기반하지 않았기 때문에 경험적으로 해보면서 배우는 겁니다. 시도해야 발전이 이뤄졌죠. 싸울 때마다 배울 기회가 생긴 겁니다.

자주 싸웠던 유럽은 기회가 많았죠. 이는 효과적이었고 화약 기술과 같은 새로운 기술에도 마찬가지였습니다. 아주 큰 지배적인 국가가 있다면 얘기가 다릅니다. 중국의 청나라를 예로 들자면, 전쟁은 적겠지만 경험, 적이 무엇을 하는지 보고 배울 기회 또한 줄어들게 됩니다. 이는 또한 새로운 군사기술을 시도해볼 기회도 줄어드는 게 되죠."**29**

〉〉〉 전쟁, 죽여야 사는 경쟁 〈〈〈

유럽이 일상적인 경쟁에 노출된 가장 큰 이유는 주요 열강들의 국가 규모가 비슷했기 때문이다. 로마제국이 멸망한 이후 유럽에서는 어느 나라도 주변국들을 압도할 만한 국력을 가진 적이 없었다. 전 세계의 바다를 지배했던 스페인이나 영국, 혹은 나폴레옹을 배출한 프랑스조차 마찬가지였다.

덕분에 전쟁이 끊이지 않고 계속되었지만 동시에 살아남기 위한 경쟁도 끊이지 않고 이어진 것이다. 전쟁터에서 살아남기 위한 경쟁이 얼마나 치열했는지는 근대 유럽 각국의 군사비 지출만 살펴보아도 알 수 있다. 살아남기 위해 유럽 열강들은 사실상 전쟁을 위한 기계가 되어갔고, 그야말로 어마어마한 자원을 전쟁에 쏟아부었다.

1781년 유럽의 주요 열강 중 하나였던 영국 정부의 지출 내역을 살펴보면 총예산 2450만 파운드 가운데 무려 2300만 파운드가 군사비로 사용된 것을 확인할 수 있다. 군사비가 전체 예산의 90퍼센트를 넘는 것이다. 하지만 이 정도는 곧 아무것도 아니게 된다.

이어진 나폴레옹 전쟁 기간, 그러니까 1801년부터 1814년 사이에 영국 정부는 총 6억 3400만 파운드를 군사비로 지출했다.[30] 이 금액은 당시 영국 국내총생산GDP의 15~20퍼센트 수준이었다. 거듭 강조하지만, 정부 예산의 15~20퍼센트를 군사비로 쓴 것이 아니다. 국내총생산의 15~20퍼센트 이상을 군사비로 사용한 것이다. 인류 역사상 유례를 찾기 어려운 실로 경이적인 군사비 지출이었다. 당연한 이야기이지만 영국만 이런 것이 아니었다. 경쟁 상대인 프랑스나 스페인, 프로이센도 마찬가지였다.

흔히 루이 14세가 저지른 낭비와 사치의 대명사로 베르사유 궁전이 꼽히는데, 베르사유 궁전 건축비도 군사비에 비하면 '새 발의 피' 수준이었다. 통상적으로는 국가 예산의 3~4퍼센트 수준이었고 가장 많이 쓰던 때도 10퍼센트를 넘지 않았기 때문이다. 하지만 군사비는 언제나 70퍼센트를 훌쩍 넘었다.

"유럽은 군사비를 엄청나게 썼어요. 너무 많이 썼죠. 어떤 경우에는 중앙정부 예산의 80퍼센트 이상을 군사비에 사용했습니다. 영국의 경우, 해군에 사용했죠. 아주 많은 돈이 들었어요. 늘 그 상태를 유지해야 했으니까요. 제대로 된 해군을 만들려면 10년 전에 시작해야 합니다.

전투함, 심지어 나무로 된 전투함을 만드는 데도 오랜 시간이 걸리고 그걸 유지하는 데는 엄청난 돈이 듭니다. 육군의 경우, 필요하다면 꽤 빨리 연대를 만들 수가 있어요. 하지만 전투함이라면 몇 년을 더 일찍 시작해야 합니다. 그리고 굉장히 돈이 많이 들어요. 프랑스의 루이 14세나 스페인의 펠리페 2세, 3세, 4세도 국가 총수입의 70~80퍼센트를 전쟁에 사용했습니다."[31]

프리드리히 2세 시절의 프로이센도 군사비에 엄청난 자원을 쏟아부었다. 군사비는 걸핏하면 90퍼센트를 넘었고 전시가 아닌 평시에도 현역병의 비율은 전체 인구의 4퍼센트 수준에 이르렀다.[32] 남북 분단이라는 특수한 상황 때문에 군사비 지출이 높은 편인 현재 대한민국 기준으로도 국방비는 대여섯 배, 병력은 네 배 정도 늘려야 당시 유럽의 수준을 따라잡을 수 있을 것이다. 이쯤 되면 정부의 존재 이유가 전쟁이라고 해도 과언이 아닐 정도다.

"군사비 지출은 1780년대 프랑스 GDP의 7퍼센트였고, 영국 GDP의 15~20퍼센트였습니다. GDP에서 상당한 부분이었죠. 현대와 비교하자면 미국과 소련의 경우, 냉전 막바지에 군비경쟁이 최고조에 달했을 때 군사비 지출이 5~10퍼센트 정도였어요. 현대 미국보다 훨씬 더 경제 사정이 좋지 않은 곳들이 GDP의 7퍼센트, 15퍼센트, 20퍼센트를 전쟁에 쓴 겁니다. 엄청난 일이죠."[33]

영화 역사상 100대 걸작을 뽑으면 늘 꼽히는 작품 중에 〈제3의 사나이〉라는 영화가 있다. 이 영화에는 너무나 유명한 라스트신과 함께 영화를 기억하게 하는 유명한 대사가 하나 나온다. 빈의 대관람차 안에서 악역을 맡은 오슨 웰스가 주인공에게 하는 말이다.

> "이탈리아는 30년간 보르자 가문의 압제를 겪었지. 그들은 전쟁, 테러, 살인, 피바람을 겪었지만, 미켈란젤로, 레오나르도 다빈치, 르네상스를 만들어냈어. 스위스는 형제애가 있었지. 민주주의와 평화를 누리며 500년을 보냈지만, 그들이 만들어낸 게 뭐가 있나? 뻐꾸기시계뿐이야."

오슨 웰스가 직접 썼다는 이 대사의 사실관계는 상당히 과장되어 있다. 하지만 유럽의 화약혁명을 설명하는 대사로는 무척 훌륭한 비유이기도 하다. 피비린내 날 정도의 지독한 경쟁이 르네상스를 만든 것처럼, 화약혁명이라는 혁신도 강제했기 때문이다.

> "사람들은 경쟁을 피하는 게 더 낫다고 생각합니다. 저는 그게 잘못됐다고 말씀드리고 싶어요. 경영자로서 경쟁이 없다면 더 쉬워요. 하지만 생각해 보세요. 경쟁을 피하는 게 좋다고 생각하나요? 여러분의 자녀를 생각해 보세요. 자녀가 경쟁 없이 살기를 바라세요?
> 만일 당신의 아들이 집에 와서 "나 오늘 비디오게임 못 했어. 시험이 있어서 공부해야 해"라고 합니다. 좋은 소식이죠. "괜찮아, 아들. 내가 경쟁으로부터 널 지켜줄게. 가서 그냥 쉬면서 비디오게임이나 해"라고 얘기하지는 않잖아요. 좋은 부모는 그렇게 얘기하지 않아요. 그렇게 해서는 안 되죠. 아이들은 잘할 수

있도록 배워서 경쟁할 수 있어야 합니다. 그래야 언젠가 우리가 가고 없을 때도 좋은 삶을 살 수 있는 거예요.

직장에 가서 사람들에게 회사는 경쟁해서는 안 된다고 하나요? 그건 아니잖아요. 회사는 사람들과 마찬가지로 경쟁을 통해 번창해야 합니다. 다른 회사와의 경쟁에서 이겼을 때 여러분이 훌륭한 걸 만들었다고 생각하잖아요.

지구상에서 가장 대표적인 예는 한국 회사들이에요. 생각해 보세요. 만일 한국이 원했다면 작고 변변찮은 경제국으로 남을 수도 있었어요. 규모로 봐도 중국이나 브라질, 미국, 인도와 같은 큰 국가들과 비교해도 작잖아요. 하지만 한국 정부와 회사의 지도부가 세계 무대에서 경쟁하기를 꿈꿨고 목표를 높였죠. 경쟁은 그런 효과를 불러일으킵니다. 경쟁할 때 성과의 단계가 높아집니다. 물론 경쟁하지 않는 게 더 쉽기는 합니다. 하지만 경쟁해서 성과의 레벨을 높인다면 발전하게 되는 거예요.

우리가 성장하면 우리의 경쟁자도 성장합니다. 그리고 우리의 경쟁자가 성장하면 우리도 또 성장해야 하죠. 그 역학이 바로 붉은 여왕 경쟁입니다. 안드로이드에 일어난 최고의 일은 IOS예요. IOS에 일어난 최고의 일은 안드로이드이고요. 애플이 성장할 때마다 삼성도 성장해요. 구글이 성장할 때마다 애플도 성장합니다. 이런 붉은 여왕 경쟁이 우리 모두를 더 낫게 만들어줘요."[34]

PART
III

동아시아의
잃어버린 200년

"중요한 변화의 국면에서 살아남은

조직 및 집단의 내부에는

무사안일주의가

하나의 규범처럼 자리 잡는다."

– 존 코터

중국 난징 서북쪽, 양쯔강을 마주한 사자산 기슭에는 정해사靜海寺라는 이름의 사원 터가 자리 잡고 있다. 난징에서 꼭 가볼 만한 사적지 중 하나로 꼽히는 곳인데, 이곳이 유명한 이유는 두 개의 이질적인 상징이 한 곳에 모여 있기 때문이다.

　우선 이곳은 아편전쟁을 마무리하는 종전 협상이 벌어진 곳이다. 협상의 결과 굴욕적인 불평등 조약인 난징조약이 영국과 청나라 사이에 체결되었다. 1842년의 일로 근대 중국이 경험했던 첫 번째 굴욕이었다. 근대화 과정에서 겪었던 굴욕의 현장을 열심히 역사 교육의 현장으로 활용하는 중국인 만큼, 이곳에도 아편전쟁과 관련한 다양한 전시 공간이 마련되어 있다.

　경내에는 1997년에 난징 시민들의 모금으로 만들어진 '경세종警世鐘'이라는 의미심장한 이름의 종도 자리 잡고 있는데, 종에 새겨진 글귀를 보면 종이 만들어진 이유를 알 수 있다. "전사불망前事不忘 후사지사後事之師."

"지난 일을 잊지 않고 뒷일의 본보기로 삼는다." 아편전쟁의 굴욕을 잊지 않으려는 중국인들의 의지가 느껴지는 글귀다. 지금도 난징조약이 체결되었던 8월 29일에는 매년 그날의 치욕을 기억하기 위한 타종 행사가 열린다고 한다.

그런데 정해사는 아편전쟁이라는 굴욕의 역사와는 어울리지 않는 또 다른 역사의 현장이기도 하다. 사해四海를 평정한다는 위풍당당한 이름이 유래하게 된 이 역사적 사건은 바로 정화의 남해 대원정이다. 1405년 6월, 영락제의 명으로 시작된 정화의 남해 대원정은 1433년 7차 원정에 이르기까지 30여 년간 인도양을 중국인의 바다로 만들었다.

특히 1412년에 출발한 4차 항해는 바스쿠 다 가마의 시대를 무려 80여 년이나 앞서 아프리카에서 중국을 잇는 항로를 개척하기도 했다. 이때 아프리카 동부 해안의 말린디는 중국의 황제에게 진기한 동물 한 마리를 바쳤다고 한다. 지금까지 어디에서도 본 적이 없는 이 목이 긴 동물을 보고 영락제는 전설 속의 기린麒麟이 나타났다며 기뻐했다.

기린은 태평성대에만 나타난다는 전설에 빗대어 자신의 치세를 포장하기 위한 프로파간다였겠지만, 조선에서까지 기린의 출현을 축하하기 위해 사절을 파견했을 정도로 떠들썩한 화제가 되었다. 태종 14년에 "공조 판서 권충, 총제 이징을 보내어 경사京師에 갔으니, 기린이 나타난 것을 하례하기 위함이었다"라고 기록되어 있다.[1]

이때 인도양에서 중국의 위세는 80여 년 뒤에 등장한 유럽인의 위세에 비할 바가 아니었다. 우선 선단의 규모부터 비교가 되지 않았다. 원정마다 60척 이상의 선박에 2만 명 이상의 인원이 동원되었는데, 4척의 배에 170명의 선원이 참여한 바스쿠 다 가마의 원정은 중국인들에게는 애들 장난처럼 느껴졌을 것이다.

배의 크기도 비교가 되지 않았다. 정화가 타고 나간 기함의 크기는 길이가 최소 55미터에서 최대 75미터 이상이었을 것으로 추정되는데, 길이가 18미터에 불과한 콜럼버스의 산타마리아호와 나란히 비교하면 아마 소인국에 온 걸리버의 느낌이 났을 것이다.

정해사는 바로 이 원정에서 가져온 부처님의 진신사리●와 나한상 등을 모시기 위해 영락제의 명으로 건립된 절이다. 세상의 바다를 지배하던 중화제국의 영광을 기념하는 장소인 셈이다. 자랑스러운 기억인 만큼 지금도 정화를 기념하기 위한 '정화 기념관'이 정해사 안에 마련되어 있다.

이렇게 해서 하나의 장소가 중국의 영광과 치욕을 동시에 상징하는 아이러니의 공간으로 탄생했다. 아마 이 정도로 큰 격차의 역사적 사건이 한 공간에서 일어난 경우는 세계사를 뒤져보아도 쉽게 찾기 어려울 것이다. 그만큼 19세기 중국과 동아시아의 몰락은 극적이었다. 볼테르가 "칭송하라! 부끄러워하라! 그리고 모방하라!"고 찬탄했던 이상적인 문명은 한순간에 몰락했고, 한 세기 넘도록 열등생 취급을 받게 되었다.[2]

이 몰락의 원인을 한두 가지로 간단하게 설명할 수는 없겠지만, 가장 중요한 이유 중 하나가 화약혁명에 뒤떨어졌기 때문이라는 것을 부정할 수는 없을 것이다. 20세기의 대표적인 경제사학자 카를로 치폴라의 고백처럼, 대포와 범선은 유럽의 우세를 설명하는 데 압도적일 정도로 증거가 넘쳐나는 팩트의 영역이기 때문이다.

그런데 동아시아가 애초부터 화약 무기의 사용에 뒤진 것은 아니었다.

●　　부처의 진짜 몸, '진신(眞身)'에서 나온 사리. 석가모니를 화장해 나온 사리를 일컫는 말이다.

누구나 아는 것처럼 처음 화약을 발명한 것도 중국이었으며, 처음 화약 무기를 만든 것도 중국이었다. 기록에 따르면 정화의 대원정에 사용된 보선寶船*에는 이미 14문의 대포가 갖추어져 있었다고 한다. 중국만이 아니었다. 이순신 장군의 놀라운 승리도 화약 무기인 화포 없이는 설명할 수 없다. 이뿐만 아니라 16세기 말에 전 세계에서 가장 많은 화승총을 보유한 국가는 영국도, 스페인도 아닌 일본이었다.

그런데도 어느 순간 동아시아의 화약혁명은 정체되고 유럽에 뒤떨어지고 말았다. 화약 혁명에 관한 한 동아시아의 200년은 잃어버린 시간이 되었다.

"동아시아에서는 왜 화약혁명이 정체되었는가?"

도대체 그 이유는 무엇일까? '혁신과 권력'이라는 이 책의 문제의식에 따라 이 물음을 다시 정리해 보자.

"동양의 권력자들은 왜 화약혁명을 지속하지 않았는가?"

앞선 질문과 쌍을 이루는 이 물음이 이번 장에서 우리가 계속 품어야 할 의문이다. 한 가지 힌트를 준다면 당연하게도 앞서 내린 결론이었던 '피비린내 나는 경쟁'과 관련이 있을 것이다.

다네가시마에
왜구의 배가 표류하다

>>> 멸문 직전의 가문에 총이 쥐어지다 <<<

일본 가고시마현 남쪽에는 다네가시마[種子島]라는 섬이 하나 있다. 지금은 로켓을 발사하는 일본우주센터로 유명한 곳^{●●}이지만 근대 이전에는 조총^{●●●}의 생산지로 명성을 떨친 곳이다. 특히 센고쿠시대^{●●●●} 후기에는 다네가시마라는 지명이 조총과 동의어로 쓰일 정도였다. 본래 상표명이었던 정종이 사케와 동의어로 사용된 것과 같은 상황이라는 뜻이다. 일본의

●　보물선. 글자 그대로 보물을 실은 배라는 뜻으로, 아마도 남해 대원정을 통해 막대한 보물을 싣고 왔기에 그렇게 불렀을 것이다.

●●　애니메이션을 좋아한다면 신카이 마코토 감독의 〈초속 5센티미터〉에서 남자 주인공이 전학 간 가고시마의 시골 바닷가 마을이 기억날 것이다. 영화 중간에 로켓이 발사되는 그곳이 바로 다네가시마다.

●●●　'조총'은 한국식 명칭이고 일본식 명칭은 '철포(鉄炮)'인데, 혼란을 피하기 위해 이 책에서는 '조총'으로 통일하겠다.

●●●●　일본판 전국시대(戰國時代). 1467년 오닌의 난 이후 시작된 15세기 말에서 17세기 초까지의 일본 최대의 전란기로 당시의 이치조 가네요시, 고노에 히사미치 등이 고대 중국의 전국시대에 비유해 전국의 세상이라는 의미의 센고쿠노요[戦国の世]라고 표현한 것이 어원이다.

중심부인 도쿄나 오사카, 교토로부터 멀리 떨어진, 어찌 보면 궁벽한 어촌 마을이라고 할 수 있는 이곳이 조총의 생산지로 이름을 떨치게 된 데는 1543년에 있었던 한 선박의 우연한 표류가 계기가 되었다.

1543년 8월 25일, 다네가시마 남단 가도쿠라곶에 중국인들이 탄 배 한 척이 표류해 왔다. 중국인들의 배라면 명나라 배였을 것이라 생각하기 쉽지만 사실은 중국과 일본을 오가며 해적질을 하던 왕직이라는 왜구의 배였다. 이렇게 이야기하면 '왜구의 배에 왜 중국인들이 타고 있지?'라고 의아해할 것이다. 하지만 일본인이 주류를 이루었던 14세기의 전기 왜구와 달리 16세기에 활동하던 후기 왜구는 중국인과 일본인의 연합세력이었다.

일본인도 아닌 중국인이 왜구가 된 이유는 간단하다. 당시 명나라는 모든 형태의 사무역을 금하는 해금海禁 정책을 강력하게 시행하고 있었다. 따라서 명나라 조정에 의해 금지된 사무역을 하려면 범죄자가 될 수밖에 없었는데, 어차피 범죄자 신세라면 본격적으로 해적질에 나서는 것이 자연스러운 흐름이기 때문이다. 덕분에 동아시아에서 해적의 대명사로 통하는 왜구 집단에 중국인들이 결합하게 된 것이다. 연구자에 따라서는 심지어 7할 정도는 중국인이었다고 주장하기도 한다.

아무튼 이때 표류한 배에는 왜구, 중국인뿐 아니라 몇 명의 포르투갈인도 타고 있었다. 그중 한 사람의 이름이 기록에 남아 있는데 포르투갈의 모험가였던 페르낭 멘데스 핀투라는 인물이다. 다네가시마의 영주 도키타카는 특이한 용모를 가진 외국인들의 등장에 호기심을 느꼈고, 이들을 자신의 거처로 불렀다.

영주의 거처로 초대받은 핀투 일행은 배가 표류해 온 입장인 만큼 도움이 절실한 상황이었다. 이에 핀투는 반드시 영주의 시선을 끌 수 있을 만한 선물을 준비했다. 바로 조총이었다. 핀투 일행과 만난 도키타카는 기대대로 조총에 관심을 보였고, 영주의 관심을 눈치챈 핀투는 곧바로 조총의 위력을 시범으로 보여주었다.

기록에 따르면 백 보 떨어진 바위 위에 술잔을 놓고 총을 발사했다고 하는데 "번갯불이 튀어나오고 천둥소리가 울리며" 총알은 과녁에 명중했다. 도키타카는 순식간에 조총의 위력에 매료되었다. 조총의 전래 과정을 기록한 『철포기』라는 책에는 당시 상황이 다음과 같이 기록되어 있다.

> 도키타카는 그 값어치가 높고 구하기가 어려운 것을 따지지 않고 조총 두 자루를 구해서 가보로 삼았다. 더불어 화약의 제조법은 가신 시노카와 소시로에게 배우게 했다. 도키타카는 조총을 아침저녁으로 손질하고 연습했는데, 곧 백발백중의 실력을 얻게 되어 쏘는 대로 맞추지 못하는 것이 없었다.[3]

영주는 직접 사격 연습에 매달릴 정도로 조총의 위력에 주목했다. 바로 그 무렵 다네가시마가 처한 상황이 심상치 않았기 때문이다. 핀투 일행이 방문하기 불과 5개월 전 다네가시마는 이웃한 오스미의 영주, 네지메 타카시게의 침공으로 멸문 직전까지 몰린 상황이었다. 규슈 남부의 유력한 다이묘였던 네지메 가문의 침공에 다네가시마는 속수무책으로 당하고 말았다.

결국 이웃 섬인 야쿠시마를 할양하는 조건으로 가문을 존속할 수 있었지만, 전란의 와중에 도키타카의 아버지인 시게토키가 강제 은퇴당하는 수모까지 겪어야 했다. 도키타카로서는 어떻게든 군사력을 강화해서 네지메 가문에게 맞서야 할 상황이었다. 당연히 새로운 무기인 조총은 현 상황을 타개할 돌파구로 여겨졌을 것이다.

도키타카는 곧장 대장장이들에게 복제품을 만들 것을 명령했다. 대장장이들은 조총을 분해해서 부속품을 본뜬 후 복제품을 만들기 시작했다. 현대적으로 표현하자면 리버스 엔지니어링Reverse Engineering 기법을 동원한 것이다. 일본의 제철기술도 당대 유럽에 못지않았던 만큼 어느 정도 비슷한 제품을 만드는 것은 그리 어렵지 않았다. 그런데 한 가지 결정적인 부분에 막혀서 조총 생산에 실패하고 만다. 나사였다. 당시까지 일본에는 나사라는 개념이 존재하지 않았기 때문이다.

> "야이타 킨베에라고 하는 대장장이가 의뢰된 조총을 거의 완성시켰다고 합니다. 하지만 딱 한 부분을 도저히 완성할 수 없었습니다. 그 부분이 바로 '나사'입니다. 당시 일본에는 '나사'라는 문화가 존재하지 않았기 때문이죠. 아버지의 모습을 지켜보던 16세의 딸 와카사는 아버지의 고민을 해결하기 위해 나섭니다. 포르투갈과 혼인해 나사 장인을 일본에 데려오겠다며 포르투갈인과의 결혼을 결심한 겁니다. 그 후 와카사는 다네가시마에 나사 장인을 데려와서 나사 제작법을 전파시켰고 결국 조총이 완성됐던 거죠."**4**

총을 만들기 위해 딸을 판 셈인데 전개가 너무 극적인 것으로 보아 이 이야기는 아마 전설일 것이다. 하지만 전설이라 할지라도 당시 일본인들이 얼마나 절박하게 조총 제작에 매달렸는지를 알 수 있다. 일단 복제품 제조에 성공하자 이미 철기 제조기술이 상당한 수준에 있었던 만큼 다네가시마의 조총 생산은 급성장하기 시작했다.

핀투의 기록에 따르면 6개월 만에 600정의 조총이 만들어졌다고 한다. 물론 네지메 가문과의 전투에 이 무기를 써먹을 요량이던 영주 도키타카는 곧장 무기의 위력을 시험해 보았고 야쿠시마를 되찾는 복수전에서 만족할 만한 결과를 얻을 수 있었다.

다네가시마에서 처음 만들어지기 시작한 조총은 곧 일본열도로 퍼지기 시작했다. 다네가시마뿐만 아니라 일본열도 전체가 유럽 못지않은 전쟁터였기 때문이다. **전쟁이 일상인 상황에서 위력적인 신무기가 등장했다면 누구라도 이 무기에 관심을 가질 수밖에 없다.** 조총의 위력을 확인한 일본의 영주들은 앞다투어 조총 구매에 열을 올렸다.

> "당시 일본은 이른바 센고쿠시대였습니다. 항상 전쟁 중이었다는 뜻입니다. 무력으로 권력을 장악한 센고쿠 다이묘들이 일본 각지에서 전쟁을 벌이던 시대였죠. 당연히 조총은 유력한 무기이기에 전국적으로 빠르게 전파됐다고 생각됩니다. 이기기 위해서는 조총을 사용하지 않을 수 없었던 거죠."[5]

이미 다네가시마에서 조총 개발이 진행되고 있던 와중에 본토인 기슈[紀州]의 네고로[根來]와 오사카 인근의 사카이[堺] 등지에서도 벌써 조총 생산이 시작되었다. 특히 사카이는 교통의 요지로 전국의 장인들이 몰려들고 있던 곳인 만큼 단기간에 다네가시마를 뛰어넘는 최대의 조총 생산지로 자리 잡게 되었다.

> "우선 조총이 빠르게 전파된 이유 중 하나로 일본 대장장이들의 기술을 들 수가 있겠네요. 지금까지 칼이나 창을 만들어온 대장장이들이기에 이어서 조총

전쟁이 일상화된 센고쿠시대 ⓒ Utagawa Hiroshige

일본열도 전체에 전쟁이 일어나는 상황에서 조총은 빠르게 퍼져나갔다.

을 만들 능력도 있었다는 게 그 첫 번째 이유가 되겠습니다. 또 한 가지 이유는 조총의 위력을 꼽을 수 있겠네요. 전쟁에서 활용할 때 굉장히 효과가 크다는 점에서 빠르게 전파됐습니다. 전투 한 번으로 운명이 결정되는 전란기에 위력이 큰 무기를 외면하기는 어렵죠.

조총이 전래된 1543년에서 대략 10년의 시간이 지난 1553년의 가와나카지마 전투에서는 300자루 이상의 조총이 사용됐다고 합니다. 가와나카지마 전투는 다케다 신겐과 우에스기 겐신 사이의 전투였습니다. 상당히 동쪽에 위치한 지역인데요. 벌써 여기까지 조총이 전파된 거죠. 더군다나 이 전투에서 사용된 조총은 모두 일본에서 제작된 제품이기 때문에 그만큼의 조총을 일본에서 제작했었다는 걸 알 수 있겠죠.

대체로 1570년 무렵까지는 강대한 다이묘들이 전투에 조총을 도입함으로써 유리한 위치에 설 수 있었고, 일부 다이묘들이 조총을 이용해서 점점 영지를 넓혀갔다는 현상을 확인할 수가 있습니다."[6]

다만 이 시기의 조총은 아직 '번개 같은 불과 천둥 같은 소리'로 적의 기세를 꺾는 무기에 가까웠다. 일종의 공갈포였다는 뜻이다. 유럽의 화약혁명에서도 총은 '테르시오'라는 편제를 통해 비로소 전투의 향배를 결정하는 무기로 재탄생할 수 있었다. 이처럼 새로운 무기는 새로운 전투 방식이라는 시스템의 변화를 동반해야만 진정한 위력을 발휘할 수 있는 것이다.

노부나가 vs 다케다,
운명을 바꾼 나가시노 전투

〉〉〉 **'사카이'를 지배한다는 것의 의미** 〈〈〈

이제 일본의 화약혁명을 이야기할 때 절대 빼놓을 수 없는 인물에 관해 이야기할 차례가 되었다. 바로 오다 노부나가다. 도요토미 히데요시, 도쿠가와 이에야스와 함께 이른바 일본 통일을 달성한 '3인의 천하인' 중 첫 번째 인물로 통하는 바로 그 사람이다.

일본 역사상 가장 쇼맨십이 강하고 드라마틱한 존재일 것으로 생각되는 노부나가는 일본열도를 통일하는 과정에서도 드라마의 한 장면 같은 이벤트를 여러 차례 연출했다. 그중 하나가 1568년에 이루어진 이른바 상락上洛이다. 여기에서 낙洛은 낙양을 의미하는 것으로 상락은 낙양으로 올라간다는 뜻이다.

일본에 중국의 고대 도시인 낙양이 왜 있느냐고 생각하겠지만, 동아시아에서는 중국이 일종의 표준 같은 역할을 했으므로 여기에서 낙양은 진짜 낙양이 아니라 서울 혹은 수도라는 뜻이다. 일본을 기준으로는 교토를 뜻하는 것이다. 우리나라에서도 베스트셀러가 나오면 "낙양의 지가를 올린다"고 말하고는 하는데 비슷한 표현이라고 생각하면 된다.

전란기였던 16세기 일본을 센고쿠시대라고 부르는데, 이 시대 일본의 유력 다이묘들은 모두 상락을 필생의 목표로 삼았다. 물론 사방이 전쟁터인 센고쿠시대에 다이묘가 직접 교토로 올라가는 것이므로 유람 여행이나 천황에 대한 인사 따위를 위해 올라가는 것은 아니었다. 군대를 이끌고 교토를 장악하려는 데 그 목적이 있었다. 성공하는 순간 지방의 유력자에서 일약 중앙의 실권자가 되는 이벤트인 셈이다.

1568년, 노부나가는 암살당한 전대 쇼군 아시카가 요시테루●의 동생 요시아키를 대동하고 교토에 입성했다. 상락에 성공한 것이다. 사실, 이 시점까지 노부나가는 그저 지방의 유력자 중 하나에 불과했다. 객관적인 실력으로 따진다면 다케다 신겐이나 우에스기 겐신 같은 A급 다이묘에게는 아직 미치지 못했다. 하지만 상락에 성공하고 쇼군을 등에 업음으로써 노부나가는 일약 중앙정치의 중심인물이 된다. '천하인'으로 가는 첫걸음을 뗀 것이다.

노부나가의 도움으로 쇼군의 자리에 오른 요시아키는 노부나가의 공로를 치하하기 위해 노부나가에게 간레이[管領] 가문인 시바[斯波] 가문을 이어받거나 간레이다이[管領代]의 자리에 오를 것을 권했다. 여기에서 간레이는 무로마치 막부에서 쇼군을 대신해 정무를 보는 국무총리 같은 벼슬이

● 　일본 무로마치 막부의 13대 쇼군. 무너져 가는 막부를 재건하기 위해 고군분투했지만 신하들의 모반으로 암살당한다. 역대 쇼군 중 가장 뛰어난 검술가로 알려져 있다.

다. 다만 이 자리는 가문의 격을 매우 중시하는 일본 사회에서 실력만으로 아무나 올라갈 수 있는 자리가 아니었다. 따라서 간레이의 격을 가진 시바 가문을 이어받으라는 뜻은 그 후에 간레이로 임명하겠다는 뜻이다. 그게 아니면 간레이 대리라는 명칭으로라도 간레이 자리를 주겠다는 의미였다.

하지만 노부나가는 이 고마운 제안을 거절했다. 그 대신 노부나가가 요구한 것이 '사카이'에 대한 지배권이었다. 앞서 조총의 주요 생산지로 소개한 바로 그 '사카이'다. 노부나가가 국무총리격인 간레이 자리도 거부하고 사카이를 요구했다는 점은 향후 노부나가의 통일 전략을 이해하는 데 매우 중요한 시사점을 준다.

우선 노부나가는 구체제인 무로마치 막부가 재기할 수 없다는 것을 명확하게 인식하고 있었다. 아니, 인식하는 정도가 아니라 아예 무로마치 막부를 대신할 새로운 시스템을 자신의 손으로 새로 만들어낼 작정이었다. 그러니 구태여 막부 시스템 안으로 들어가 행동에 제약을 받을 이유가 없었다. 어차피 막부와 쇼군은 자신이 패권을 잡을 때까지 이용할 도구에 불과했다.

대신 사카이를 요구한 이유는 그 풍요로운 경제력에 주목했기 때문이다. 사카이는 수도 교토의 외항으로 무로마치 시대 이후 일본의 가장 크고 중요한 무역항 중 하나였다. 주로 대명 무역의 거점 역할을 했는데 센고쿠시대가 시작되어 막부의 통제가 느슨해진 이후로는 오히려 상인들의 자치 도시가 되었다. 그렇게 사카이는 일본 제1의 상업 도시로서 유럽의 베니스나 암스테르담 같은 도시로 번창하고 있었다. 누구보다 돈이 필요했고 돈의 가치를 잘 이해하고 있던 노부나가는 바로 이 사카이의 돈에 눈독을 들였다.

>>> 월급받는 조총 부대 <<<

노부나가는 왜 그렇게 돈이 필요했을까? 돈이야 당연히 있으면 좋지 않느냐고 생각할지 모르지만, 당시 노부나가는 특별히 돈이 더 절실한 상황이었다. 어쩌면 절실한 정도가 아니라 돈에 생사가 달린 상태였다고도 할 수 있었다. 다른 다이묘들과 달리 노부나가는 '월급을 주는 군대'를 유지하고 있었기 때문이다. 이러면 또 '월급을 안 주는 군대도 있나?' 하는 의문이 들 것이다. 당연히 있다. 사실은 월급을 안 주는 군대 쪽이 오히려 보편적이었다.

상품 경제가 발달하지 않은 근대 이전 사회에서는 어디나 마찬가지였다. 농민들이 농사도 지으면서 일정 기간을 군대에 복무하는 방식이 일반적인 군대의 모습이었다. 몸으로 때우는 세금이라고 할 수도 있는데 조선도, 중세 유럽도, 고대 그리스도 마찬가지였다. 향토예비군이 인류 역사에서는 더 보편적인 군대였다는 뜻이다. 더불어 이런 군대는 모든 것을 자력으로 갖추어야 했다. 무기도 각자 준비해야 했고 기병은 말까지 자신이 준비했다. 그러니 영주는 군대를 동원하는 데 돈이 별로 들지 않았다.

비용이 적게 드는 것만이 장점은 아니었다. 부대원들이 서로 얼굴을 아는 같은 마을 사람들이라는 이점도 있었다. 전투가 벌어졌을 때 아는 사람들을 버려두고 도망가기는 인간적인 정리상 어려운 법이다. 또 도망을 쳤다가는 나중에 지역사회에서 비겁자로 낙인찍혀 정상적인 생활이 어려워질 가능성도 있었다. 이런 정서에 자기 마을을 지킨다는 애향심까지 더해지면 외부의 침입을 방어하는 전쟁에서는 누구보다 강한 힘을 발휘하게 된다. 당시로는 매우 합리적이고 이점이 많은 군대였던 셈이다.

그런데 노부나가는 이런 이점을 다 버리고 '월급을 주는 군대'를 양성했다. 이런 방식은 처음에는 많은 비난을 받았다. 군대를 유지하는 데 돈이 많이 드는 것도 문제이지만, 월급을 주는 군대에 들어오는 자들은 믿을 수 없는 자들이라는 점이 더 큰 문제였다. 근대 이전 사회에서 농촌 공동체에 자리를 잡지 못하고 떠돌이 생활을 하는 자들이니 오죽하겠는가? 마을에서 버린 자식 취급하는 자들이 노부나가의 군대에 모여들었다. 당연히 자기 고향을 지킨다는 애향심 따위는 있을 리 만무했다.

이런 자들이 모였으니 전투가 벌어지면 유난히 도망병이 많이 발생하는 군대이기도 했다. 품행이 불량하고 비겁한 군대였다는 뜻이다. 이렇게 이야기하면 약점투성이 군대 같지만, 노부나가가 이렇게 약점이 많은 군대를 양성한 데는 나름의 이유가 있었다.

우선 월급을 주는 군대는 농사를 짓지 않기 때문에 1년 내내 동원할 수 있었다. 농번기와 농한기의 구별이 없는 것이다. 보통 전근대사회에서는 굶어 죽지 않기 위해 농사일로 바쁜 농번기는 가능한 전투를 피하는 것이 불문율이었다. 잘못했다가는 전투에 이기고도 굶어 죽을 염려가 있기 때문이다.

하지만 노부나가는 그럴 필요가 없었다. 처음부터 농사 따위는 짓지 않는 군대이니 당연한 일이다. 노부나가는 이런 군대를 거느리고 이웃 다이묘들과 1년 내내 전쟁을 벌였다. 이웃 다이묘들은 일단 급한 대로 농번기에도 전투를 벌여서 노부나가의 군대를 물리쳤지만, 대신에 그해 농사는 망쳐야 했다.

그런데 이런 일은 한 번으로 끝나는 것이 아니었다. 같은 전투가 몇 년이고 반복되면 싸우기도 전에 두 손을 들 수밖에 없다. 노부나가 입장에서는 전투에서는 패하고도 전쟁에서는 이기는 것이다. 물론 이런 전투 방식은 기존의 불문율을 깨는 것이었으므로 '비겁하다' 혹은 '치사하다'는 욕을 먹어야 했다. 하지만 원래 새로운 아이디어는 항상 비겁하게 느껴지는 법이다.

이점은 또 있다. 기존 군대는 같은 마을 사람끼리 같은 부대를 만들기 때문에 필요에 따라 군대를 마음대로 재배치하는 것이 어려웠다. 전통적 편제를 바꾸기 힘들었다는 뜻이다. 새로운 병종을 대규모로 양성해야 하는 군사혁신의 시기에 이런 제한은 치명적 약점이 된다. 화약혁명의 경우처럼 대규모 화승총 부대를 새로 구성할 필요가 있을 때 기존 군대로는 그런 유연한 재배치가 불가능하기 때문이다. 덕분에 기존 군대에서는 조총이 보급되어도 각 마을 부대마다 2~3정씩 나누어 가지고 있는 형태가 태반이었다.

하지만 노부나가의 군대는 어차피 월급으로 고용된 뜨내기들이므로 얼마든지 유연하게 재배치하는 것이 가능했다. 화약혁명의 성과를 곧바로 반영함으로써 대규모 조총 부대를 조직하기에는 무엇보다 적합한 군대였던 것이다. 이런 이유로 노부나가는 월급을 주는 군대를 양성했고 누구보다도 현금이 절실한 상황이었다.

사카이를 요구한 이유는 또 있다. 바로 조총이다. 앞서 설명한 것처럼 이때쯤이 되면 조총 생산은 일본열도에서 하나의 산업으로 자리 잡은 상태였다. 특히 사카이는 일본 최대의 아니, 어쩌면 세계 최대의 조총 생산지였다. 사카이를 장악하면 조총 공급이라는 점에서 엄청난 이점을 누리게 되는 것이다.

노부나가는 대규모 조총 부대를 활용할 계획이었기에 더욱 사카이의 가

화약 무기로 승패가 갈린 나가시노 전투 도쿠가와 미술관 소장
대규모 조총 부대를 거느린 노부나가군과 동부 최대 세력인 다케다군의 결전이 치러졌다.

치가 크게 느껴졌을 것이다. 이모저모로 사카이는 화약혁명의 성과를 최대한 이용하려는 노부나가에게 꼭 필요한 땅이었다. 사카이를 얻음으로써 막대한 자금과 조총 생산의 배후 기지를 갖추게 되자 노부나가는 곧장 대규모 조총 부대를 만들기 시작했다.

앞서 누누이 설명한 것처럼 발사 속도가 느린 초창기 화승총의 약점을

보완하려면 대규모로 부대를 운용해야 효과가 있다. 그런 점에서 노부나가가 대규모 조총 부대를 조직하기 시작했다는 것은 일본도 본격적인 화약혁명의 단계에 들어갔다는 것을 의미했다. 이 부대가 실력을 발휘할 기회는 난세이니만큼 곧 찾아왔다. 일본 동부 지역의 최대 세력이었던 다케다 가문과의 결전, 나가시노 전투다.

구로사와 아키라 감독의 걸작 중에 〈카게무샤(影武者)〉라는 영화가 있다. 이 영화에 나오는 비장미 넘치는 마지막 전투 장면이 바로 노부나가와 다케다 가문 간에 벌어진 나가시노 전투다. 무적을 자랑하던 다케다군이 노부나가군에게 몰살당하고 파멸하는 장면이 박진감 넘치게 펼쳐진다. 노부나가군의 빗발치는 조총 사격에 다케다군의 기병대가 전멸하는 장면에서는 예정된 파멸을 향해 돌진하는 기병대의 모습이 미학적으로 비장미 넘치게 묘사되었다.

다만 영화는 실제 전투와는 다소 거리가 있다. 물론 구로사와 아키라 감독이 아무 근거 없이 이런 연출을 한 것은 아니었다. 오히려 영화가 나온 당시까지 나가시노 전투에 대한 일반적인 상식은 영화와 비슷했다. 노부나가군이 유럽의 네덜란드군이나 스웨덴군처럼 '3단 사격'이라 불리는 순환식 교차사격 전술을 사용했고, 기병대로 유명했던 다케다군이 무대뽀●로 달려들다 몰살당했다는 것이 일반적인 역사 인식이었기 때문이다. 심지어 일본의 나가시노 전투가 네덜란드 마우리츠 판 나사우의 개혁보다 30년 정도 앞서 벌어졌기 때문에 세계 최초의 순환사격 전술은 일본에서 시작되었다는 주장도 많았다.

하지만 최근의 연구 결과들은 이런 상식을 부정하고 있다. 우선 다케다군의 기병대가 유럽 기사들처럼 정면 돌격하는 충격기병이었을 것이라는 발상부터 부정되고 있다. 일단 일본은 말이 너무 작았다. 말의 높이가 120~130센티미터 정도에 불과했는데 유럽 기사들이 타던 말들에 비하면 30센티미터 이상 작았다. 키 차이가 이 정도 나면 덩치는 비교하는 것이

우스울 정도로 차이가 크다. 당연히 이런 말을 타고 적의 정면을 돌파한다는 것은 상상하기 어려운 일이다.

따라서 일본의 무사들은 전쟁터에 갈 때까지만 말을 타고 가고 실제 전투는 말에서 내려서 하는 경우가 대부분이었다. 당시 일본을 방문했던 루이스 프로이스••도 전투에서 기마 무사 전원이 말에서 내려서 싸우는 것을 보고, "땅에 내려서 싸우는 것이 일본의 관습"이라고 기록한 적이 있다. 다케다 가문의 무사들이라고 해서 예외는 아니었을 것이다. 설혹 예외적으로 돌격을 감행하더라도 프랑스 기사인 '장다름'의 파괴력과는 비교하기 어려웠을 것이다.

그런데 이렇게 정면으로 돌격해 오는 충격기병이 없으면 구태여 정확성을 희생하면서까지 총의 발사 속도에 집착할 필요가 없다. 기병은 돌격 후 총병 앞에 도착할 때까지의 시간이 얼마 걸리지 않기 때문에 최대한 총의 발사 속도를 높여야 대응이 가능하다. 하지만 보병은 그보다 느리기 때문에 속도 대신 정확도를 높이는 방식의 대응도 나쁘지 않다. 덕분에 '장다름' 같은 무시무시한 중장기병을 상대해야 했던 유럽이 정확도보다 발사 속도를 높이는 것에 주력한 데 반해, 일본에서의 조총 사격은 속도보다는 정확도를 중시하는 쪽으로 발달했다.

이런 점은 총의 선택에도 영향을 미쳤다. 원래 유럽에서 사용되던 화승총은 총도 크고 파괴력도 큰 머스킷과 총도 작고 파괴력도 작은 아쿼버스

라는 두 가지 종류가 있었다. 그런데 정확도를 중시했던 일본에서는 머스킷은 거의 사용하지 않고 아쿼버스만을 주로 사용했다. 파괴력은 커도 반동까지 커서 정확도가 떨어지는 머스킷보다 위력은 떨어져도 정확도가 높은 아쿼버스를 더 선호했던 것이다.●

그런데 정확도를 중시하면 사격 통제에 따른 일제사격은 어려워진다. 발사 명령이 나오면 조준이 되건 안 되건 무조건 쏴야 하는데 이래서는 정확도를 지키기 어렵기 때문이다. 따라서 일본의 조총 부대는 비록 집단적으로 운용되더라도 총의 발사 속도는 각자 알아서 쏘는 방식으로 발전했다. 일제사격으로 총알이 쏟아지는 영화에서의 표현은 사실과 거리가 있는 장면인 셈이다.

그렇다 하더라도 조총 부대의 위력이 전투를 결정지은 것만은 거짓이 아니다. 네덜란드식 순환사격이 아니더라도 조총의 집단적 운용은 충분한 파괴력을 보이기 마련이다. 특히 노부나가는 그때까지 일본에서는 볼 수 없던 대규모 조총 부대를 전투에 동원했다. 기록에 따라 차이를 보이지만 최소한 3000명 이상의 조총병이 집단으로 사격을 한 것은 분명한 사실이

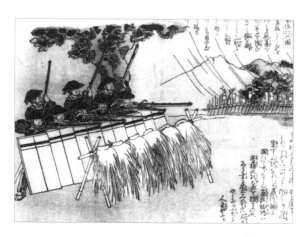

16세기 일본의 조총 부대
일제사격이 아니라도 집단적
총격의 파괴력은 강했다.

다. 그때까지 한 번도 보지 못한 장관이었을 것이다.

전투에서 패한 다케다 가문의 기록에도 이 부분은 분명히 언급되는데, 전투 이후 다케다 가문은 보병인 '아시가루[足輕]'에게 장창이 아닌 조총을 훈련시키라는 지침을 잇달아 내리고 있다.[7] 전투를 통해 조총의 위력을 절감한 것이다. 조총이 나가시노 전투의 승패를 결정지은 것은 분명한 사실이라고 보아야 할 것이다.

이렇게 조총의 위력이 확인되자 일본의 다이묘들은 더욱 경쟁적으로 조총을 도입하기 시작했다. 다케다 가문의 경우처럼 한번 싸워보면 그 위력을 절감할 수밖에 없기 때문이다. 헤겔은 저서 『법철학 강요』에서 "미네르바의 부엉이는 해가 질 무렵에야 날개를 편다"고 말했다.[8] 인간의 이성은 아직 벌어지지 않은 미래를 예측할 수 없다는 뜻이다. 인간이 쉽게 혁신적 기술을 받아들이지 못하는 이유 중 하나일 것이다.

하지만 역으로 말하면 일단 눈앞에 벌어진 사태는 받아들일 수 있다는 뜻이기도 하다. 당장 눈앞에서 파멸적 상황을 경험하면 변화를 수용하지 않을 도리가 없는 것이다. 일본의 다이묘들도 조총의 위력과 조총을 어떻게 사용해야 하는지를 눈으로 확인하자, 조총 도입에 그야말로 사활을 걸게 되었다. **일본열도에 '조총이냐 파멸이냐'라는 위기의식이 번지기 시작했다.** 그리고 이런 상황 덕분에 일본은 16세기 말을 기준으로 세계에서 가장 많은 총을 보유한 지역이 된다. 센고쿠시대 후기에는 무려 30만 정 이상의 총이 일본에서 사용되고 있었다고 한다.

• 정확도를 중시했기 때문에 이후 머스킷 계열을 중심으로 한 총기의 발달은 일본을 포함한 동아시아에서 무시되었다. 화승총에서 진일보한 부싯돌 방식의 플린트록이 나왔을 때도 조선이나 일본의 반응은 정확도가 떨어지는 무기라는 지적이 대부분이었다.

일본에서 순식간에 화약 무기가 확산된 이유도 유럽과 같다. 동시대의 유럽처럼 16세기 일본도 분열과 전쟁으로 센고쿠 다이묘라고 불리던 군소 군주들 간의 생존경쟁이 어느 때보다 치열했다. 일본 통일을 목표로 삼은 유력 다이묘만 뽑아도 시마즈, 오오토모, 모리, 오다, 다케다, 호조, 우에스기, 다테 등 10여 개가 넘었다. 당연히 경쟁에서 뒤떨어지면 곧장 멸망이 기다리고 있었다. 일본의 사무라이들이라고 해서 이집트의 맘루크들이 가졌던 무사의 자존심이 없는 것은 아니었지만, 죽느냐, 사느냐의 기로에 선 이들로서는 선택의 여지가 없었다. **결국 생존에 대한 위기의식이 자존심이나 품위에 대한 집착을 뛰어넘었던 셈이다.**

16세기 센고쿠시대 주요 다이묘
자존심 강한 사무라이도 생존경쟁 앞에서는 품위보다 조총을 선택했다.

조선 vs 일본,
임진왜란의 치욕을 동력으로 삼다

〉〉〉 가장 잘하는 방식이 최선은 아니다 〈〈〈

일단 심지에 불이 붙은 화약혁명은 일본에만 머물지 않았다. 16세기 말과 17세기 초는 일본만이 아니라 동아시아 전체가 전쟁터였기 때문이다. 우선 일본을 통일한 도요토미 히데요시는 조선에 침입해 임진왜란을 일으켰다. 1592년부터 7년간, 임진왜란은 단지 일본과 조선뿐 아니라 명나라까지 끌어들인 국제전으로 확대되었다.

임진왜란이 끝난 후에는 만주에서 전쟁의 폭풍이 몰려왔다. 유럽에서 30년 전쟁이 발발한 1618년, 누르하치가 명나라에 선전포고를 한 것이다.●

● 　　1618년, 야망의 발톱을 숨기고 있던 후금의 누르하치는 명나라에 대해 이른바 칠대한(七大恨)이 있다는 내용의 조서를 반포한다. 자신과 여진족이 대대로 명나라에 대해 일곱 가지 큰 원한이 있다는 사실을 적시한 것인데, 전쟁을 선포한 누르하치는 푸순을 공격해서 함락시킨다. 이 사건의 여파로 명나라는 누르하치 토벌을 시작했으며 이후 조선군이 참전한 사르후 전투로 이어진다.

이후 40여 년간 중국과 조선의 백성들은 명청교체기의 폭풍우 속에 살아가야 했다.

전란의 시대를 거치면서 조선군도 화약혁명에 걸맞은 군대로 변해갔다. 원래 임진왜란 이전의 조선군은 기병을 전투의 주력으로 삼고 있었다. 조선 전기의 주력군이 기병이었다고 하면 의외라는 반응을 보이는 사람들이 많은데, 조선 전기에 가장 많이 싸운 적이 누구였는지를 생각해 보면 오히려 당연한 결과일 것이다.

조선 전기에는 북방 여진족이 가장 큰 안보 위협이었기 때문에 조선군은 여진족과 가장 잘 싸울 수 있는 기병을 군대의 주력으로 삼았다. 조선 전기의 가장 중요한 병서인 『계축진설癸丑陣說』●에 따르면 조선군은 대체로 중기병과 경기병이 1 대 1 정도의 비율로 구성되었다고 한다. 물론 중기병을 위해서는 힘 좋고 덩치가 큰 말이 필요했고, 일본과 달리 북방 유목민족으로부터 말을 수입할 수 있었던 조선은 중기병용 말인 '호마胡馬'●●의 수입과 육성에 항상 신경을 썼다.

고구려 철기병의 후예라 할 만한 조선 기병은 상당한 위력을 보여주기도 했다. 임진왜란 불과 9년 전인 1583년 여진족 '이탕개의 난'이 일어났을 때 온성 부사였던 신립은 500여 기의 기병대로 적진에 돌격해 1만 명에 달하는 여진족을 물리치기도 했다. 이 승리가 얼마나 인상적이었는지 선조는 "신립이 공로를 세운 이후 그에게 노모가 있다는 말을 듣고 매월 주육을 보내주고는 있으나 … 병을 얻을 염려도 있으니 … 병이 들면 그 즉시 정원에 와 알리도록 하라. 내가 의원을 보내 구제하도록 하겠다"라고 특별 명령까지 내렸다.[9] 일반적인 인상과 달리 조선 기병은 상당한 강군이었다.

임진왜란이 일어났을 때도 신립은 같은 방식으로 승리할 수 있다고 믿

조총의 위력을 실감한 탄금대 전투
신립의 조선군은 이전에 승리한 방식 그대로 일본군에 대항했다.

었을 것이다. 상대가 여진족이든 왜적이든 그동안 조선군이 항상 승리해 오던 방식이기 때문이다. 전쟁 발발과 함께 방어군을 이끌고 남하한 신립은 잘 알려진 대로 탄금대에서 배수의 진을 치고 일본군과 대결한다.

조령에서 유리한 지형을 기반으로 일본군을 상대하지 않고, 탄금대라는 평야를 택한 이유에 대해서는 여러 논란이 있다. 하지만 어쩌면 신립으로서는 너무 당연한 선택이었을 것이다. 국가의 운명을 건 전투에서 가장 잘하는 전투 방식을 택했을 뿐이니까. 문제는 이번 적군은 지금까지 상대하던 여진족 군대나 노략질이 목적인 왜구들이 아니었다는 것이다. 오랜 전란에 단련된 정규군인데다 화약 무기인 조총까지 갖춘 군대였다. 더구나 숫자는 두 배가 넘었다. 루이스 프로이스는 『일본사』에서 탄금대 전투를 다음과 같이 기록하고 있다.

----

* 　조선 세종 15년인 1433년에 하경복(河敬復) 등이 저술한 진법서. 무과에 급제하고 평생을 무관으로 지낸 현장 지휘관이 저술한 만큼, 조선 전기에 실제 전투에서 사용된 진법을 확인할 수 있다.
** 　북방에서 수입한 말인 호마에 대비해 전통적인 작은 말은 향마(鄕馬)라는 이름으로 따로 관리되었다.

(조선군은) 대부분 조선조정에서 선발해서 보낸 기마병이었다. … 조선군은 달
모양의 전투대형을 펼치면서 포위하듯 일본군을 에워싸기 시작했다. 포위망이
좁혀졌을 때 일본군은 갑자기 깃발을 세우며 조선군 양 끝을 목표로 조총 사격
을 시작했다. 조선군은 잠시 후퇴했다가 다시 공격해 왔다. 그러나 일본군이 조
총 공격과 함께 대검으로 공격해 들어가자 조선군은 도주하기 시작했다. … 대
략 8천 명의 조선군을 죽였다.[10]

　　신립과 조선군은 마치 나가시노 전투의 다케다군처럼 총격 앞에 장렬하
게 전멸하고 만 것이다. 잘 알려지지 않았지만, 조선군이 이런 방식을 고수
하다 패배한 것은 탄금대 전투만이 아니었다. 이 전투 이후에도 조선군은
임진강 전투*에서, 또 해정창 전투**에서 기병 돌격을 거듭하다 결국 몰
살당하고는 했다. **자기가 가장 잘하는 방식을 포기하는 것은 이처럼 어려
운 법이다.**

〉〉〉 패배를 통해 배우다 〈〈〈

　　참혹한 패배를 거듭하며 조선군도 결국 기존의 방식으로는 일본군을
상대할 수 없다는 사실을 깨닫는다. 그리고 나라가 망할지도 모른다는 이

---

* 　1592년 5월 선조가 한양을 버린 직후 일본군의 북상을 저지하기 위해 임진강을 방어선으로 삼고 벌
인 전투. 가토 기요마사가 이끄는 일본군에 대항해 조선군이 무모한 돌격을 감행하다 대패했다.
** 　1592년 8월 함경도 해정창에서 벌어진 전투. 가토 기요마사의 일본군을 막기 위해 북방의 정예기병대
가 돌격 작전을 감행했지만 조총 부대의 위력에 몰살당했다.

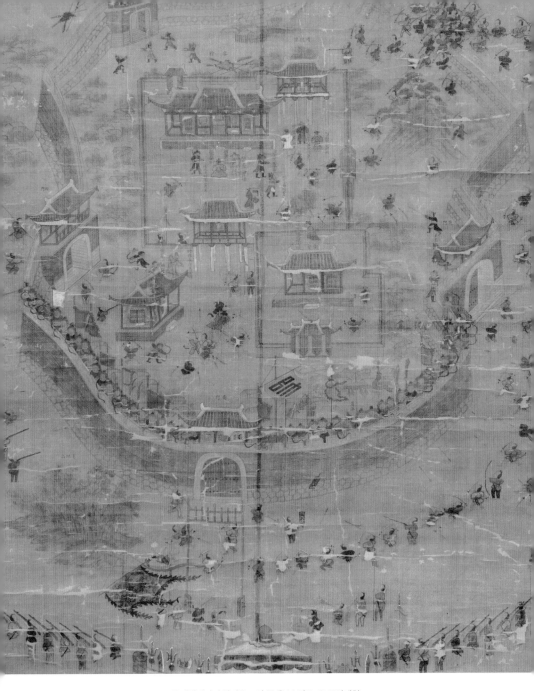

동래성에서의 항전을 그린 동래부순절도 ⓒ 문화재청

임진왜란의 교훈은 이전의 방식을 버리지 못한 자는 패배한다는 것이었다.

런 위기감은 결국 조선의 전투 방식을 바꾸기 시작했다. 조선군도 말에서 내려와야 할 순간이 온 것이다. 조선 정부는 곧 모든 가용 자원을 동원해서 조총의 수집과 생산에 매달리기 시작했다. 다행인 점은 조선도 비록 조총은 아니지만, 상당히 오랫동안 화약 무기를 생산해 온 경험이 있다는 것이었다.

천자총통天字銃筒●을 필두로 한 화포에서부터 조총의 할아버지쯤 되는 승자총통勝字銃筒●●까지 다양한 화약 무기를 개발하고 생산해 온 조선으로서는 생산 기반은 충분했던 셈이다. 다만 다네가시마의 경우에서처럼 그저 복제하는 것만으로는 해결할 수 없는 부분이 문제였다. 직접 가르쳐줄 사람이 필요했다. 하지만 이 문제도 머지않아 해결된다. 일본군 중에서 조선군의 편을 들어줄 사람들이 나타난 것이다. 그 대표적인 사람이 김충선이다.

조선으로 귀화해서 김해 김씨 성을 얻고 완전한 조선인이 된 김충선의 일본 이름은 '사야가'로 알려져 있다. 일본군 조총 부대의 지휘관이었던 김충선의 항복은 조선군에게 큰 도움이 되었다. 김충선은 단순한 '항왜'가 아니라 조총 부대의 지휘관이었기 때문에 조선이 필요로 하는 모든 것을 제공할 수 있었다. 『모하당문집』에서 김충선이 이순신 장군에게 보낸 서찰을 볼 수 있는데, 이를 통해 조선의 조총 생산에 김충선이 어떻게 기여했는지를 확인할 수 있다.

하문하옵신 조총과 화포와 화약 만드는 법은 … 벌써 각 진에 가르치는 중이옵니다. … 바라옵건대 총과 화약을 대량으로 만들어서 기어코 적병을 전멸시키기를 밤낮으로 축원합니다.[11]

김충선은 조총의 제조법에서부터 조총에 적합한 화약을 제조하는 방법, 조총 부대의 운용까지 다양한 기술을 전파했고, 조선은 놀라운 속도로 조총과 관련된 기술을 습득하기 시작했다. 원천 기술이 있기도 했지만 당장 국가의 명운이 달린 전쟁터에서 조총이 절박하게 필요했기 때문이다. 『징비록』에 따르면, 임진왜란 당시 조선군이 항왜를 교관으로 삼아 조총을 채용한 지 불과 수개월 만에 숙달 상태에 도달했다고 한다.

> "일본군 포로 중에는 '사야가'라 불렸던 유명한 사람도 있었는데, 한국 편에 서서 조총을 전래하고 사격 방법도 가르쳤다고 합니다. 이처럼 일본인 포로들을 한데 모으고, 일본 측에서 포획한 조총을 복제해 항왜나 조선인을 훈련시켰고, 조총은 숙련되기까지의 속도가 빠른 편이였기 때문에 몇 달 지나지 않아 일본에 뒤지지 않을 총대를 육성할 수 있었다고 『징비록』에 기재돼 있습니다.
> 전쟁에서의 기술은 생명에 직접적으로 연관돼 있었기에 조선에서는 조금이라도 좋은 기술을 손에 넣고 유용하게 활용하려 했고, 그렇기 때문에 조선의 조총 기술이 더욱 빠르게 발전됐다고 볼 수 있겠습니다."[12]

이런 노력의 결과 전쟁 1년여 만에 조선군은 완전히 면목을 일신한 화약혁명의 군대로 거듭났다. 앞서 이야기했듯이 30년 전쟁 당시 유럽의 황제군은 브라이텐펠트 전투 이후 1년 만에 화약혁명의 성과를 흡수하고

• 조선 전기에 사용하던 총통 중 가장 큰 규격의 화포. 대략 총길이 1.3미터, 통 길이 1.2미터, 구경 17센티미터로 조선의 대형 화포에 해당하는 지자총통, 현자총통, 황자총통 가운데 가장 컸다.
•• 조선 초중기에 사용된 개인 화기, 즉 핸드 캐논 일종의 화약 무기. 대략 총길이 56센티미터, 통 길이 34센티미터, 구경 4센티미터, 무게 4.5킬로그램으로 현대의 전쟁에서 소총과 유탄발사기, 산탄총을 대체할 만한 무기에 해당한다.

뤼첸 전투에 나섰다. 같은 상황이 동아시아에서도 벌어졌던 것이다. 조선군이 어느 정도나 조총을 적극적으로 받아들였는지는 이후의 기록으로도 확인할 수 있다.

조선시대 충청도 속오군*의 병적기록부를 보면 1600년대 충청도 병사 중 76.5퍼센트가 조총이 주특기라고 적혀 있을 정도로 조총 무장 비율이 높았다. 또 순조 초기의 기록을 통해서도 지방군인 속오군을 제외하고 중앙군인 오군영의 조총만 따져도 4만 5000자루에 탄환도 575만 개에 달했다는 것을 확인할 수 있다.[13]

심지어 조선군의 조총 실력은 곧 동아시아 최고 수준을 자랑하게 되었다. 원래 발사 무기인 활을 주력으로 사용하던 전통 덕분인지 도입 반세기 만에 발사 속도나 정확도에서 주변국을 압도하는 실력을 보여주었다. 덕분에 명나라나 청나라가 조선에 파병을 요청할 경우 항상 조총병을 보내줄 것을 요구했다고 한다. 조선군의 명중률이 명군이나 청군에 비해 몇 배나 높았기 때문이다.

이렇게 참전한 전투 중 특히 인상적인 전투는 청나라의 요청으로 직접 유럽군과 대결한 두 차례의 나선정벌**이다. 동서양의 화약 무기가 직접 대결한 몇 안 되는 전투이기 때문이다. 이 두 차례의 전투에서 조선과 청나라는 조선군이 조총으로 원거리 사격을 하고 근접전은 청나라 철기병이 맡는 방식으로 역할 분담을 했다. 각자의 장점을 살린 것인데 결과는 대성공이었다.

1차 원정에서 조선군은 한 명의 부상자도 없이 러시아군에 승리를 거두었고, 2차 원정에서는 일곱 명의 전사자가 나오기는 했지만, 러시아군에 200명이 넘는 피해를 입히고 압승을 거두었다. 조선군의 활약이 얼마나 대단했는지 러시아군은 조선군을 '대두인大頭人'●●●이라고 부르며 청나라 군보다 두려워했다.

> "한국의 임진왜란에서도 화약혁명의 진전을 확인할 수 있습니다. 일본이 한국을 침략했을 때 큰 반응을 일으켰어요. 한국의 군사혁명이 엄청나게 가속화됐죠. 최근의 연구에 따르면 17세기 초 한국의 군사 대비 태세는 유럽의 군사 대비 태세와 동등했다고 합니다. 실제로 1600년대에 한국군이 조총병들로 러시아군을 물리쳤죠.
>
> 군사혁명의 개념이 유럽에 집중돼 있는 것은 역사가들도 그렇고, 대부분의 역사 연구가 유럽 중심이기 때문이라고 생각합니다. 하지만 최근에 더 폭넓은 시야를 가져야 한다고 얘기하고 있어요. 그리고 그 폭넓은 세계적 시야에서 동아시아는 군사혁명과 화약혁명의 중심이자 핵심 중 하나라고 여겨지고 있습니다."**14**

- 　조선 후기 지방을 방어할 목적으로 조직된 군대. 특기별로 사수, 살수, 포수로 구분되어 있었다.
- ● ● 조청 연합군이 러시아와 벌인 전투. 효종 때 연해주 흑룡강 방면으로 남하하는 러시아에 대항해 1654년과 1658년 두 차례 이루어졌다.
- ● ● ● 머리가 큰 사람. 신유의 『북정일기』에 기록되어 있는데, 조선군이 주로 챙이 넓은 모자를 착용해서 이렇게 부른 듯하다.

명나라 vs 청나라,
영원성에서 맞붙다

〉〉〉 **천혜의 요새에서 적을 기다리다** 〈〈〈

전쟁과 위기 속에 화약 무기를 받아들인 것은 일본과 조선만이 아니었다. 명청교체기의 40년 전쟁을 겪던 중국에도 화약 무기가 급속도로 퍼졌다. 조총이 일본을 중심으로 확산되었다면 서양식 대포였던 홍이포紅夷砲●나 불랑기포佛狼機砲●● 등은 명나라를 통해 동아시아에 들어왔다.

전란기였던 만큼 명나라 후기 이후 등장한 명장들도 대부분 화약 무기를 적극적으로 활용했다. 후기 왜구를 소멸시킨 척계광이나 대만에서 네덜란드를 몰아낸 정성공 등이 대표적인데, 특히 명나라 최후의 명장 원숭환은 명나라의 화약혁명을 상징하는 인상적인 인물이다.

원숭환이 명나라의 북방 최전선에 등장한 것은 1619년의 충격적인 패배로 명나라와 후금 간의 공수가 뒤바뀐 직후의 일이었다. 앞서 이야기했듯이 보헤미아에서 30년 전쟁에 불이 붙은 1618년은 공교롭게도 동아시아를 뒤흔든 명청 전쟁이 시작된 해이기도 하다. 이해에 후금의 누르하치가 명나라에 대해 공식적인 선전포고를 하고 푸순[撫順]을 공략해서 함락시키는 사건이 일어났다. 당시만 해도 아직 무력에 자신이 있던 명나라는 당연히 토벌군을 조직해서 후금을 공격했는데, 이때 강홍립이 이끄는 조선군도 원정군으로 파견되었다. 이것이 푸순 함락 이듬해인 1619년에 일어난 사르후 전투다.

전투의 결과는 명나라의 기대와 달랐다. 기대와 다른 정도가 아니라 그때까지 그럭저럭 숨겨왔던 명나라의 치부를 낱낱이 드러낸 전투가 되었다. 명나라는 이제 더는 힘으로 상대를 찍어 누를 수 있는 강대국이 아니었다. 이런 사실만을 드러낸 채 명나라는 후금에 충격적인 패배를 당하게 된다. 랴오둥[遼東] 방면의 주력군이 이 전투로 괴멸하자 랴오둥은 이제 후금의 천하가 되었다.

누르하치는 시간을 허비하지 않고 공세의 고삐를 바짝 당겼다. 불과 2~3년 사이에 선양[瀋陽]과 랴오양[遼陽]에 이어 랴오허강[遼河] 너머 광닝[廣寧]까지 후금의 손에 넘어갔다. 랴오둥을 넘어 랴오시[遼西] 지방까지 후금의 세력권에 들어간 것이다. 그렇게 랴오시까지 후금의 손에 넘어간다면 다음은 황제가 있는 베이징이었다. 이 위기의 순간에 전선을 방어할 책임을 진 인물

• 네덜란드인들이 사용하던 서양식 대포 컬버린. 중국에서 네덜란드인을 붉은 머리를 한 오랑캐라는 의미의 '홍모이(紅毛夷)'라고 불렀던 것에서 유래한다. 네덜란드와 싸울 당시 중국인들은 이 대포의 파괴력에 크게 압도되어 1618년에 이를 수입했고, 곧 복제품을 만들어낼 수 있는 단계에 이르러 전국적인 규모로 대대적인 생산을 이루어냈다.

•• 16세기 포르투갈에서 수입되어 사용된 후미 장전식 대포. 기존 대포와 달리 포탄과 화약을 장전하는 자포와 이를 끼워 발사하는 본체인 모포가 분리된 후장식이다. 이런 구조 덕분에 자모포(子母砲)로도 불리며, 빠르게 장전해서 쏠 수 있다는 장점이 있다. 조선에서는 임진왜란 때 명나라를 통해 수입된 이후 가장 많이 사용되었다.

이 원숭환이었다.

원숭환이 후금을 방어하기 위해 최전선에 파견될 무렵 명나라 조정은 거의 패닉에 빠진 상태였다. 당연히 이기리라고 믿었던 명군이 힘 한번 써 보지 못하고 싸우는 족족 패배했기 때문이다. 연이은 패배로 자신감을 상실한 조정은 아예 만리장성까지 후퇴해서 천하제일관天下第一關이라 불리던 천혜의 요새, 산해관을 지키는 쪽으로 의견을 모으고 있었다. 중국 역사상 군사적으로 최약체인 나라를 꼽으라면 보통 송나라를 꼽는데, 이때 명나라는 거의 송나라 수준의 국경선으로 후퇴를 결정한 것이다.

물론 산해관을 최전선으로 삼는 것은 나름의 이점이 있었다. 이 경우 방어선이 짧아지고 최전선까지의 거리가 가까워지는 만큼 병력 이동이나 군수품 공급 등 여러 가지 면에서 재정적 부담을 덜 수 있었다. 이미 전성기를 지나 국가적 역량이 많이 떨어진 명나라로서는 생각할 만한 전략이기는 했다.

하지만 원숭환의 생각은 달랐다. 산해관으로 전선이 후퇴하면 최전선과 수도인 베이징 사이의 거리가 너무 짧아진다. 산해관만 뚫리면 바로 베이징인 것이다. 산해관이 아무리 견고한 요새라고 해도 산해관 하나에 의지해 국가의 운명을 거는 것은 너무 위험한 도박이었다. 또 산해관을 제대로 방어하기 위해서라도 어차피 산해관 앞에서 1차 방어선을 형성해 줄 요새가 필요했다. 원숭환은 산해관을 방어하기 위한 1차 저지선으로 산해관에서 북동쪽으로 200리 정도 떨어진 영원성에 주목했다.

원숭환이 영원성에 주목한 이유는 지금 이 지역을 여행해 보아도 당장 납득할 수 있다. 베이징에서 산해관까지는 현재도 다양한 도로들이 사방으로 뻗어 있지만, 일단 산해관을 지나면 주요 도로는 오직 해변에 가깝게

붙은 한두 개의 도로로 좁혀진다. 산해관에서 만주에 이르는 랴오시 지방에는 해안가를 따라 좁은 평야만 존재하고 내륙으로는 곧장 산악지대가 펼쳐지기 때문이다. 스케일의 차이는 있지만, 함경도나 강원도의 좁은 해안지대를 떠올리면 이해가 될 것이다.

따라서 후금이 중국 본토를 정복할 정도의 대군을 이동시키려면 반드시 이 좁은 해안가를 따라 남하해야 한다. 산악지대로 우회해서는 약탈을 위한 소규모 부대라면 모를까 대부대는 이동이 불가능하기 때문이다. 만주에서 산해관까지는 오직 길이 하나뿐인 것이다. 그러면 산해관 앞에 한두 개의 강력한 요새만 건설해 놓아도 후금이 중원으로 진출하는 것은 몇 배 어려워질 수밖에 없다.

후금군이 영원성은 지나치고 곧장 산해관으로 나가는 방법을 생각할 수도 있다. 하지만 배후에 적의 강력한 요새를 둔 채 앞으로 나가는 것은 협공당할 위험을 고려할 때 선택하기 어려운 방법이다. 물론 압도적인 병력을 동원해서 영원성을 포위하고 그 상태에서 나머지 병력으로 중원을 공략하는 방법도 있다. 그러나 여기에는 정말 막대한 병력이 필요하다.

이 지역에서 이런 방법으로 전쟁을 한 역사가 한 번 있는데 바로 수나라 양제의 고구려 침공이다. 다만 수나라 양제는 백만대군을 동원했기 때문에 이런 방법을 쓸 수 있었지만, 후금은 그 정도 병력을 동원할 수 있는 나라가 아니었다. 결국 영원성을 꼭 점령해야만 산해관으로 나갈 수 있었다.

여기에 더해 영원성은 그 자체로도 천혜의 요새였다. 삼면이 산으로 둘러싸여 있고 남쪽은 바다에 면해 있어서 기병 돌격이 장기인 후금이 장기를 발휘하기 어려운 지형이었다. 또 바다 쪽으로는 각화도라는 제법 큰 섬까지 있어서 해상에서의 협동 작전과 보급에 활용할 수 있었다.

가까스로 공포에 빠진 조정을 설득해 영원성 재건의 허가를 받은 원숭환은 서둘러 보수를 시작했다. 촌각을 아끼며 강행한 영원성 보수 작업은 1년 만인 1624년 9월에 마무리된다. 산해관과 영원성을 잇는 명나라 최후의 보루가 완성된 것이다. 하지만 성곽을 보수하는 것만으로는 부족했다. 전성기에 비해 여러모로 허약한 상태의 명군이 후금군을 상대로 승리하기 위해서는 특별한 대책이 필요했다.

원숭환이 주목한 것은 화약 무기였다. 특히 이제는 병력 면에서도 우위를 차지한 후금의 대군을 상대하려면 대형 화약 무기가 필요했다. 다행스럽게도 이때 명나라에는 막 그런 무기가 도입된 상태였다. 바로 홍이포다. 기존에 사용되던 불랑기포나 호준포虎蹲包®보다 사거리가 길고 파괴력이 큰 홍이포는 원숭환에게는 후금의 철기병을 상대하기 위해 꼭 필요한 무기였다. 원숭환은 동원 가능한 모든 홍이포를 영원성으로 옮기고 병사들에게 사용법을 훈련시켰다.

〉〉〉 화약 무기로 3일 만에 전투를 끝내다 〈〈〈

원숭환이 영원성 보강에 여념이 없을 무렵 누르하치도 본격적인 원정을 준비하고 있었다. 랴오허강을 넘어 랴오시 지방까지 세력을 확장한 만큼 다음 목표는 당연히 베이징이었다. 목표가 베이징인 만큼 누르하치는 지금까지의 어떤 전투보다 많은 병력을 동원했다. 13만 명에 이르는 대병력이 누르하치를 따라 선양을 출발했다.

누르하치가 다가오자 영원성에는 긴장감이 감돌기 시작했다. 원숭환은 지난 시간 각고의 노력으로 영원성을 보강했다. 하지만 이 정도 보강 작업으로 지금까지 단 한 번을 이겨보지 못한 누르하치를 상대할 수 있을지는 의문이었다.

더구나 당시 산해관 북방에는 영원성 외에 명군이 전무한 상태였다. 누르하치가 다가온다는 소식에 다링허[大凌河], 샤오링허[小凌河], 탑산 등지의 명나라 지휘관들이 가옥과 곡식을 불태우고 도주했기 때문이다. 원숭환과 영원성에 남겨진 1만 명의 명군은 만리장성 이북에 섬처럼 고립된 채 누르하치의 대군을 맞게 되었다.

1626년 1월 23일, 드디어 누르하치의 대군이 영원성 앞에 도착했다. 성 앞에 도착한 누르하치의 태도는 여유로웠다. 누르하치 본인이 호언하던 대로 거병한 이후 한 번도 명나라에 패배해 본 적이 없는 군대였다. 병력이 열세일 때도 항상 이겼는데 압도적 병력을 이끌고 온 이번 전투에서 패한다는 것은 상상하기 어려웠을 것이다. 성을 포위한 누르하치는 원숭환에게 헛되게 저항하지 말고 당장 항복하라는 최후통첩을 보냈다.

하지만 원숭환의 대답은 간결했다. "의당사수義當死守 기유강리豈有降理" "당연히 죽음으로 지킬 뿐이다. 어찌 항복하는 것이 옳겠는가?" 원숭환은 단지 말로만 결기를 보이지 않았다. 홍이포의 대포가 연이어 불을 뿜기 시작했다.

전투 기록을 보면 누르하치는 홍이포에 대한 정보가 없었던 모양이다. 성에서 5리도 떨어지지 않은 지점에 진을 쳤기 때문이다. 아마 기존의 화

•　임진왜란 때 명군이 주로 사용하던 일종의 박격포. 거포 형태가 마치 호랑이가 앉은 자세와 같다고 해서 호준포라 불렸다.

포들이었다면 충분히 사정거리를 벗어나 후금군에게 피해를 주지 못했을 것이다. 하지만 홍이포의 사거리는 10리를 넘었다. 영원성에서 날아온 포탄들은 후금군의 진영을 직격하기 시작했다. 명군 측의 왕지신이 기록한 당시 상황이 『명실록』「희종철황제실록」에 실려 있다.

> 23일 적이 성 밖 서북쪽 5리에 진영을 설치했다. 성 위에 설치한 대포를 우리 편 장졸들이 줄지어 지켜보는 가운데 쏴서 적들 수십 명을 죽였다. 적들은 진영을 서쪽으로 더 이동시켰다.[15]

깜짝 놀란 누르하치는 서둘러 진영을 후퇴할 수밖에 없었다. 비록 큰 피해를 입은 것은 아니지만 초전부터 기세가 꺾이고 만 것이다. 후금은 이튿날인 24일에는 해가 뜨기도 전에 공격을 가하기 시작했다. 기습 공격으로 명군이 채 대비를 갖추기 전에 성벽을 넘기 위해서였다. 하지만 이번에도 명군이 쏘아대는 각종 화약 무기 앞에 후금군은 다수의 사상자만 남긴 채 물러나야 했다.

이틀간의 전투로 명군의 기세만 올려준 꼴이 된 누르하치는 3일째에는 드디어 직접 전장에 나섰다. 우는 아이의 울음도 멈춘다는 누르하치의 명성을 직접 보여줄 순간이 온 것이다. 공격 개시 시간도 이번에는 오후 늦은 시간으로 잡았다. 아마도 야간까지 전투를 끌고 가 끝장을 볼 심산이었을 것이다. 칸이 직접 나선 만큼 후금군의 공격은 지난 이틀과는 완전히 달랐다. 후금이 자랑하는 철기병과 공성용 무기가 총동원된 사생결단의 혈전이 펼쳐졌다. 당시 통역사로 명나라에 갔다가 우연히 영원성 전투에 참여하게 된 한원은 당시 상황을 기록했다.

그 내용이 『연려실기술』의 '인조조 고사본말'에 실려 있다.

적이 습격해 온다는 보고가 들어오자 숭환이 가마를 타고 망루(望樓)로 가서 한원 등과 함께 옛 역사를 논하고 글을 이야기할 뿐 조금도 걱정하는 기색이 없었다. 얼마 있다가 대포 한 방을 쏘니 포성이 천지를 뒤흔들므로 한원이 무서워서 머리를 들지 못하자, 숭환이 웃으면서 말하기를, "적이 왔다" 하였다. 곧 창문을 열고 내려다보니 적병이 들에 가득히 몰려오는데 성 안에서는 전혀 사람의 소리가 없었다. 그날 밤 적이 외성(外城)에 들어왔는데, 대개 숭환이 미리 외성을 비워두고 적을 유인한 것이다. 적이 병력을 합쳐 성을 공격하자 또 대포를 쏘니 성 위에서 일시에 불을 켜 천지를 환히 비추고 화살과 돌을 함께 떨어트렸다. 싸움이 바야흐로 치열해지자 성 안에서 성첩(城堞) 사이마다 매우 크고 긴 나무 궤를 성 밖으로 밀어냈는데, 반은 성첩에 걸치고 반은 성 밖으로 내놓으니 궤 속에 실상 갑사(甲士)가 엎드려 있다가 궤 위에 서서 내려다보며 화살과 돌을 던졌다. 이렇게 여러 차례 거듭하다가 성 위에서 마른 풀과 기름과 솜화약을 함께 던지니 얼마 후에 땅속에 묻었던 포(砲)가 크게 폭발하여 성 밖에서 안팎으로 흙과 돌이 두루 날아 흩어졌다. 불빛 속에서 오랑캐들을 바라보니 무수한 인마(人馬)가 함께 하늘로 솟구쳤다가 어지럽게 떨어지고 있었다. 이로써 적은 크게 꺾여 물러갔다. 이튿날 아침 적의 대열이 큰 들판 한쪽에 마치 잎사귀처럼 뭉쳐 모여 있는 것을 보고 숭환이 곧 예물을 갖추고 한 사람의 사자를 보내 인사하기를, "노장(老將, 누루하치)이 천하를 횡행한 지 오래됐는데, 오늘 나에게 패전당했으니 아마도 운수인가 보다" 하였다. 이때 누루하치는 먼저 중상을 입었는데, 이에 이르러 숭환에게 예물과 명마(名馬)를 갖추어 답례하고 다시 한번 싸울 기약을 했으나, 그로 말미암아 분통이 나서 죽었다고 했다.[16]

누르하치가 직접 나섰음에도 결과는 달라지지 않았다. 장군 하나 바뀌었을 뿐인데 명군은 완전히 다른 군대처럼 후금의 공격을 악착같이 막아 냈다. 겨우 3일간의 공격이었지만 아마도 누르하치는 공성전을 계속해 보았자 이기기 어려울 것이라는 사실을 절감한 듯하다. 평생을 냉정한 승부사로 산 누르하치는 미련을 깨끗하게 접고, 영원성에 대한 공략을 포기한 채 후퇴를 명령했다.

인간은 호되게 당하기 전에는 현실을 제대로 인식하지 못하지만 일단 호되게 당하고 나면 누구나 현실을 받아들이게 되는 법이다. 화약 무기에 참패하고 그 여파로 누르하치까지 사망하자 후금도 화약 무기의 가치에 비로소 눈을 뜨게 된다. 누르하치의 뒤를 이어 대칸에 즉위한 홍타이지는 곧 화약 무기를 얻기 위해 할 수 있는 모든 노력을 기울이기 시작했다. 처음에는 전쟁터에서 명군의 화약 무기를 노획해 재활용하는 수준이었지만 곧 자체 제작을 위한 기술 확보에 나서기 시작했다. 유목국가였던 만큼 본래부터 뛰어난 제철기술을 가지고 있지는 못했지만 후금에게는 훌륭한 제철기술을 가진 한족 포로들이 있었다.

홍타이지는 한족을 박해하던 아버지 누르하치의 정책을 완전히 뒤집어 한족을 적극적으로 우대하고 화약 무기 관련 기술을 흡수하기 시작했다. 포로로 잡혀와 노비 신분이던 자들을 자유민으로 해방시키고, 만주족과 대등하게 대우하기까지 했다. 이런 홍타이지의 노력은 곧 결실을 맺는다.

영원성 전투 5년만인 1631년, 후금은 당시 기준으로 가장 강력한 화약 무기라고 할 수 있는 홍이포의 자체 제작에 성공했다. 물론 이 홍이포 제작의 주요 공신들은 모두 한족 포로들이었다. 이제는 후금도 화약 무기로 무장한 화약 제국의 대열에 들어선 것이다. 덕분에 병자호란 때 남한산성에서 농성하던 조선군은 이제 청으로 이름을 바꾼 후금의 막강한 화력 앞에 성문을 열어야 했다.

> "제가 생각하기에 유럽과 동아시아의 차이는 아주 적었습니다. 1521년과 1522년에 도입한 포르투갈의 대포를 예로 들었는데요. 동아시아는 이 기술을 아주 빠르게 받아들였습니다. 화승총도 마찬가지입니다. 유럽인들이 화승총을 들여왔을 때, 포르투갈인들이 중국의 해안으로 화승총을 들고 왔을 때 아주 빠르게 받아들였습니다.
>
> 1543년에 일본에서도 같은 일이 있었어요. 난파선의 포르투갈 선원들이 일본인들에게 화승총을 보여주자 일본인들은 훌륭하다고 받아들이자고 했죠. 자료에 따르면 포르투갈인들은 사냥을 위해 총을 가져온 것이지만 일본은 1500년대 당시 전국적인 전쟁을 치르던 중이었습니다. 그래서 일본은 아주 빠르게 화승총을 도입했어요. 일본이 화승총을 도입했을 때 아마도 그 사용법에서는 유럽을 앞섰을 겁니다. 성능이나 보유한 총의 양도 유럽 이상이었죠. 동아시아가 일정 부분에서는 앞서 있었습니다.
>
> 그렇다고 해서 유럽이 특정 이점들을 갖고 있지 않았다는 것은 아니에요. 험난한 바다에서 힘을 발휘할 강력한 배가 있었고 아주 효과적인 요새 건축술이 있었습니다. 하지만 총이나 철물과 같은 우리가 일반적으로 생각하는 군사혁명에서 동아시아는 유럽과 동일한 수준이었거나 오히려 앞서 있었습니다. 일본, 한국, 중국, 모두요."[17]

이처럼 17세기를 기준으로 동아시아와 유럽의 화약 무기는 동등한 수준이었다. 당연히 유럽군과 동아시아군이 직접 총을 맞댄 몇 차례의 전투에서 결과는 항상 백중이거나 인적 자원이 풍부한 동아시아 쪽의 승리로 끝나고는 했다. 200년 후의 아편전쟁 같은 상황은 전혀 상상도 할 수 없는 일이었다.

문제는 동아시아의 화약혁명이 정확히 이 지점에서 멈추고 말았다는 사실이다. **거짓말처럼 화약혁명에 대한 열의는 사라지고 새로운 아이디어와 기술은 봉인되었다. 화약혁명에 관한 한 동아시아는 무려 200년 동안 어떤 기술적 진보도 거부한 채 제자리걸음을 한 것이다.** 도대체 이 기간 동안 동아시아에서는 무슨 일이 벌어진 것일까?

위기의식,
발전의 속도를 가르다

>>> **겐나엔부, 모든 하극상을 금하다** <<<

화약혁명에서 동아시아의 정체는 특정 국가에 국한된 것이 아니었다. 특히 17세기 초 전 세계에서 가장 많은 총기를 보유하고 있던 일본은 불과 200여 년만에 조총의 자취를 찾아볼 수 없을 만큼 가장 극적으로 변했다. 1763년 조선통신사의 일원으로 일본을 방문했던 원중거의 기록에서 이를 확인할 수 있다.

> 대개 이 나라에서 전쟁을 꺼린 것이 이미 200년이 되었으므로, 각 주에서는 감히 사사로이 군사를 조련하지 않는다. 조총에 이르러서는, 관청에서 기술을 시험하는 것 외에 개인적으로 총을 쏘는 자는 칼을 뽑아 드는 것과 같은 죄로 취급한다. 그러므로 우리 행차가 일본에 들어가서 말을 오르고 내릴 때 포를 쏘는 데 구경하는 자들이 모두 귀를 막고 두려워서 자리를 피하였다.[18]

원중거가 방문한 일본은 페르낭 멘데스 핀투가 다네가시마에 표류했던 때의 일본이 아니었다. 오다 노부나가 시대의 일본은 더더욱 아니었다. 세계에서 가장 많은 총을 보유하고 있던 일본인들이 이제는 총소리조차 두려워하게 된 것이다. 이 놀라운 변화의 시작은 아마 '오사카 여름 전투'와 '겐나엔부[元和偃武]'일 것이다.

1615년에 벌어진 오사카 여름 전투는 센고쿠시대의 끝을 알린 전투였다. 도쿠가와 이에야스가 오사카성을 함락시키고 도요토미 가문을 멸망시킴으로써 100년이 넘는 전란에 종지부를 찍었기 때문이다. 이 전투를 끝으로 자신에게 대항할 만한 세력을 일소한 이에야스는 이를 기념해 연호를 겐나로 바꾸고 모든 전쟁이 끝났음을 선언했다. 이를 '겐나엔부'라고 부른다.

'겐나'는 이때의 연호인 원화元和를 일본식으로 발음한 것이며, '엔부' 또한 '무기를 거둔다'는 뜻인 언무偃武의 일본식 발음인데 『서경』 「주서」의 '무성' 편에서 따왔다. 주나라 무왕이 은나라 주왕을 멸망시킨 후에 전쟁을 그치고 문치에 힘썼다는 『서경』의 고사 "왕래자상王來自商 지우풍至于豊 내언무수문乃偃武修文"에서 유래한 것으로, 왕이 상나라에서 돌아와 풍 땅에 이르러, 무력을 거두고 문덕을 닦았다는 의미다.[19] 이에야스는 이를 활용해 자신을 무왕에 빗대어 프로파간다했다.

겐나엔부는 단지 선언만은 아니었다. 이에야스는 마치 전쟁이라도 하듯이 필요한 후속 조치까지 동시에 밀어붙였다. 도쿠가와 막부의 국가 운영 원칙이라고 할 수 있는 '무가제법도武家諸法度'를 반포한 것이다. 오사카 전투가 끝나고 땅에 스며든 피가 채 마르기도 전이었다. 그야말로 한 손에는 칼을 들고 다른 손으로 계약서를 내민 격이었다.

센고쿠시대를 끝마친 도쿠가와 이에야스 ⓒ Kanō Tan'yū

'겐나엔부'를 통해 종전을 선언함으로써 무력 사용을 경계했다.

오사카 전투에서 무가제법도 반포에 이르기까지의 과정을 따라가다 보면 이에야스가 도요토미 가문을 도발하던 시점에서부터, 이미 치밀한 계획을 세우고 있었다는 느낌을 지울 수 없다. 개인적인 매력은 이른바 '3인의 천하인' 중 가장 떨어질지 몰라도 심모원려深謀遠慮의 치밀한 수법은 확실히 이에야스가 최고였다.

겐나엔부와 그 뒤를 이은 후속 조치들을 살펴보면 이에야스가 통일 이후의 일본을 어떻게 운영하려고 했는지를 알 수 있다. 첫 번째 조치라고 할 수 있는 '일국일성령一国一城令'에 이미 이에야스의 기본 전략이 모두 담겨 있다. 이에야스는 오사카 전투가 끝나자마자 일종의 전시 명령으로 '일국일성령'을 발령했다.

내용은 이름 그대로 한 명의 다이묘당 한 개의 성만을 유지해야 한다는 것이다. 이 조치에 따라 센고쿠시대 내내 우후죽순처럼 만들어진 성들과 요새들이 모두 허물어졌다. 물론 목적은 다이묘의 군사력을 축소해 막부에 대항하지 못하도록 하는 것이었다. 보통 일반적인 역사책에서는 여기까지만 이야기한다.

하지만 이것만이 목적은 아니었다. 하나의 영지에 하나의 성만 남기는 것은 다이묘에 대항하는 가신家臣들의 힘도 꺾는 효과가 있다. 다이묘의 영지에만 국한해서 생각하면 다이묘의 성만 남기고 가신들의 성은 다 부수는 효과가 있기 때문이다. 덕분에 다이묘에 대한 막부의 통제력 못지않게 가신들에 대한 다이묘의 통제력도 커지게 된다. 그러면 이 명령의 진정한 목적은 모든 형태의 하극상을 금하는 것이라고 보아야 할 것이다. 막부에 대한 다이묘의 하극상을 금한 것처럼 다이묘에 대한 가신들의 하극상도 엄격히 금지되었다.

후속 조치들도 하극상을 억제하고 기존 질서를 유지하는 데 목적이 있었다. 대표적인 것이 가신들의 탈번脫藩을 금지한 조치다. 특정한 다이묘 밑에서 일하던 무사가 다른 다이묘에게로 옮겨가는 것을 금지한 것인데, 요즘 식으로 말하면 취업의 자유를 박탈한 것이다.

이 조치 역시 다이묘의 가신에 대한 통제력을 높였다. 다이묘는 가신을 버릴 수 있지만, 가신은 다이묘를 버릴 수 없기 때문이다. 당연히 능력을 인정받아 더 높은 자리로 스카우트될 가능성도 사라졌다. 스카우트는커녕 무사가 탈번할 경우 추적대를 조직해서 뒤를 쫓아 잡아 죽였다. 이 정도면 거의 노예 취급이라고 해도 과언이 아닐 것이다. 센고쿠시대의 특징인 하극상 따위는 꿈도 꿀 수 없는 세상이 된 것이다. 뒤를 이어 기존 질서를 흔들고 하극상을 조장할 만한 모든 것을 금지하기 시작했다.

우선 해외 교류가 금지되었다. 이른바 쇄국령鎖國令을 발동한 것이다. 원래 16세기 동아시아는 전란에 휩싸이기는 했지만, 외부를 향해 열려 있는 매우 개방적인 세상이었다. 비록 명나라는 공식적으로 '해금'을 선언하고 사사로운 무역을 금했지만, 중국의 풍부한 물자와 방대한 시장은 세계 각국의 상인들을 끌어모으는 자석과 같았다.

본격적으로 대항해시대에 접어든 포르투갈이나 네덜란드, 영국이 진출해 왔고, 해적질과 상업 활동을 겸하는 중국인이나 일본인이 공식적인 무역 바깥에서 불법적인 무역 활동을 벌이고 있었다. 덕분에 남중국해와 필리핀, 베트남, 인도네시아에는 유럽인과 중국인, 일본인 그리고 현지인이 뒤엉킨 거대한 경제권이 형성되어 활발한 교류가 이루어졌다.

1613년에는 일본 동부의 센다이 번이 자체 제작한 서양식 범선으로 태평양을 건너 스페인령 멕시코에 사절단을 파견하기도 했다. 적절한 동기만 있다면 동아시아인들도 유럽인들처럼 세계의 바다를 항해할 준비는 얼마든지 되어 있었다는 뜻이다.

하지만 이런 활발한 해외 교류는 체제 안정을 최우선의 목표로 삼은 막부에게 매우 위험한 움직임으로 여겨졌다. 새로운 사상, 새로운 기술이 기존 질서를 흔들 가능성이 얼마든지 있기 때문이다. 도쿠가와 막부는 모든 해외 교류를 중단했을 뿐만 아니라 아예 그 가능성을 제거하기 위해 쌀 500석 이상을 실을 수 있는 대형 선박의 건조도 금지했다. 오직 연안 항해를 위한 소형 선박만이 허용되었다.

더구나 여기에서 해외 교류를 금지했다는 것은 단지 유럽과의 교류를 금지했다는 뜻만이 아니었다. 중국과의 교류도 금지했다. 덕분에 도쿠가와 막부 시대에 공식 외교 관계를 맺은 나라는 오직 조선과 네덜란드뿐이었고, 여기에 속국의 형태로 일본과 교류를 맺은 류큐나 홋카이도의 아이누 정도가 더 있었을 뿐이다.

같은 맥락에서 화약 무기도 금지되기 시작했다. 화약 무기는 기본적으로 개인의 무예 실력에 기반한 엘리트 무사 계급을 무력화하는 특징이 있다. 그런데 질서라는 측면에서 보면 이것도 일종의 하극상이다. 평생에 걸쳐 닦은 고급 무예를 시골 농부의 총알 한 방으로 끝장낼 수 있기 때문이다.

"화약 무기의 사용이 금지된 이유는 도쿠가와 막부가 일본에서 전쟁 지도자들 사이의 계속된 내전을 종결시켰기 때문입니다. 17세기 초에 그렇게 했죠. 한반도를 정복하려는 시도도 포기했습니다. 이렇게 해서 내부에서는 더 이상의 전쟁이 없었고 일본 외부로 나가려는 시도도 줄었습니다. 일본은 고립돼 있었어요. 그러니 싸움도 없고, 전쟁에 대한 지출도 없고, 일본 국민의 삶은 나아졌어요. 하지만 싸우면서 배우는 것도 없어졌죠. 그리고 외국으로부터 배우지도 못하게 됐어요. 최고의 기술을 습득하지 못했어요. 메이지유신 전까지는 이런 상황이었어요. 그래서 1500년대의 이 모든 초기의 진전이 17세기에 멈추게 됐습니다. 그리고 이 중단은 19세기 말까지 이어졌어요."[20]

처음 화약 무기가 등장했을 때는 이집트의 맘루크들도, 유럽의 기사들도 모두 화약 무기에 대해 적대감을 드러냈었다. 다만 유럽 내부의 지속적인 경쟁 상태는 이런 적대감과 혐오감에도 불구하고 화약 무기의 확산을 가져왔고, 화약 무기 없이는 패망할지도 모른다는 위기감 때문에 유럽의 기사들은 결국 말에서 내려왔다. 그러나 그런 경쟁을 두려워하지 않아도 되는 이집트 맘루크들은 화약 무기를 금지하고 계속 말 위에서 지배하는 쪽을 선택했다.

일본도 마찬가지다. 화약 무기가 처음 일본에 들어왔을 때는 센고쿠시대라는 무한 경쟁의 시기였기에 무사들도 혐오감을 접고 적극적으로 조총을 받아들였다. **하지만 이제 경쟁을 두려워하지 않아도 되는 시대가 되었으니 자신들의 기득권을 위협하는 조총은 당연히 금지해야 할 혐오스러운 물건이 되었다.** 일본에서 조총이 사라지기 시작한 것이다.

"1615년 오사카 전투를 끝으로 국내에서의 전쟁은 막을 내려 조총 제작량이 압도적으로 줄어듭니다. 조총은 방치되면 점점 녹이 슬고 열화돼 사용할 수 없게 되는데, 국내에서 제작된 조총들도 수요가 적었기에 버려지는 경우가 많았습니다. 또 일본이 평화의 시대에 접어들었기 때문에, 특히 조총을 사용한 싸움을 막부에서 엄격하게 제한했다고 볼 수 있겠네요. 여기에 더해 5대 쇼군

이었던 도쿠가와 쓰나요시가 내린 쇼루이아와레미노레이[生類憐みの令][●]에 의해 사냥에도 제약이 걸렸습니다. 이 때문에 일본에서는 조총의 사용이 더욱 감소했습니다."²¹

〉〉〉 시마바라의 난, 혐오의 대상이 된 조총 〈〈〈

화약 무기에 대한 일본 지배층의 태도가 부정적으로 변해갈 때 이런 흐름을 더욱 결정적으로 만든 사건이 일어났다. 규슈 북단의 시마바라에서 에도시대 최대의 민란이 일어난 것이다. 1637년의 일이다.

민란이 일어난 시마바라와 아마쿠사는 원래 오랫동안 기독교 계통의 다이묘가 통치하던 곳이었다. 임진왜란 당시 일본군의 선봉장으로 한양에 제일 먼저 입성한 고니시 유키나가가 아마쿠사의 영주였는데, 아우구스티노라는 세례명까지 가진 독실한 기독교도였다. 시마바라의 영주 역시 기독교도 다이묘로 유명한 아리마 하루노부였다. 여기에 더해 유럽과의 교역 창구인 나가사키와도 가까운 거리에 있었으니 기독교가 퍼지기에는 일본에서 가장 유리한 지역이었을 것이다. 덕분에 두 지역에는 상당히 많은 기독교 신자들이 존재했다.

하지만 기존 영주들이 여러 가지 이유로 쫓겨나고 마쓰쿠라 가문이 새로운 영주로 부임하자 기독교도와의 평화로운 공존은 옛일이 되고 만다. 허영심과 출세욕의 화신 같던 마쓰쿠라 부자는 자신의 영달을 위해 기독교도에 대한 가혹한 탄압에 앞장섰다. 일본 기독교의 수난사를 다룬 영화 〈사일런스〉의 도입부에 보면 유황 온천의 끓는 물로 기독교도들을 고문하는 장면이 나오는데 '운젠지옥'이라 불리는 온천지대에서 이 방법으로 기독교도들을 고문, 살해한 장본인이 바로 마쓰쿠라 부자다.

이들은 기독교도만 탄압한 것이 아니었다. 농민에 대한 수탈도 가혹하기 그지없었다. 막부가 본격적으로 에도성을 축성할 때 각 다이묘의 영지 규모에 따라 성곽 공사를 나누어 맡겼는데 마쓰쿠라 부자는 불과 4만 석의 영주이면서도 10만 석 이상의 영주들이 담당하는 공사 구역을 맡아 막부에 대한 충성을 과시했다. 물론 영지의 규모를 엄청나게 넘어서는 막대한 공사비는 시마바라 농민들의 고혈로 충당되었다.

이런 일이 한 번으로 끝나지도 않았다. 시마바라 성의 규모도 10만 석 이상의 규모로 축성했고, 엉뚱하게 필리핀을 정복한다면서 막대한 군비를 마련하기 위해 농민들을 쥐어짰다. 에도시대의 격언 중에 "농민과 참기름은 짜면 짤수록 더 나온다"는 말이 있는데 마쓰쿠라 부자야말로 이 격언의 신봉자들이었다. 이런 상황이 2대에 걸쳐 계속되자 시마바라의 농민들도 어차피 죽을 목숨이라는 심정으로 봉기하게 된다.

기독교 신앙과 농민들의 분노가 결합해서 일어난 민란은 들불처럼 시미바라와 아마쿠사 지역을 휩쓸었다. 처음에는 시마바라 번에서 자체적으로 진압을 시도했지만 분노한 농민들의 봉기는 시골의 작은 번이 감당할 수준을 넘어섰다. 규슈 지역의 다이묘들을 동원한 2차 진압 시도도 4000여 명의 전사자만 남긴 채 실패로 돌아갔다.

농민군의 실력은 예상을 넘는 것이었다. 거듭되는 진압 실패에 막부는 결국 전국적으로 동원령을 내려 무려 12만 명이 넘는 대병력을 투입했다.

• 　　　동물 살생 금지령. 살아 있는 것을 애석하게 여기라는 의미다.

이 정도 규모는 도쿠가와 막부의 마지막 대규모 전투인 오사카 여름 전투에 맞먹는 대병력이었다. 이 반란을 막부가 얼마나 심각하게 받아들였는지 알 수 있다. 막부가 전력을 다해 나서자 기세를 올리던 농민군도 더는 버티지 못했다. 어떤 외부 지원도 기대할 수 없는 상황에서 4개월 이상을 버텼지만 결국 농민들은 몰살당하고 말았다. 1638년 2월의 일이다.

하지만 막부 또한 겨우 4만 석 규모의 시골 영지에서 발생한 민란을 진압하는 데 엄청난 희생을 치러야 했다. 12만 명이 넘는 정예병력을 총동원하고도 1만 명이 넘는 병력을 잃었기 때문이다. 체제 안정을 최우선 과제로 삼고 있던 도쿠가와 막부는 같은 사태가 다시는 일어나지 않도록 근본적인 조치의 필요성을 느꼈다.

종교 탄압과 농민 수탈로 일어난 시마바라의 난 아키즈키 향토관 소장
질서를 어지럽히고 사무라이의 무예를 무력화시키는 조총은 혐오 대상이 되었다.

무엇보다 감히 미천한 농민군이 전문 무사 집단인 사무라이들에게 이 정도의 피해를 입힌 것은 도저히 묵과할 수 없는 일이었다. 당연히 이런 일을 가능하게 만든 원인을 제거해야 했다. 그리고 이런 사태를 만든 요인 중 하나는 물론 조총이었다. 막부에게 조총은 평생에 걸쳐 닦은 고급 무예를 무력화시키는 혐오스러운 무기였다. 결국 막부는 반란의 사상적 배경이 된 기독교에 대한 대대적인 탄압과 함께 겐나엔부 이후 시행해 오던 조총의 사용 금지를 더욱 강력하게 시행하기 시작했다.

막부가 조총에 대한 억제 정책을 어느 정도로 강력하게 시행했는지는 센고쿠시대에 조총 생산지로 이름 높던 쿠니토모[国友]의 변모를 통해 확인할 수 있다. 교토 인근의 대장장이 마을이었던 쿠니토모는 다네가시마에 조총이 전래된 지 불과 1년 후인 1544년부터 조총 생산을 시작한 지역이었다. 일단 조총 생산지로 명성을 얻자 너도나도 조총을 찾던 센고쿠시대에 쿠니토모의 대장장이들은 일감이 넘치는 호황기를 맞았다.

특히 조총 생산에 관심이 많던 오다 노부나가는 쿠니토모를 장악하자 이곳을 기존의 사카이와 함께 조총 생산의 양대 거점으로 육성했다. 덕분에 쿠니토모는 센고쿠 후기의 통일전쟁 기간과 임진왜란 동안 노부나가와 도요토미 히데요시에게 막대한 조총을 공급하며 호황을 누리게 된다.

도쿠가와 이에야스도 처음에는 쿠니토모의 조총을 활용하는 데 적극적이었다. 도요토미 가문과의 마지막 대결을 위해 조총의 활용 가치가 높았기 때문이다. 금지는커녕 조총의 공급을 독점하기 위해 전국의 조총 생산자들을 쿠니토모로 모으고 오직 막부를 위해서만 조총 생산이 가능하도록 조치할 정도였다. 이때가 쿠니토모의 전성기였다. 무려 73개의 대장간에서 500명 이상의 대장장이들이 조총 생산에 투입되었다고 한다.

하지만 이런 호황은 곧 종말을 맞았다. 겐나엔부와 시마바라의 난 이후 조총 주문량이 급감했기 때문이다. 막부의 허락 없이는 조총 생산이 불가능한 상태에서 막부마저 주문량을 급격히 줄여나가자 쿠니토모의 조총 산업은 그야말로 고사하기 시작했다. 결국 원중거가 일본을 방문하던 18세기 후반이 되자 쿠니토모에서는 짝수 해에는 35정의 대화승총을 만들고 홀수 해에는 250정의 소화승총을 만드는 것이 고작이었다.[22] 생존경쟁으로 촉발된 위기감이 사라지자 이집트에서처럼 일본에서도 화약 무기에 대한 무사들의 혐오감이 승리한 것이다.

⟩⟩⟩ 대청제국의 시대, 길 잃은 혁신 ⟨⟨⟨

일본이 화약 무기로부터 후퇴하던 순간, 중국에서도 변화가 일어나고 있었다. 명청교체기가 끝나고 청나라의 패권에 기반한 평화가 시작된 것이다. 청나라 조정은 일본의 막부처럼 공식적으로 화약 무기의 사용을 금지하지는 않았다. 하지만 삼번의 난*이 진압된 이후 이른바 강희, 옹정, 건륭 연간의 오랜 평화가 찾아오자 화약 무기의 필요성은 급속도로 줄어들기 시작했다.

간혹 청의 패권에 도전하는 유목민들이 있기는 했지만, 대청제국에 이들을 토벌하는 일은 황제의 영광을 보여주는 화려한 퍼포먼스에 불과했다. 비슷한 시기, 목걸이에 항상 자살용 독약을 넣고 전쟁터를 누볐던 프리드리히 2세의 절박감과는 비교할 수조차 없는 일이었다.

대청제국이 사용하던 군사비를 유럽과 비교해 보면 더욱 그 차이를 명확하게 알 수 있다. 18세기 동아시아와 유럽에서 가장 유명한 군주는 아마도 청나라의 건륭제와 프로이센의 프리드리히 2세일 텐데, 대체로 재위 기간이 겹치는 두 사람은 비슷한 시기에 전쟁도 벌였다. 각각 1755년과 1756년의 일이다. 유럽에서는 오스트리아와 프로이센 사이에 7년 전쟁**이 일어났고, 동아시아에서는 청나라에 의한 신장[新疆] 정복전쟁***이 일어났다.

이 전쟁에서 유럽의 오스트리아와 프로이센은 각각 3억 9200만 굴덴과 1억 5200만 탈러를 전쟁 비용으로 사용했다.²³ 이를 구매력 기준으로 환산하면 각각 50억 달러와 27억 달러 정도가 된다. 그러면 청나라는 신장에서 전쟁 비용을 얼마나 썼을까? 건륭제 재위 중에 벌어진 가장 큰 정복전쟁으로 알려진 이 전쟁에서 청나라가 사용한 비용은 대략 1700만 냥 정도라고 한다.²⁴ 쌀값을 기준으로 환산하면 18억 달러가 조금 넘는 금액이다.

훨씬 작은 나라인 프로이센이 청나라보다도 많은 돈을 전쟁에 쓰고 있었던 셈이다. 이 정도로만 이야기하면 감이 잘 안 올 텐데 당시 프로이센의 인구는 300만 명 정도였고 청나라의 인구는 3억 명 정도였다. 프로이센은 100배나 큰 나라보다 더 많은 군사비를 썼다. 더구나 이렇게 엄청난 돈을 쓰고 있었는데도 적국인 오스트리아는 두 배 가까운 군사비를 쓰고 있

- 청나라에 투항한 후 중국 남부에 거대한 영지를 소유하고 있던 한족 출신 장군들인 윈난[雲南]의 오삼계, 광둥[廣東]의 상지신, 푸젠[福建]의 경정충이 일으킨 난. 중국을 반분할 정도로 규모가 컸지만 1683년 최종적으로 진압되고 이후 강희제에서 시작하는 청나라의 전성기가 시작된다.
- ** 오스트리아 왕위 계승전쟁에서 프로이센에 패배해 독일 동부의 비옥한 슐레지엔을 빼앗긴 오스트리아가 그곳을 되찾기 위해 프로이센과 벌인 전쟁. 프랑스, 러시아, 오스트리아에 포위된 프리드리히 2세는 악전고투를 거듭해야 했다.
- *** 청나라에 귀순했던 중가르 지역의 칸 아무르사나가 반란을 일으키자 이를 정벌하기 위해 시작된 정복전쟁. 중가르 지역을 제압한 건륭제는 이곳을 새로운 영토라는 의미의 '신장'이라고 이름 지었다.

었다. 프리드리히 2세가 전투에서 패하면 죽겠다는 각오로, 독약이 든 병을 목에 걸고 다녔던 심정도 이해가 갈 만하다.

청나라의 입장은 프로이센과 정반대였다. 프로이센은 국가 예산의 90퍼센트를 군사비로 쓰면서도 주변 강국보다 절대적인 군사비가 더 적었다. 그러나 청나라의 군사비는 100분의 1 규모의 소국인 프로이센보다 적었지만 항상 주변국을 압도하는 수준이었다. 청나라 주변의 적국들이 청나라와 비교조차 할 수 없는 빈약한 자원을 가진 세력이었기 때문이다. 이런 상황이었으니 청나라의 건륭제는 전쟁에서 진다거나 독약을 먹는다거나 하는 일은 아마 상상조차 하지 않았을 것이다.

심지어 청나라는 앞선 명나라보다도 안보상의 위협이 적었다. 명나라는 그나마 북로남왜北虜南倭라고 해서 북방의 유목민족과 남방의 왜구가 항상 중국을 위협하고 있었다. 하지만 만리장성 너머의 유목지대에서 출발한 청나라는 박지원이 『열하일기』에서 지적한 대로 만리장성을 품고 있는 형국이라 북방에 대해 걱정할 필요가 없었고, 마침 일본도 안정적인 에도 막부의 시대였던지라 왜구에 대한 걱정도 없었다.

한마디로 어떤 안보상의 위협도 없는 완벽한 평화가 100년 넘게 이어진 것이다. 이런 상황이었으니 청나라의 지배계급이 유목 전사의 자존심을 버리면서까지 화약 무기에 매달릴 이유는 전혀 없었다.

"청나라는 세계에서 가장 뛰어난 군사 강국이었습니다. 엄청난 넓이의 영토를 정복했고, 러시아를 물리쳤죠. 세계의 어떤 군과도 맞서 싸울 수 있었습니다. 어떤 유럽 국가와 싸워도 아마 잘했을 거예요. 하지만 1700년대 중반에 그것이 변합니다. 왜 그런가가 의문이죠. 그 답은 청나라가 너무 성공적이었기 때문입니다. 1700년대 중반에 주변의 모든 적을 물리쳤고 두려워하는 상대가 아무도 없었습니다.

뭐 때문에 군사 분야에 투자를 하겠어요? 총이나 대포에 투자하는 것은 매우 많은 비용이 듭니다. 당신이 인정받는 강대국이고 모든 게 평화롭다면 뭐 하러 투자하겠어요? 조선의 경우도 비슷합니다. 조선은 만주 청나라의 평화 아래에서 지내고 있었어요. 전쟁에 투자할 이유가 전혀 없었어요. 일본도 마찬가지입니다."[25]

이 문제는 단지 과거의 대제국들에만 국한된 것은 아니다. 현대의 대기업들조차 비슷한 이유로 혁신을 거부하거나 혁신에 뒤처지고는 한다.

"성공한 대기업들은 자신들이 하는 일을 매우 잘합니다. 아주 우수합니다. 오늘날 좋은 회사의 전망을 보자면, 큰 기술회사와 제조회사, 운송회사 들은 자신들이 하는 일을 매우 잘합니다. 좋은 소식이죠. 나쁜 소식은 뭔가를 정말 잘하게 되면 다른 것을 하기 위해 시스템을 변경하는 게 어려워진다는 겁니다.

조직이 운영되는 방식의 논리는 현재 수익을 내는 제품과 서비스에 집중돼 있습니다. 이 회사들이 변화를 거부하고 있는 것은 아니에요. 이 회사의 리더들은 매우 똑똑합니다. 정말 똑똑한 리더들이죠. 잘 교육받은 경영자들로, 최고의 경영대학을 졸업했고 최고의 기술대학을 졸업했어요. 그들은 변화가 필요하다는 것을 알아요.

문제는 그들의 회사가 이미 시장에서 좋은 수익을 내는 제품과 서비스를 생산하고 있다는 겁니다. 그러니 그들에게는 이상하고 조화롭지 못한 아이디어를 실험할 필요가 없는 거죠. 이게 대기업이 곤란에 처하는 혁신의 비밀입니다."[26]

결과적으로 17세기 이후 동아시아에서 화약 무기는 잊히거나 정체되어 갔다. 당연히 홍이포나 조총의 뒤를 잇는 신무기 개발은 생각하지도 못할 일이 되었다. 신무기는커녕 가지고 있던 홍이포나 조총조차 창고에서 녹이 슬어갔다. 급기야 19세기 일본 근해에서의 침몰 사고로 일본 땅에 상륙한 미국 선원은 일본성에 실제 대포는 없고 대포를 그린 큰 걸개그림만이 걸려 있는 것을 목격할 지경이었다.[27] **생존경쟁이 사라지고, 위기의식이 사라지자 화약혁명도 함께 사라진 것이다.**

> "그동안 유럽은 계속해서 싸웠습니다. 영국은 프랑스와 싸웠고, 프랑스에서는 모두가 모두를 상대로 싸웠어요. 특히 나폴레옹 전쟁에서 그랬죠. 동아시아가 비교적 평화로웠을 때 유럽인들은 싸우기 위해 무기를 연마하고 있었어요. 그게 1800년대가 시작됐을 때 동아시아가 뒤처진 주요 원인이라 생각합니다.
> 단순히 유럽은 전쟁 연습을 했지만, 동아시아는 연습하지 못한 거예요. 사람들이 오랫동안 원인이라 생각했던 유교나 과학에 대한 반감, 문화적으로 낙후된 탓이 아닙니다. 그저 그들이 싸울 필요가 없었기 때문입니다. 그리고 1839년 이후, 중국이 영국을 상대로 싸웠을 때 동아시아에서 군사혁명이 다시 시작됐습니다."[28]

17세기 이후의 군사혁신이 동아시아에서 중단되고, 유럽에서 계속된 원인은 결국 위기의식의 차이다. 독약을 항상 목에 걸고 다녀야 할 정도로 절박한 위기의식 속에 살아가는 자와 전쟁을 자신의 영광을 보여주기 위한 퍼포먼스 정도로 여겨도 되는 자의 차이라고 할 수도 있다. **생존경쟁의 치열한 정도가 결국 위기의식의 차이를 만들어낸 것이다.**

유럽과 같이 비슷한 규모와 실력을 갖춘 국가들이 경쟁하는 곳에서는 새로운 기술을 받아들일 수밖에 없는 강제력이 존재했다. 이웃 나라가 언제 공격할지 모르는 상황에서 군사적 혁신을 거부하는 것은 곧바로 파멸을 의미했기 때문이다. **생존경쟁이 위기의식을 낳고 위기의식이 혁신을 강제한 것이다.**

하지만 동아시아에서는 그런 걱정을 할 필요가 없었다. 청나라의 패권은 압도적이었고 조선이나 일본도 자국 역사에서 유례를 찾기 어려운 오랜 평화를 누렸다. 이런 상황에서 기존 권력의 이익에 반하는 혁신은 자연스럽게 이루어질 수 없었다. **혁신이라는 수레바퀴는 생존경쟁과 위기의식이라는 강제력 없이는 앞으로 굴러갈 수 없기 때문이다.**

PART
IV

혁신가의 또 다른 이름,
반역자

"무장한 예언자는
모두 성공하는 반면
무장하지 않은 예언자는
예외 없이 실패한다."

— 니콜로 마키아벨리

일본 시모노세키에 가면 춘범루春帆楼라는 이름의 고급 료칸이 있다. 일본에서 복요리가 처음 허가된 1호점으로 유명한데, 이 료칸 옆에는 특이하게도 중국인의 이름을 딴 골목길이 있다. 길 이름은 '이홍장로路'. 청나라 양무운동의 거두이자 북양대신이었던 이홍장의 이름을 딴 길이다.

청나라 대신의 이름이 기이하게도 시모노세키에 남아 있는 이유는 이 춘범루가 1895년에 체결된 시모노세키조약의 현장이기 때문이다. 지금도 춘범루 옆에는 시모노세키조약 현장의 모습을 그대로 보존하고 있는 '일청강화기념관'이 자리 잡고 있다. 청나라의 전권대사인 이홍장은 이곳을 방문해서 일본 측 대표인 이토 히로부미와 시모노세키조약을 체결했다. 청일전쟁의 전후 처리를 위해 체결된 이 조약은 우리에게도 가혹한 앞날을 예고하는 것이었지만, 청나라에도 가혹한 불평등조약이었다.

아편전쟁 이후 청나라가 굴욕적인 조약을 체결한 것은 한두 번이 아니었지만 시모노세키조약은 청나라로서는 특별히 굴욕적인 조약이었다. 그

나마 지금까지 체결한 불평등조약의 상대는 서양 제국주의 세력이었고, 서세동점이라는 시대 상황에 비추어 볼 때 유럽 국가에 굴복하는 것은 아시아의 모든 나라들이 당하는 일이었다. 하지만 같은 아시아 국가에 그것도 수천 년간 중화제국의 변방 취급을 해온 일본에 무릎을 꿇고, 영토까지 빼앗기는 것은 또 다른 차원의 굴욕감을 안기는 일이었다.

조약 체결을 위해 시모노세키를 방문한 이홍장은 개인적으로도 굴욕을 겪어야 했다. 협상 닷새째인 3월 24일 극우 괴한에게 총격을 받은 것이다. 얼굴에 총격을 입은 이홍장은 보름이 넘은 4월 10일에야 다시 회담에 참석할 수 있었다. 이 사건 이후 안전을 위해 숙소인 인접사에서 춘범루까지 왕복했던 골목길이 바로 이홍장로다. 대로로 다니지도 못하고 골목길로 숨어 다닌 셈이다. 그렇게 이홍장은 청나라의 몰락과 자신이 주도해 온 양무운동의 파멸을 스스로의 손으로 확인해야 했다.

반면 일본을 대표해 회담에 참석한 이토 히로부미는 인생의 최정점을 맛보고 있었다. 서양을 따라잡는다는 개항 이래의 목표가 드디어 결실을 맺은 것이다. 서양 제국주의 세력의 일원으로서, 그들과 똑같은 입장에서 청나라에 불평등조약을 강요하는 것이 이토 히로부미와 외무대신 무쓰 무네미쓰에게는 실로 감개무량한 일이었을 것이다. 아마 개항 이후 자신들이 앞장서 온 메이지유신의 성공을 확인받는 기분이었으리라. 탈아입구 脫亞入歐*의 구호가 현실이 되는 날이 온 것이다.

결과적으로는 이처럼 확연하게 명암이 갈리고 말았지만, 사실 청나라의 양무파들과 일본의 유신파들이 활동을 시작하던 1860년대 당시에 이런 결과가 나오리라고 예상한 사람은 아무도 없었다. 나중에 자세히 설명하겠지만 혁신의 첫발을 떼었을 때, 이홍장으로 대표되는 양무파와 이토 히로부미가 말석을 차지하고 있던 유신파 사이의 차이는 그리 크지 않았다. 큰 틀에서는 거의 비슷한 사고방식을 가지고 있었다고 보아도 무방할 것이다.

혹자는 한쪽이 실패하고 다른 한쪽이 성공한 원인으로 리더들의 자질이나 양국의 문화적 차이를 거론하기도 하지만 그것은 결과를 놓고 이야기했을 때나 그럴듯해 보이는 설명이다. 양무파도 유신파 못지않게 넓은 안목과 헌신성을 갖추고 있었고 서양에 대해 특별히 더 강한 편견을 가지고 있지도 않았다. 솔직히 말해서 교양의 높이나 지식의 양으로 따진다면 과거에 급제한 엘리트들인 증국번이나 이홍장이 하급 무사에 불과한 이토 히로부미나 무쓰 무네미쓰보다 훨씬 뛰어났을 것이다. 하지만 개혁의 성패는 개인의 자질이나 교양의 높이와 무관했다.

자본주의의 맹아가 있었느냐 없었느냐 같은 경제적 성숙도에서도 양국의 차이는 크지 않았다. 비록 에도시대 일본이 상당한 상업적 발달을 이룬 것은 사실이지만, 이미 송나라 때부터 번영을 구가한 중국 양쯔강 유역에 비할 바는 아니었다. 19세기 일본이 근대화에 유리한 토대를 가지고 있었다는 가정은 이미 아무도 믿지 않는 가설일 뿐이다. 그렇다면 도대체 어떤 이유일까?

"무엇이 이들의 명암을 가른 것일까? 양무파와 유신파의 결정적 차이는 무엇이었을까?"

• 　　일본 개화기의 사상가 후쿠자와 유키치가 일본의 나아갈 길을 제시한 논설. 글자 그대로 '아시아를 벗어나 유럽으로 들어간다'는 뜻이다.

지금부터는 이 질문에 대한 나름의 설명을 해나갈 것이다. 그런데 결론에서 제시될 이 차이는 어쩌면 매우 사소한 것으로 보일 수도 있다. 문화적 배경이나 경제적 성숙도, 지도자의 자질과 비교해 보면 그리 중요한 문제도 아닌 것처럼 느껴질 수 있다는 뜻이다. 하지만 이 사소한 차이는 나폴레옹이 늘 이야기하던 "잔을 넘치게 하는 마지막 한 방울"이었다.

청나라 vs 영국,
아편전쟁으로 시작된 근대

>>> **오랜 평화의 종결** <<<

　유럽사에서 근대의 기점을 언제로 잡을 것인가 하는 문제는 결코 간단하지 않다. 근대란 무엇인가에 대한 관점에 따라 그 시작이 달라지기 때문이다. 멀리는 중세적인 사고방식이 붕괴하기 시작한 르네상스를 근대의 시작으로 잡기도 하고, 가깝게는 미국의 독립혁명이나 프랑스 대혁명을 근대의 시작으로 잡기도 한다. 이 경우에는 시민사회의 형성을 중요한 잣대로 삼는다. 당연히 이 사이에는 관점에 따른 다양한 기점이 존재한다. 금속활자의 발명이 제시되기도 하고, 신성로마제국의 붕괴나 부르주아 계급의 등장을 기점으로 삼기도 한다.

　반면 동아시아에서 근대의 기점을 잡는 것은 비교적 간단한 문제다. 누구나 동의할 만한 기점이 존재하기 때문이다. 심지어 정확한 연도도 제시할 수 있다. **바로 1840년이다.** 동아시아에서 근대의 기점을 잡는 일이 이토록 명쾌한 이유는 동아시아의 근대가 외부의 충격으로 벼락처럼 시작되었기 때문이다. **아편전쟁.** 그 이전 시대를 중세라 부르건 근세°라 부르건 아편전쟁은 전통 사회를 더는 유지할 수 없게 만든 충격과 균열을 동아시아에 남겼다.

아편전쟁의 발발 원인과 전개 과정에 대해서는 많이 알려져 있기도 하거니와 이 책의 주요 관심사도 아니다. 따라서 임칙서의 아편 소각이나 영국 의회에서의 논란°°은 이야기하지 않을 작정이다. 하지만 동아시아가 받은 충격의 정도를 이해하기 위해 아편전쟁에서 청나라가 어느 정도로 일방적인 패배를 당했는지는 알아둘 필요가 있다.

전쟁이 시작될 무렵 청나라는 결과에 대해 낙관적이었다. 임칙서도 예외는 아니었다. 전쟁을 대비하는 과정에서 서양 신문을 번역해 분석하고, 영국 여왕에게 아편 무역에 대한 항의서를 보낼 정도로 합리적이던 그였다. 그러나 전쟁의 먹구름이 몰려들 무렵 흠차대신°°°이었던 임칙서는 황제에게 보낸 보고서에서 서양 오랑캐 병사들이 그저 총이나 화포만 다룰 줄 알지 창과 칼의 사용법은 잘 모르며, 직접 싸워보면 별 어려움 없이 제압할 수 있을 것이라고 자신감을 표하기까지 했다.

지난 200년간 유럽 세력과 직접 총칼을 맞대보지 않은 청나라는 명나라가 17세기 포르투갈이나 네덜란드 해군을 어렵지 않게 처리했던 것처럼 19세기 영국 해군도 처리할 수 있다고 생각했다. 하지만 화약혁명에 이어 산업혁명의 세례까지 받은 영국의 화력은 상상을 초월하는 것이었다. 특히 개전 초기의 탐색전이 끝나고 영국이 본격적인 공세를 시작하자 제압은커녕 청군이 할 수 있는 일은 거의 없었다.

1840년의 전쟁 첫해에 영국 지휘부는 강경한 자세로 일관하는 임칙서

대신 베이징의 황제와 직접 교섭하는 것을 목표로 삼았다. 어차피 총을 뽑은 이상 황제를 직접 협박하기로 마음먹은 것이다. 이 때문에 영국 함대는 분쟁이 발생한 중국 남부의 광저우[廣州]를 우회해서 아예 베이징의 외항인 톈진[天津]으로 진출했다. 물론 베이징까지 공격할 생각은 아니었다. 베이징에 있는 황제에게 충격을 주는 것이 목적이었을 것이다.

효과는 확실했다. 서양 오랑캐가 턱밑에 이르렀다는 소식에 청나라 황제 도광제는 크게 당황했다. 무엄하게도 사태를 이 지경으로 만든 임칙서는 당연히 경질되었으며, 영국의 기대대로 협상이 시작되었다. 하지만 이 협상은 결국 결렬되고 만다. 결정적으로 청나라 정부가 영국에 대한 홍콩섬의 할양을 거부했기 때문이다. 아무리 전세가 불리하다고 해도 중국 황제가 서양 오랑캐에게 땅을 바친다는 것은 참을 수 없는 치욕으로 여겨졌다. 결국 이듬해인 1841년에 전투가 재개되었다.

전쟁 첫해에 압도적인 승리에도 불구하고 원하는 결과를 얻지 못한 영국은 두 번째 해에는 매운맛을 확실히 보여주기로 했다. 협박 수준을 넘어 아예 숨통을 움켜쥐기로 한 것이다. 이에 따라 두 번째 해에 영국은 양쯔강 장악에 전략의 초점을 맞추었다. 양쯔강이 중국의 아킬레스건이라고 생각한 것인데, 결과적으로 양쯔강을 노린 영국의 전략은 성공적이었다.

•　　한국과 일본의 역사학계에서 주로 사용하는 근세라는 용어는 근대적인 성향은 아직 뚜렷이 나타나지 않으나, 중세의 사회와 역사에서는 많은 변화가 있다는 의미에서 설정된 것이다. 한국에서는 조선시대 정도에 해당하고 일본에서는 센고쿠시대에서 에도시대까지를 가리킨다.

••　　제국주의 시대의 영국인들도 최소한의 양심은 있었는지 이 전쟁은 영국 의회에서도 논란이 많았다. 특히 자유당의 윌리엄 글래드스턴은 "그 기원과 원인을 놓고 볼 때 이것만큼 부정한 전쟁, 이것만큼 영국을 불명예로 빠뜨리게 될 전쟁을 나는 이제껏 보지 못했습니다"라며 전쟁을 비난했다.

•••　통상적인 행정절차로 해결할 수 없는 특정 사안에 대해 황제로부터 전권을 위임받아 대처하는 관직. 삼품(三品) 이상의 고위 관리를 임명했는데, 임칙서 또한 아편 문제를 해결하기 위해 임명되었다.

양쯔강은 바다에 비견될 만한 강폭과 깊이를 자랑하던 만큼, 영국 해군은 마음대로 활동하며 이곳을 완벽하게 장악할 수 있었다. 결과를 예측하기 어려운 지상전과 달리 전쟁을 치르는 데 부담이 없었기 때문이다.

특히 중국의 경제구조는 강남에서 생산된 물자를 강북에서 소비하는 형태였기 때문에 이를 통째로 무너뜨리기 위해서는 양쯔강과 대운하를 연결하는 전장[鎭江]을 점령하는 것이 중요했다. 전장이 무너지면 대운하가 봉쇄되고, 대운하가 봉쇄되면 중국 북부는 끼니를 걱정해야 했다. 적은 병력으로 인구 4억 명이 넘는 청나라를 굴복시켜야 하는 영국으로서는 손쉽게 상대의 숨통을 조일 수 있는 최고의 전략이었던 셈이다.

함대를 이끌고 임시 집결지인 홍콩섬을 출발한 영국 원정군 사령관 헨리 포틴저는 1841년 8월 26일 푸젠성[福建省]의 주요 항구인 샤먼[廈門]을 장악한 후 다시 계속 북상해서 10월 1일에 닝보 앞바다에 위치한 저우산[舟山]을 점령했다. 그리고 며칠 지나지 않아 남중국해 최대의 항구였던 닝보도 영국군의 손에 넘어갔다. 불과 한두 달 사이에 영국이 남중국해의 전략적 거점을 모두 장악한 셈인데, 더욱 놀라운 것은 영국 측의 피해였다. 이 광대한 영역을 장악하는 동안 병력 손실은 10여 명에 불과했다.

이런 압도적인 패배에도 불구하고 청나라는 아직 패배를 인정할 생각이 없었다. 바닷가 항구들이야 해군력이 뛰어난 영국에 당할 수밖에 없어도 일단 내륙으로 들어오면 자신들이 유리하다고 판단했다. 하지만 영국군이 양쯔강을 따라 내륙으로 진입하자 곧 이런 생각이 착각이라는 사실이 밝혀졌다. 결정타를 입힌 것은 1842년 7월 20일의 전장 함락이었다.

대운하의 출발점 역할을 하던 전장의 요새가 점령당함으로써 중국 경제의 대동맥인 대운하가 봉쇄되고 중국은 경제적으로 남부와 북부가 완

영국인조차 외면한 불명예의 아편전쟁 ⓒ Edward H. Cree

동아시아는 이후 외부의 힘으로 벼락 같은 근대를 맞이하게 되었다.

전히 분단되고 만다. 베이징이 끼니를 걱정해야 하는, 설마설마하던 상황이 벌어진 것이다.

사태가 이 지경에 이르자 강경한 자세를 보이던 도광제도 힘으로 서양 오랑캐를 물리치는 것이 불가능하다는 것을 인정했다. 전권대사가 임명되고 영국과의 협상이 시작되었다. 이 협상의 결과가 청나라가 처음으로 체결한 불평등조약인 '난징조약'이다.

전쟁의 경과를 살펴보면 알겠지만, 아편전쟁은 신기할 정도로 영국의 의도대로 진행되었다. 예측불허에 충동적이기까지 한 전쟁의 신 아레스의 성격처럼 전쟁은 원래 예측이 안되는 법이다. 프로이센의 전설적인 참모총장 몰트케도 "아무리 훌륭한 전투 계획이라도 첫 총성이 울리는 순간 쓸모가 없어진다"고 말하지 않았는가?

그런데 아편전쟁은 일관되게 영국의 의도가 고스란히 관철되었다. 베이징을 협박하려고 마음먹건, 대운하를 봉쇄하려고 마음먹건 모든 전투가 영국의 의도대로 진행되었다. 어지간한 전력 차로는 이런 결과가 나오기 어렵다. **어른과 어린아이의 싸움이라야 가능한 결과다. 1840년의 영국과 중국의 차이는 그 정도였다.**

이런 충격적인 결과 앞에서도 청나라 조정의 반응은 태평스러웠다. 중국의 힘이 다소 수그러드는 수세의 시기에 처한 것은 사실이지만, 오랑캐들에게 일정한 경제적 이득을 주고 평화를 확보하는 전통적인 기미책*일 뿐이라는 식으로 상황을 호도하고 있었다. 일종의 정신 승리를 도모한 셈이다. 하지만 중앙정부의 반응이 이랬다고 해서 청나라에 현실을 직시한 사람이 아무도 없었다고 오해하면 곤란하다. 4억 명이 넘는 중국인 중에 인물이 없을 리 있겠는가?

>>> 통찰은 현실을 직시하는 자에게만 찾아온다 <<<

우선 아편전쟁의 최전선에 있던 임칙서부터 정부의 안이한 자세와는 전혀 다른 인식을 보였다. 앞서도 잠시 언급한 것처럼 임칙서는 결코 대책 없이 강경책만 부르짖는 막무가내의 척화파가 아니었다. 전쟁을 준비하면서 서양 신문들을 구해 번역할 정도로 정보 수집의 중요성을 충분히 알고 있었다.

당연히 임칙서는 전쟁 중에도 정보 수집을 게을리하지 않았다. 서양 신문을 비롯한 각종 자료를 수집해서 번역하고, 영국인 포로들을 신문해서 새로운 정보를 알아내려고 노력했다. 선교사 등 고급 정보를 가진 서양의 지식인들과도 교류하며 정보 수집의 정확성을 높이기도 했다.

그렇다고 단지 전쟁 상황에만 국한해서 근시안적 정보만 수집한 것도 아니었다. 되도록 서양에 대한 종합적 정보를 얻기 위해 노력했는데, 적의 기술력이나 경제력 등에 대한 포괄적 지식이 있어야만 올바른 대책을 세울 수 있다고 믿었기 때문이다. 아마도 아편전쟁 직후를 기준으로는 임칙서가 동아시아에서 서양에 대한 가장 광범위하고 정확한 정보를 가지고 있었을 것이다. 그럼에도 불구하고 임칙서는 톈진으로 진출한 영국 함대를 막지 못한 책임으로 귀양길에 오를 수밖에 없었다.

귀양길에서 임칙서는 위원을 만나 저녁을 함께 보냈는데, 이때 자신이 모은 자료를 위원에게 넘겨주며 서양 사정을 정확하게 이해할 수 있는 책

---

* 　　중국의 역대 왕조가 주변 이민족에 취한 전통적 통치 정책. 무력에 의한 직접 통치가 아니라 외교적 술책을 통해 이민족을 제어하는 방법을 말한다. 기(羈)란 말의 굴레, 미(縻)란 소의 고삐라는 뜻으로 매어둔다는 의미다.

의 저술을 부탁했다. 그렇게 위원은 임칙서의 자료를 기반으로 다시 자신이 수집한 정보를 더해 책을 완성했다. 바로『해국도지』다.

이 책의 분석은 아편전쟁에서 청나라가 벌인 어이없는 행태와 비교할 때 이례적일 정도로 정확했다. 위원이 가지고 있던 진보적 통찰을 알아보기 위해『해국도지』몇 구절을 인용해 보겠다.

> 특히 영국이 뛰어났는데, 영국은 종교를 전파하는 데 애쓰지 않고 상업에 전념했으며, 상업을 권장하면서 또한 군사력을 키웠다. 군사력과 상업이 서로 돕도록 해 마침내 작은 섬나라가 강력한 나라가 되었다.[1]

> 서양 세력을 제어하려면 우선 그들의 사정을 아는 데서 시작해야만 한다. 서양의 사정을 잘 알고자 한다면, 우선 번역을 위한 기관을 세우고, 서양의 서적을 번역하는 데서 시작해야만 한다. … 서양의 뛰어난 점은 세 가지가 있다. 첫째는 군함, 둘째는 화기, 셋째는 군사의 육성과 훈련 방법이다.[2]

제국주의의 본질을 정확히 파악하고, 서양의 힘을 단지 그들의 하드웨어뿐 아니라 군대의 기율 같은 소프트웨어적인 면에서도 파악하고 있다. 그만큼 위원의 통찰은 날카로웠다. 심지어 위원은 미국 민주주의 모델에 대해서도 비교적 정확하게 이해하고 있었는데 사뭇 긍정적이기까지 했다.

> 수백 년 이래 미국은 빠른 속도로 강한 나라가 되었는데, 나라의 성공이 백성들의 노력에서 시작되었다는 것을 잘 알 수 있다. 미국은 비록 왕을 세우지는 않지만, 주지사를 세워 정치를 행함에 여론을 잘 살핀다. 공표한 것은 반드시

시행하고 잘못된 일이 생기면 필히 보고한다. 또 업무 처리는 간단하고 신속하게 행하며 법률이 엄정하니 현명한 군주가 다스리는 것과 다르지 않다.[3]

위원의 책을 통해 알 수 있는 것처럼 청나라의 진보적 지식인들은 결코 중앙정부와 같은 안이한 인식에 빠져 있지는 않았다. 서양의 강점을 정확하게 이해하고 있었으며, 중국이 지금 이대로 있다가는 망국의 치욕을 겪을 것이라는 사실도 분명히 인지하고 있었다. 충분한 위기의식을 가지고 있었다는 뜻이다. 심지어 서양과 평화협정을 맺은 기간을 허비하지 말고 한시바삐 개혁에 나서야 한다고 주장할 정도였다. 그만큼 개혁에 대한 분명한 의지도 있었다.

간혹 결과만을 가지고 과정까지 단죄하느라 19세기 청나라를 '무능'이라는 단어로만 평가하고는 하는데, 이런 사고방식은 현실을 정확히 이해하는 데 결코 도움이 되지 않는다. 임칙서나 위원처럼 청나라에도 상황을 정확하게 인식하고 있던 일군의 관료들과 지식인들이 분명히 있었다. 앞으로 글을 읽어 나가면서 이 부분을 분명히 기억해 주기 바란다.

위원의 책은 청나라에만 머무르지 않았다. 서양의 위협 앞에 위기감을 느끼고 있던 것은 청나라만이 아니었기 때문이다. 『해국도지』가 대중적으로 출판된 해가 1844년인데 이미 이해에 조선과 일본으로 『해국도지』가 수입되고 있었다. 책이 수입되자 조선과 일본의 진보적 지식인들도 모두 앞다투어 위원의 책을 읽고 국가 개혁의 필요성을 주장하기 시작했다. 대표적인 인물이 일본의 요시다 쇼인이다.

요시다 쇼인은 한마디로 이토 히로부미를 비롯한 유신파의 사상적 스승이었다. 1854년 쇼인은 대담하게도 일본을 개항시키려 내항한 페리 함대에 몰래 올라탔다가 붙잡힌 적이 있었다. 미국으로의 밀항을 시도한 것이었는데, 이때 쇼인이 쓴 도항 요청서인 「투이서」를 보면 위원의 책이 끼친 영향을 확인할 수 있다.

> 중국의 책을 읽고 유럽과 미국의 사정을 알게 되어 다섯 대륙을 주유(周遊)하려는 마음이 생겼다. 그러나 우리나라는 해금(海禁)이 매우 엄중해 외국인이 국내로 들어오는 것과 일본인이 외국에 가는 것을 모두 허용치 않는다.[4]

여기에서 언급한 중국의 책이 바로 『해국도지』다. 이처럼 일본의 유신파들도 처음에는 청나라의 책을 읽으며 새로운 세상을 꿈꾸었다. **그런 점에서 동아시아에서 혁신의 첫걸음은 오히려 청나라의 지식인들이 시작했다고 보아야 할 것이다.**

> "아편전쟁과 중국의 실패는 중국 지식계와 사대부들에게 사상적으로 매우 큰 변화를 일으켰습니다. 아편전쟁 이후 당시 중국 지식인들은 세계 지리와 형세를 연구하기 시작했고 아편전쟁이 발발했을 때 임칙서는 주변 인물들과 함께 『사지서』를 씁니다. 제1부는 세계 지리에 관한 중요 저작인데, 이를 기반으로 『해국도지』가 쓰여집니다. 1842년에 초판이 나왔습니다. 그리고 1847년에 개정판이 출판됐습니다. 원래 50권에서 개정판은 60~70권으로 확장됩니다. 1852년에는 두 번째 개정판이 출판돼 100권이 됩니다. 『해국도지』는 당시 세계의 경제와 정치, 지리 등 여러 분야의 상황을 담고 있습니다. 이 책에서 가장 중요한 명제는 위원이 제기한 '사이장기이제이(师夷长技以制夷)'입니다. 적의 장기를 본받아 적을 다스린다는 뜻이죠.

그리고 또 다른 학자도 있습니다. 서계여라는 학자인데요. 서계여 또한 세계 역사와 지리를 다룬 저서를 썼습니다. 『영환지략』을 저술했죠. 이 책에서 서계여는 서양의 민주주의를 긍정적으로 인정했습니다. 당시 중국 지식인들은 눈을 뜨고 세계를 보기 시작했고 세계정세에 관심을 가지기 시작했습니다. 이것이 아편전쟁 이후 중국 사상계에 생긴 변화입니다. 이런 변화는 동아시아, 특히 일본에 가장 큰 영향을 미치게 됩니다. 『해국도지』가 일본에 전해져 이 책이 출판된 후 일본 사상계에도 큰 영향을 미쳤습니다. 일본에서도 세계의 움직임을 의식하게 됐습니다."[5]

"그로 인해 일본의 지식층은 큰 충격을 받아요. 예를 들어 막부는 이때까지 이국선타불령(異国船打払令)이라는 법령을 내걸었는데, 그걸 급히 폐지하고 외국선이 입항하면 물과 연료를 보급해도 된다는 신수급여령(薪水給与令)을 발령합니다. 그리고 지식인들 중 대부분은 청나라의 전철을 따르고 싶지 않다는 이유로 큰 위기의식을 느끼게 됩니다. 그게 그 후의 개혁으로 이어진 거죠."[6]

삿초 vs 영국,
근대화에 눈을 뜬 두 차례 전쟁

>>> 시모노세키 전쟁, 서양 함대의 힘을 절감하다 <<<

시모노세키 역사박물관에 가면 재미있는 유물을 하나 발견할 수 있다. '모쿠호오[木砲]', 나무 대포다. 이름을 보고 설마 하는 마음이 들겠지만 이름 그대로 나무로 만든 대포. 실제로 사용되었다는 설도 있고 위협용으로 모양만 만든 것이라는 설도 있지만 직접 보면 사용하기 위해 만들었다는 것을 알 수 있다.

나무 두 토막을 깎아서 몸체를 만든 후 대나무같이 인장강도가 뛰어난 재질로 둘레를 감싸 보강했는데, 그저 위협용이라면 구태여 부족한 인장강도를 보강하기 위해 대나무를 두를 이유가 없지 않은가? 한두 발만 쏴도 망가졌을 것이 분명하고, 위력도 시원치 않았겠지만, 실전에서 사용하기 위해 만든 것만은 분명하다. 실제로 사용된 기록도 있다. 시모노세키 전쟁 때의 일이다.

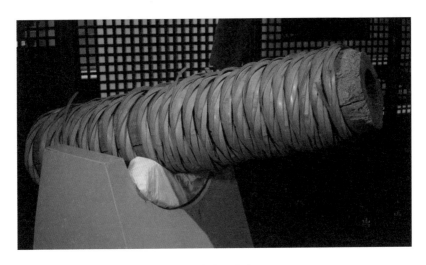

나무 대포 '모쿠호오'
조슈 번과 영국 해군 간의 시모노세키 전쟁에서 사용된 것으로 보인다.

우리에게는 조금 낯선 시모노세키 전쟁은 1864년에 벌어진 조슈 번과 영국 해군을 중심으로 한 연합군과의 전쟁이었다. 한 해전인 1863년에 조슈 번이 서양의 민간 선박에 대해 무차별 포격을 가한 것이 전쟁의 원인이었다. 우리도 그랬고 중국도 그랬지만 외압에 의해 개항을 한 후 나라 전체가 극도의 혼란에 빠지는 것은 일본도 마찬가지였다.

1854년 미국 페리 함대의 강압에 못 이겨 개항한 이후 일본은 어쩔 수 없이 이루어진 개항을 기정사실로 하려는 막부와 외세 척결을 주장하는 존왕양이尊王攘夷●파 사이의 갈등으로 일대 혼란에 빠져들었다. 특히 조슈 번 출신의 과격한 존왕양이파는 천황을 등에 업고 막부에 대해 즉각적인

●　　춘추시대 패자(覇者)들의 표어. 주 왕조의 천자(天子)를 내세우고, 외부의 이민족을 물리친다는 의미로, 이를 일본에서 차용한 것이다. 조슈 번과 사쓰마 번, 미토 번 등이 막부의 개항 정책에 반대해 천황을 중심으로 외세를 배격한다는 뜻으로 사용했다.

양이를 요구했는데 막부가 적극적인 행동을 보이지 않자 아예 자체적으로 서양 상선을 공격한다는 과격한 행동에 나선 것이다.

> "시모노세키 전쟁은 1863년에 조슈 번이 외국과 맺은 조약을 파기하고 이적(夷狄)을 격퇴하고자 하는 파약양이론을 방침으로 내세워 막부에게 양이를 촉구한 데서 시작합니다. 하지만 이적을 상대로 전쟁을 거는 것은 현실적으로 어려웠습니다. 상황이 마음대로 돌아가지 않자 조슈 번은 일부러 자신의 영지인 시모노세키에서 외국선을 포격하고, 외국이 그에 반격해서 조슈를 공격하는 사태가 일어나게 된 거죠."[7]

조슈 번의 영토인 시모노세키는 일본 내해로 들어가는 관문 역할을 하고 있었기 때문에 중국을 거쳐 일본으로 들어오는 대부분의 상선들이 이곳을 지나갔다. 그런 상황에서 조슈 번의 존왕양이파가 이 배들에 무차별 포격을 가한 것이었다. 불의의 습격을 당하고 제대로 반격도 못 한 채 도망가는 서양 상선을 보고 존왕양이파는 함성을 올렸다. 하지만 승리의 함성은 그리 오래가지 못했다.

명백한 마약인 아편을 빼앗겼다는 이유로도 전쟁을 일으킨 영국이 멀쩡한 상선에 포격을 가한 일본을 가만둘 리 없었다. 곧 영국을 중심으로 피해를 입은 프랑스, 네덜란드, 미국이 참여한 연합함대가 구성되었다. 물론 조슈 번 측에서도 이런 결과를 예상하지 않고 일을 벌인 것은 아니었다. 조슈 번의 존왕양이파도 나름대로 계산은 있었다. 마이크 타이슨의 말처럼 "얻어맞기 전까지는 누구나 그럴싸한 계획을 가지고 있"는 법이다.

조슈 번의 전략은 간단했다. '서양 함대가 일본에 비해 우월한 화력을 가지고 있더라도 전쟁을 벌이려면 어차피 육지에 상륙해야 한다. 그렇게 상륙해서 육지에서 전투가 벌어지면 결국에는 탁월한 검술 실력을 지닌 일본의 사무라이들이 승리한다.'

여러분은 이 전략을 어디에서 한번 본 기억이 있을 것이다. 그렇다. 청나라가 아편전쟁에서 영국을 상대했을 때도 똑같은 전략을 가지고 있었다. 물론 막상 전쟁이 벌어지자 청나라는 자신들의 계획이 착각이라는 사실을 깨닫는다. 일본의 존왕양이파 또한 뼈아픈 깨달음을 얻게 된다.

1864년 8월 5일 시모노세키 근해에 집결한 연합함대의 일제 함포사격으로 전투가 시작되었다. 당연히 조슈 번의 대포들도 대응 사격을 시작했다. 조슈 번은 나무 함선을 동원해서 연합함대의 배를 공격했는데 아마도 이때 근거리 전투용으로 나무 대포를 사용한 것으로 보인다.

하지만 조슈 번의 시도는 모두 실패로 끝나고 만다. 나무 대포를 포함해서 조슈 번이 보유한 구식 대포로는 최신식 서양 함대에 흠집조차 낼 수 없었다. 전투 개시 한 시간 만에 일본 측 포대는 모두 파괴되고 연합함대 측은 별 저항 없이 상륙해 일본의 구식 대포를 기념품으로 노획해 갔다. 지금도 파리의 앵발리드 군사박물관 야외 전시장에는 이때 노획한 대포들이 전시되어 있다.

아마 당시 시모노세키에는 1858년 2차 아편전쟁 때의 다구포대[大沽炮台]•, 1871년 신미양요 때의 덕진진과 크게 다르지 않은 풍경이 펼쳐졌을 것이다. 조슈 번은 결국 연합함대에 굴복하고 시모노세키에 건설한 포대의 파

•   1858년 2차 아편전쟁 개전 직후 벌어진 전투 장소. 베이징으로 들어가는 입구에서 벌어진 전투가 영불연합군의 승리로 돌아간 결과 청나라는 톈진조약을 체결하게 된다.

괴, 시모노세키항 추가 개항 및 배상금 지불을 조건으로 평화협정을 체결한다. 전쟁의 과정을 보면 알겠지만, 이 전쟁도 규모의 차이가 있을 뿐 아편전쟁과 크게 다르지 않다. 서양의 무력을 경시하고 전쟁을 도발했다가 일방적으로 패배당한 후 굴욕적 조약을 맺는 것까지, 똑같은 패턴을 밟고 있다.

동아시아의 개항 과정에는 몇 가지 선입견이 있다. 그중 하나가 일본은 개항 과정에서 매우 유능한 대처로 빠른 근대화에 성공했을 것이라는 생각이다. 일본이 비서구권 국가 중 유일하게 근대화에 성공한 탓에, 이 선입견은 청나라나 조선이 무능했을 것이라는 편견과 쌍을 이루며 의심할 필요 없는 진실로 받아들여진다.

하지만 실제 역사는 그리 간단하지 않다. 일본에도 청나라만큼이나 완고한 존왕양이파들이 존재했고, 청나라가 그랬듯이 충분히 두들겨 맞고 나서야 현실을 직시하기 시작했다.

손쉽게 승리를 내준 시모노세키 전쟁 ⓒ Jean-Baptiste Henri Durand-Brager
조슈 번의 완벽한 패배는 서양 기술에 대한 존왕양이파의 사고를 바꾸었다.

>>> 패전 이후 존왕양이의 일신 <<<

흥미로운 사실은 조슈 번의 라이벌로 메이지유신의 양대 기둥 역할을 한 사쓰마 번도 똑같은 일을 벌이다가 된통 당한 경험이 있다는 것이다. 1863년의 '사쓰에이 전쟁'이다. 전쟁의 발단은 나마무기 사건이라는 일종의 문화 충돌이었다.

사건이 일어난 1862년 8월 21일, 영국 상인 찰스 레녹스 리처드슨 일행은 홍콩으로 돌아가기 전에 가벼운 기분으로 도카이도●를 여행하고 있었다. 네 명 모두 말을 탄 채 개항장인 요코하마에서 출발한 일행은 개항장 북쪽의 나마무기 마을을 지나다가 사쓰마 번 다이묘의 아버지인 시마즈 히사미쓰 행렬과 마주쳤다.

이때 히사미쓰는 비록 다이묘는 아니었지만, 다이묘의 아버지로 사실상의 다이묘 행세를 하고 있었다. 조선으로 치면 흥선대원군과 비슷한 위치에 있던 셈이다. 당연히 번의 실권을 한 손에 거머쥐고 있었고 이 행차도 유력한 다이묘의 행차에 준해서 400여 명의 호위대를 거느린 대규모 행차였다. 그리고 다이묘의 행차가 지나가면 일본의 평민들은 반드시 땅에 엎드려서 고개를 조아려야 했다. 고개를 조아리지 않으면 불경죄를 범한 것으로 간주해서 그 자리에서 베어버려도 문제가 되지 않았다.

리처드슨 일행과 마주친 히사미쓰의 경호 무사들은 영국인들에게 말

● 일본의 간사이[關西]와 간토[關東] 지방을 연결하던 육로. 에도에서 시작해 교토까지 약 495.5킬로미터에 이르는 거리를 연결했다. 에도 막부 시기 세키가하라 전투 이후인 1601년, 육로를 따라서 총 53개의 역참이 세워졌으며, 이 역참을 중심으로 상업이 크게 발달하면서 일본의 주요 간선 육로로 성장했다.

에서 내려 예의를 표할 것을 요구했다. 하지만 일본어를 못하는 데다 일본 문화에 익숙하지 못했던 리처드슨 일행은 그저 신기한 구경거리를 만난 관광객의 마음으로 히사미쓰의 행렬을 지나쳤다.

결국 서로를 이해하지 못하는 두 행렬이 마주치자 사달이 나고 말았다. 말을 탄 채 가마 가까이에 다가온 리처드슨 일행을 위협으로 간주한 사쓰마 번의 사무라이들은 칼을 빼 들고 영국 상인들을 공격했다. 조슈 번처럼 외국인 혐오 정서가 강한 사쓰마 번인 만큼 무사들은 칼끝에 인정을 두지 않았다. 제일 먼저 공격을 받은 리처드슨은 그 자리에서 즉사하고 나머지 일행은 간신히 목숨을 건져 필사적으로 도망쳤다.

누누이 말한 것처럼 마약도 보호하는 영국이 멀쩡한 자국 상인이 살해를 당했는데 가만 있을 리 없었다. 영국은 중앙정부 격인 막부에 대해 공식 사과와 배상금 10만 파운드, 사쓰마 번에 대해 범인 공개 처벌과 리처드슨 유족에 대한 배상금 2만 5000파운드를 요구하고, 이를 거부할 경우 사쓰마 번에 대한 무력행사에 나서겠다고 밝혔다.

나마무기 사건을 일으킨 시마즈 히사미쓰
ⓒ Harada Naojirō
영국에 침략할 명목을 또 한 차례 제공한 결과 사쓰에이 전쟁이 일어났다.

막부는 이 요구를 받아들였지만, 문제는 사건을 일으킨 사쓰마 번이었다. 사쓰마 번은 영국의 배상 요구를 완강히 거부했다. 다이묘의 행렬을 어지럽힌 자를 베어버리는 것은 당연한 권리이고 잘못은 영국 상인에게 있으니 배상금이나 책임자 처벌은 있을 수 없다고 버텼다. 협상은 결렬되었고 남은 순서는 대포와 칼로 승부를 보는 것이었다.

마침내 1863년 6월 27일, 영국 해군의 함대가 사쓰마 번의 가고시마만으로 진입하기 시작했다. 전투 결과는 시모노세키와 비슷했다. 사쓰마 번도 영국의 침공을 예상해 해안포대를 강화하고 육상 전투에 대비했지만, 근대적인 함포사격을 당해낼 재간은 없었다. 해안포대는 완파되고 가고시마 시내는 불바다가 되고 만다.

다행인 것은 영국이 청나라에서 벌이고 있던 군사행동*의 영향으로 일본에 신경을 오래 쓸 수 없다는 점이었다. 영국 함대는 사쓰마 번을 적당히 혼내준 것에 만족하고 배상금 지급을 약속받은 후 함대를 물렀다. 이 전투가 바로 '사쓰에이 전쟁'이다. 의미 그대로 사쓰마 번과 영국 간의 전쟁이라는 뜻이다. 3일간의 포격전이 전부였으니, 이를 전쟁으로 표현하는 일본과 달리 영국에서는 전쟁이라고 생각하지도 않는다고 한다. 영국식 명칭은 '가고시마 포격전Bombardment of Kagoshima'이다.

무모한 도발과 일방적 패배로 끝났지만, 두 전투는 분명한 성과도 남겼다. 무엇보다 완고한 존왕양이파들이 이 전투를 계기로 서양에 대한 시각을 획기적으로 바꾸게 되었던 것이다. 서양은 기존의 방식대로 싸워서 이

---

* 당시 영국은 2차 아편전쟁의 전후 처리와 태평천국의 난에 대한 적극적 개입을 통해 청나라에서 막대한 이권을 확보하는 데 동아시아 정책의 주안점을 두고 있었다. 당연히 조슈 번이나 사쓰마 번 정도의 소규모 영주들에게 신경 쓸 상황이 아니었다.

길 수 없는 존재였다. 이런 깨달음으로 특히 존왕양이파의 본산지 역할을 하던 조슈 번에 생긴 변화는 놀라운 것이었다.

조슈 번의 존왕양이파는 시모노세키 전쟁의 패배와 뒤이은 막부의 토벌로 번의 권력을 잃고 궁지에 몰렸던 상황이었다. 하지만 이내 위기를 타개하고 쿠데타를 통해 다시 번의 권력을 장악하는 데 성공한다. 그리고 이때의 주역이던 다카스키 신사쿠는 집권 이후 오히려 조슈 번의 군사력을 완전히 서양식으로 재편하기 시작했다. 물론 과거의 동지들인 완고한 존왕양이파들이 반발했지만 신사쿠가 내세운 논리는 간결했다.

"서양에 이기기 위해서는 서양을 배워야 한다."

신국神國 일본에서 서양인들을 몰아내야 한다는 '양이론'에서 서양과의 싸움에서 이기려면 서양 문명을 받아들여야 한다는 '문명개화론'으로 전격적인 전향을 한 것이다. 신사쿠는 이를 더 큰 의미의 양이, 이른바 대양이大壤夷라고 불렀다. 존왕양이파가 유신파로 거듭나는 순간이었다.

> "조슈 번 측을 살펴보면, 조슈 번은 소위 양이를 실행했습니다. 그런데 서유럽은 암스트롱 포나 엔필드 소총 같은 최신식 라이플 무기를 갖추고 있었기 때문에 사정거리와 위력에 큰 차이를 느끼게 되죠. 조슈 번은 이를 몸소 체험한 것을 계기로, 새로운 서양 무기를 도입하게 됩니다. 이는 그 전해인 1863년의 사쓰에이 전쟁에서도 같은데, 사쓰마 측은 구식의 조총뿐인데, 영국 측은 라이플을 사용하고 있었죠. 사쓰마 번은 새로운 병기의 우위성을 체감했기에 군사개혁을 추진하게 됐어요. 일본의 유신 과정에서 두 전쟁은 매우 중요한 전쟁이었다는 걸 알 수 있습니다."[8]

농민군 vs 상승군,
양무운동을 촉발한 내전

〉〉〉 태평천국의 난, 언제 망해도 이상하지 않은 나라 〈〈〈

해가 진 뒤에야 날아오르는 미네르바의 부엉이처럼, 당해보아야 정신을 차리는 청나라 정부도 드디어 정신을 바짝 차릴 수밖에 없는 상황에 직면한다. 일본이 존왕양이파의 준동으로 일대 혼란으로 빠져들던 시기, 청나라도 태평천국의 난과 2차 아편전쟁으로 이번에는 진짜 나라가 망할 지경에 몰리고 만다.

불행인지 다행인지 모르겠지만 1차 아편전쟁의 피해는 생각보다 크지 않았다. 우선 적국인 영국의 목표가 협박을 통한 개항이라는 제한된 것이었고, 덕분에 전투 지역도 양쯔강 이남으로 국한되었다. 물론 전쟁은 패했고, 전쟁 이후 체결한 조약 내용은 치욕적이었다. 하지만 생각해 보면 중국 왕조가 이민족에게 굴욕적 조약을 체결당한 것이 처음 있는 일도 아니었다.

예를 들어 송나라는 '전연의 맹약'을 시작으로 이민족과 툭하면 굴욕적 조약을 체결했지만 그런 상태에서도 왕조를 300년이나 유지해 나갔다. 당시 청나라 관료들의 사고방식을 이해하기 위해 송나라가 요나라와 체결한 전연의 맹약과 청나라가 영국과 체결한 난징조약을 청나라 관료의 시각에서 한번 비교해 보자.

요나라의 침공으로 일방적인 수세에 몰린 송나라는 1004년에 이른바 전연의 맹약이라는 조약을 체결했다. 이 조약에서 송나라는 매년 은 10만 냥, 비단 20만 필의 세폐歲幣를 요나라에 바치고 요나라의 황제를 대등한 황제로 인정해야 했다. 물론 국경에 교역장을 열어 요나라가 송나라와 자유롭게 교역하는 것도 허락해야 했다.

반면 난징조약으로 청나라는 일시불로 아편값을 물어주었을 뿐 매년 세폐를 바치는 굴욕은 당하지 않았다. 영국을 대등한 존재로 인정해야 했고 항구를 열어 자유로운 교역을 허락해야 했지만, 그뿐이었다. 전통적인 사고에 입각하자면 이 정도 조건은 '전연의 맹약'에 비해 양호한 편이라고 생각되었을 것이다.

물론 200년 후를 살고 있는 우리는 이때부터 시대가 완전히 변해서 근대가 시작되고, 산업혁명의 위력이 발휘되고, 서세동점의 시대가 열렸다는 것을 알고 있다. 우리에게 전연의 맹약과 난징조약을 비교하는 것은 분명 어불성설이다.

하지만 19세기 청나라 정부는 생각이 달랐다. 그때까지 문화적으로 뒤떨어진 이민족과의 교섭 경험밖에 없던 청나라로서는 전연의 맹약에 비하면 선방했다고 생각하는 것이 오히려 자연스러웠을 것이다. 심지어 송나라가 그랬듯이 이 상태로도 오랫동안 평화를 유지할 수 있으리라 기대하기까지 했다. 하지만 그런 기대는 몇 년을 가지 못하고 파국을 맞게 된다. 1856년에 애로호 사건과 함께 2차 아편전쟁이 시작된 것이다.

1차 아편전쟁의 원인이 아편 무역에 대한 영국의 어처구니없는 억지였던 것처럼 애로호 전쟁이라 불리는 2차 아편전쟁도 영국의 억지 주장으로 시작되었다. 전쟁의 발단이 된 애로호는 원래 상선으로 위장한 해적선으로, 영국인이 선장으로 고용되어 중국인 선원들을 지휘하고 있었다. 이 배를 중국 관원이 단속에 나서 해적으로 의심되는 중국 선원들을 체포한 것이 사건의 발단이었다. 중국 영해의 해적선에서 중국인 해적들을 중국 정부가 체포한, 너무나도 당연한 사법행위였지만 이 배에 영국 국기가 걸려 있다는 점이 문제였다.

영국 국기가 모독당했다고 판단한 영국은 즉각 청나라에 사과와 배상을 요구했다. 정당한 사법행위에 부당한 간섭을 한다고 생각한 청나라는 당연히 영국의 요구를 거부했다. 하지만 청나라의 정당한 거부 행위는 오히려 영국이 원하던 것이었다.

영국은 청나라의 거부 의사를 기다렸다는 듯이 청나라에 전쟁을 선포했다. 그렇지 않아도 개항장에서 만족할 만한 경제적 이득을 얻지 못하고 있던 영국은 이번 기회에 청나라의 완전한 굴복을 받아낼 심산이었다. 목표가 청나라의 완전한 굴복인 만큼 영국은 프랑스까지 끌어들여서 연합군을 만들었다.

비록 1차 아편전쟁의 영향으로 임칙서나 위원 같은 선각자들이 등장하기는 했지만, 그때까지 청나라는 전통적인 세계관의 틀을 벗어나지 못하고 있었다. 그런 상황에서 유럽의 양대 강국인 영국과 프랑스가 작정하고 전쟁을 벌이자 감당할 수 없는 패배를 겪기 시작했다.

1차 아편전쟁에서는 주요 전투가 모두 양쯔강 이남에서 벌어졌지만, 이번에는 보하이만[渤海灣]과 베이징이 주전장이 되었다. 천자인 함풍제가 러허[熱河]로 도망가고, 황제의 별궁인 원명원이 약탈당했으며, 자금성에 영국과 프랑스의 국기가 휘날렸다. 이어진 베이징조약이 지난번 난징조약에 비해 훨씬 가혹해진 것은 당연한 결과였다.

청나라를 멸망 직전까지 몰아넣은 것은 영국만이 아니었다. 내부에서도 '태평천국太平天國의 난'이라는 대규모 농민반란이 1850년에 터져 나왔다. 전통적인 시각에서도 농민반란은 왕조의 몰락이 다가왔음을 알리는 신호탄이었다. 무엇보다 청나라의 정규군인 팔기군과 녹영은 농민군에 불과한 태평천국에게 상대가 되지 않았다. 순식간에 우창[武昌]과 난징이 함락되고 양쯔강 유역이 태평천국의 손안에 들어갔다.

"태평천국은 장모의 난[長毛之亂]이나 장발의 난[長髮之亂]이라고 불리는데요. 이들이 청나라에 대항하는 의미로 변발을 하지 않고 머리를 길렀기 때문입니다. 1850년에서 1864년까지 벌어진 대규모 내전으로 장쑤성[江蘇省], 저장성[浙江省], 안후이성[安徽省], 후베이성[湖北省] 등에서 주요 전투가 벌어졌습니다. 하지만 14년 동안 중국의 거의 모든 지역이 이 전쟁의 영향을 받았습니다. 태평천국은 청나라가 성립한 이래로 중국에서 벌어진 가장 큰 전쟁이었으며, 인류 전체 역사를 통틀어도 가장 무자비하고 유혈이 낭자했던 내전 중 하나로 손꼽힙니다. 이 내전으로 죽은 사람은 많게는 7000만 명 정도로 추산될 정도입니다."[9]

남쪽에서는 태평천국이 영역을 확대하고 북쪽에서는 영불연합군에게 베이징이 함락되던 1860년의 청나라는 내일 당장 망해도 이상하지 않은

청나라의 국운을 뒤흔든 태평천국의 난 ⓒWu Youru

청나라 정규군이 제 역할을 못 하는 사이 태평천국의 기세는 더욱 커졌다.

상군을 조직한 증국번
관군을 대신해 태평천국의 난을 진압할 향용을 처음으로
꾸렸다.

상태였다. 아니, 망하지 않으면 오히려 이상할 지경이었다. 하지만 사태가
이 지경에 이르자 드디어 청나라도 굼뜬 몸을 움직이기 시작했다. 이 변화
의 선봉에 선 사람들이 바로 한족 출신의 양무파 관료들이었다. 이들은
고위직 관료인 예부시랑 증국번을 필두로 했다.

　태평천국의 난이 시작되던 무렵 모친상으로 고향에 내려와 있던 증국번
은 청나라 정규군이 제 몫을 못 하는 상황에서 태평천국에 대항하기 위한
새로운 군대인 향용을 조직했다. 지방의 유력자가 지역에 뿌리내린 자신
의 인맥을 기반으로 군대를 조직한 것으로, 우리 식으로 표현하자면 의병
이라고 할 수 있다. 이때 증국번이 모집한 향용을 상군湘軍이라고 하는데,
상湘은 증국번의 고향인 상향湘鄕에서 따온 말이다.

부패하고 무능했던 관군을 대신한 향용은 엄격한 군기와 끈끈한 의리를 기반으로 강한 군대로 거듭나기 시작했다. 다만 이때 등장한 향용은 아직 근대적인 군대는 아니었다. 군대조직의 기본 원리 또한 명나라 말의 명장 척계광이 쓴 『기효신서』였다. 근대적이기는커녕 명나라 말에 활약하던 남군南軍*의 전통을 이어받은 회고적 군대라고 할 것이다.

그러나 상군이 태평천국에게 성과를 내자 유사한 군대조직이 연이어 등장했다. 우선 증국번은 제자인 이홍장에게 상군을 본뜬 조직을 이홍장의 고향인 안후이성에서 만들게 했다. 이를 회군淮軍이라 부른다. 비슷한 과정을 거쳐 좌종당도 고향에서 군대를 일으켰는데 이는 초군楚軍이라고 한다.

태평천국의 난은 결국 이 세 사람의 활약으로 진압되는데, 이렇게 멸망 직전의 청나라를 구한 세 사람이 이어지는 양무운동의 주역이 된다. 태평천국의 난은 양무운동의 주역이 되는 한인 관료들만을 배출한 것이 아니었다. 양무운동의 방향에 대한 아이디어 역시 태평천국의 난 와중에 생겨났다. 상하이에서 조직된 '상승군常勝軍'이다.

>>> **서양의 신식 무기로 무장하다** <<<

태평천국의 난이 한창이던 시절 상하이는 외국인의 집단 거주지역으로 일종의 중립지대 취급을 받고 있었다. 또한 중국 경제의 중심인 양쯔강 하

---

* 척계광이 조직해서 후기 왜구를 토벌한 명나라의 군대. 중국 남부 지방에서 선발되어 이곳에서 활동했기 때문에 남군이라고 불린다.

회군과 초군을 조직한 이홍장(좌)과 좌종당(우)
향용을 조직한 이후 이들의 눈에 들어온 것은 상하이의 상승군이었다.

류에 위치한 덕분에 난징조약으로 개항한 항구 중 가장 번성했다. 조약 당
사자인 청나라 정부야 상하이를 보호하는 것이 당연한 일이었지만, 태평
천국도 상하이에 대해 적대적 자세를 보이지는 않았다. 태평천국이 기독
교 사상을 밑바탕으로 생겨났던 만큼 처음에는 서양에 대해 우호적 입장
을 가지고 있었기 때문이다. 상하이에 이권을 가지고 있던 서양 세력 역시
처음에는 청나라와 태평천국 사이에서 딱히 한쪽을 지원하지 않고 중립
을 지키고 있었다.

　하지만 1860년 청나라가 대폭 양보한 베이징조약이 체결되자 상황이 변
했다. 영국 등 서양 세력이 청나라의 유지가 자신들에게 유리하다고 판단하
고 청나라를 지원하기 시작했던 것이다. 양쯔강 통제에 사활을 걸고 있던

태평천국으로서는 양쯔강 하류의 서양 세력을 그대로 내버려 둘 수 없는 상황에 처했다.

이에 1861년 태평천국은 외국인들이 거주하고 있는 개항장에 대한 공세를 시작해 항저우와 닝보를 점령하고 상하이를 봉쇄했다. 상하이가 풍전등화의 상황에 몰리자 상하이에 거주하던 서양인들과 이들과의 거래를 통해 부를 쌓아가고 있던 중국 상인들은 자구책을 강구하기 시작했다. 이것이 상승군의 시작이었다.

> "상승군의 전신은 양창대(洋槍隊)인데요. 미국인 프레더릭 워드가 조직했습니다. 이는 용병이라고 할 수 있어요. 중국인과 중국 내의 외국인과 동남아, 필리핀 등지의 사람들을 고용한 용병입니다. 서양인의 장교와 중국인, 동남아인, 필리핀인 군인으로 구성돼 있었습니다. 서양의 정식 군대는 아니고요. 상하이의 서양인들과 중국 상인들이 조직한 용병이죠. 그들이 사용한 무기는 미국산, 영국산 총기입니다. 이런 이유 때문에 그들을 서양 무기를 가진 군대라는 의미에서 양창대라고 합니다. 훈련 또한 서양식으로 받았습니다. 이 용병대는 상하이를 방어하는 전투에서 매우 강력한 힘을 발휘했고, 1862년에 상승군으로 개명합니다."[10]

프레더릭 워드는 미군 장교였다가 범죄를 저지르고 상하이에 숨어 지내던 중이었다. 워드를 중심으로 조직된 상승군은 서양식 무기로 무장하고 서양식 교범으로 훈련받은 중국인 군대라는 점에서 차별화되었다. 상하이를 구원하기 위해 파견된 이홍장은 상승군을 발견하자마자 이를 통해 자신의 고민을 해결할 방법을 찾았고 크게 고무되었다. 상승군의 가능성을

서양식 무기로 무장한 상승군
중국인도 서양 무기와 훈련을 통해 서양인처럼 싸울 수 있다는 사실을 확인했다.

알아본 이홍장은 상승군을 자신의 휘하에 배속시키고 대규모로 증강하기 시작했다.

베이징조약 후 서양 세력은 청나라를 유지하는 것으로 정책의 방향을 정하고 청나라에 자신들이 함께 싸워주겠다는 의사를 전달한 상태였다. 하지만 이홍장을 필두로 한 현장 지휘관들은 서양의 개입에 심각한 우려를 품고 있었다. 자칫 서양 군대에게 개입을 요청했다가는 반란이 진압된 후에 더 큰 대가를 치러야 할 수도 있기 때문이었다. 그런 의미에서 상승군은 이 문제에 대한 효과적인 해법이 될 수 있었다. 서양 무기로 무장한 서양식 군대이지만 부대원은 중국인이기 때문이다.

더불어 상승군은 중국인도 서양 무기로 무장하고 서양식으로 훈련받으면, 얼마든지 서양인처럼 싸울 수 있다는 당연한 사실을 눈앞에서 보여주었다. 상승군의 경험은 분명 전쟁 이후에도 청군에 남아 청나라의 전력을 강화하는 데 보탬이 될 것이다.

미래를 발견했다고 생각한 이홍장은 부대를 5000명까지 증원하고 주요 전투에서 상승군을 적극적으로 활용하기 시작했다. 상승군도 이홍장의 기대에 보답하듯 이름에 걸맞은 활약을 보여주게 된다. 상승군이 효과를 보이자 좌종당도 '상첩군常捷軍'이라는 비슷한 군대를 조직했는데, 말할 것 없이 상첩군 또한 놀라운 전과를 보였다.

> "상승군은 이홍장을 도와 태평천국운동을 진압하게 되고 그 과정에서 상당한 역할을 하게 됩니다. 수많은 태평천국 거점들을 회군, 상군과 협조해 공격합니다. 이 부대는 1864년에 상군이 난징을 함락한 뒤 해산됐습니다. 하지만 완전히 없어진 건 아니고요. 중국인 병사들은 모두 회군에 소속돼 이홍장의 지휘를 받았습니다. 이홍장은 상승군과의 합작에서 서양 무기의 우수성을 깨닫게 되고 어떻게 서양과 교류해야 할지 배우게 됐습니다. 이는 양무운동에 대한 경험이 됩니다."[11]

상승군과 상첩군은 태평천국의 난이 진압되면서 해산했지만, 이 부대에서 경험을 쌓은 중국인 병사들은 그대로 회군과 초군으로 흡수되었다. 서양 무기를 활용하는 경험이 상승군이나 상첩군에만 머물지 않고 회군과 초군 전체로 퍼지기 시작한 것이다. 이로써 척계광의 『기효신서』를 참고하던 구식 군대는 최신 무기로 무장한 신식 군대로 탈바꿈한다.

서양식 군사혁신으로 방향이 정해지자 이홍장과 좌종당은 다음 단계로 무기 공장을 세우기 시작했다. 군인뿐 아니라 무기도 자급할 수 있어야 군

서양식 무기 공장, 강남제조총국(상)과 금릉기기국(하)
서양식 군사혁신을 위해 대규모 군수 시설이 설립되었다.

사혁신이 지속 가능하기 때문이다. 이 중 대표적인 공장이 이홍장이 세운 강남제조총국*과 금릉기기국**, 좌종당이 세운 복주선정국***이다. 이 공장들이 만들어진 것은 1865년에서 1866년의 일로, 태평천국의 난이 진압되고 행정력이 회복되자마자 곧장 공장 설립을 서두른 결과였다. 이 사실만 보아도 이홍장이나 좌종당이 얼마나 서양식 군사혁신에 열성적이었

근대식 조선소, 복주선정국
청나라의 구식 군대는 서양식 무기를 통해 신식 군대로 거듭나기 시작했다.

는지를 알 수 있을 것이다.

재미있는 사실은 청나라에 서양식 무기 공장이 들어서던 때 일본에도 서양식 무기 공장이 세워지기 시작했다는 것이다. 대표적인 곳이 요코스카 해군 조선소다. 태평양전쟁 이전에는 일본제국 해군의 핵심 조선소로 사용되었고, 지금은 주일미군의 주요 기지로 활용되고 있는 이곳도 1866년에 건설되었다. 청나라 최초의 해군 조선소인 복주선정국과 같은 해에 건립된 것이다.

이처럼 청나라와 일본의 군사개혁을 향한 발걸음은 거의 동시에 시작되

- ● 이홍장이 1865년 상하이에 세운 군수 공장. 미국계 기기철공창(機器鐵工廠)을 사들이고 규모를 확충해 중국 최대 규모의 군사 공업 시설이 되었다.
- ●● 이홍장이 1865년 난징에 세운 군수 공장. 태평천국의 난을 진압하는 과정에서 서양식 무기의 우수성에 주목하게 되면서 서양에서 무기를 구입하는 한편, 각종 서양식 화약과 총탄, 총포류를 제조했다.
- ●●● 좌종당이 주도해서 1866년 푸저우[福州] 마웨이[馬尾]의 민장강[閩江] 하류에 건설된 근대식 조선소. 중국의 자체적인 군함 생산 기지로서 역할했다.

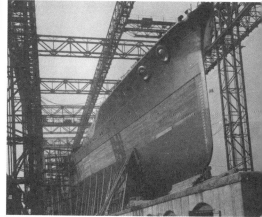

일본 군사개혁의 장소, 요코스카
일본제국 또한 비슷한 시기에 해군 조선소를 설립해 혁신에 박차를 가했다.

었다. 청나라가 서양과 싸워본 후에야 정신을 차리고 군사혁신에 나선 것처럼, 일본도 서양과 싸워보고 나서야 정신을 가다듬고 군사혁신에 나서기 시작했다. 1862년에서 1863년을 넘어가며 척계광의 『기효신서』를 참고하던 청나라의 회군이나 초군은 상승군을 목도하고 서양식으로 무장하기 시작했다. 마찬가지로 1862년에서 1864년 사이, 일본의 완고한 존왕양이파들은 개화파로 전향하기 시작했다.

어느 한쪽이 애초부터 진보적인 세계관을 가지고 있었던 것도 아니고, 어느 한쪽이 특별히 더 보수적인 세계관을 가지고 있었던 것도 아니다. 최소한 1860년대 중반까지 둘 사이에 운명의 갈림길은 보이지 않았다.

충성심,
혁신의 미래를 바꾸다

〉〉〉 반청 사건은 왜 역사가 아닌 야사가 되었나 〈〈〈

도대체 어떤 차이가 중국의 양무파와 일본의 유신파 사이의 운명을 갈라놓았을까? 결론부터 이야기하자면 기존 체제에 대한 충성심이다. 양무파는 시종일관 충신들이었던 데 반해, 유신파는 처음부터 반역자들이었다. 결국 체제에 대한 충성심이 이들의 운명을 갈랐다. 우선 양무파가 얼마나 충신들이었는지를 태평천국의 난 진압 직후의 사건들을 통해 알아보자.

1850년 이후 14년간 중국 전역을 전쟁터로 만들었던 태평천국의 난은 1864년 태평천국의 수도 역할을 하던 난징, 태평천국식으로는 천경이 함락됨으로써 막을 내린다. 그런데 난징이 함락되던 때를 전후로 진압군 역할을 하던 상군 내부에 미묘한 움직임이 일어났다. 이번 기회에 아예 청나라에 반기를 들고, 증국번을 중심으로 새로운 나라를 만들자는 움직임이었다. 이를 '증국번의 반청反淸 사건'이라고 부른다.

"증국번의 반청 사건은 기록이 있습니다. 상군이 태평천국을 진압할 때 이미 실력이 매우 강했습니다. 당시 증국번의 참모가 증국번에게 건의를 하는데, 왕개운이라고 합니다. 왕개운은 자신이 제왕지술을 아는 제왕사라고 했고, 증국번에게 태평천국을 공격하지도, 청조를 돕지도 말고 새로운 조정을 세우자고 했습니다. 하지만 증국번은 이를 수용하지 않았습니다. 훗날 천경, 그러니까 나징을 진압한 뒤 증국번의 남동생 증국전이 장군들을 데리고 증국번에게 정변을 일으켜 송조의 조광윤이 되라고 권했습니다. 하지만 증국번은 이번에도 거절했습니다."**12**

상군 지도부의 움직임을 이해하기 위해서는 태평천국 진압 과정에서 만들어진 독특한 군사조직인 상군, 회군, 초군의 특성을 이해할 필요가 있다. 앞서 잠시 언급한 것처럼 태평천국의 난이 일어났을 때 청나라의 공식 관군인 팔기군이나 녹영의 상태는 엉망이었다. 한때 동아시아 전체를 공포로 몰아넣던 청나라의 자랑 팔기군은 오랜 평화와 부패로 이빨 빠진 호랑이가 된 지 오래였고, 청나라가 베이징에 입성한 후 한족 군대를 재편성한 녹영 역시 이름뿐인 군대였다.

사실 팔기군과 녹영은 이미 오래전인 건륭제 말년, 백련교도의 난이 일어났을 때도 약점을 드러내고 있었다. 청나라는 백련교도의 난을 진압하는 과정에서도 일종의 의병인 향용을 동원해야만 했다. 다만 이때까지는 아직 황제의 위용이 살아 있었고, 재정도 별 문제가 없었기에 비록 지지부진한 상태에서도 진압에 성공할 수 있었다. 하지만 청나라가 내우외환에 빠진 1850년에는 상황이 더 악화되었다. 관군에 의지한 태평천국 진압은 사실상 불가능하다는 것이 백일하에 드러난 것이다.

앞서 이야기했듯이 결국 청나라 정부는 향용의 조직을 장려하기 시작했다. 특히 지방에 낙향해 있던 관료들에게 향용을 조직하도록 했는데 그 대표적인 존재가 증국번으로, 황제로부터 의용군의 모집을 명받고 상군을 조직했던 것이다.

물론 청나라 정부 역시 관군도 아닌 향용에게 처음부터 군사 작전의 주도권을 맡길 생각은 없었다. 향용을 활용하더라도 어디까지나 관군의 보조전력으로 사용할 생각이었다. 향용은 지역의 유지를 중심으로 동향 사람들끼리 개인적 인연에 기반해 만든 조직일 뿐이었다. 이들에게 주도권을 넘겨주는 것은 너무 위험했다. 만약 딴마음이라도 먹게 되면 더 무서운 반란 세력이 될 수도 있기 때문이다.

더군다나 중국 남부에서 모집한 향용은 모두 한족이었으니 만주족인 청나라로서는 더욱 불안했을 것이다. 하지만 전황이 불리하게 돌아가고 심지어 관군의 사령부 역할을 하던 강남대영江南大營까지 태평천국군의 공격에 붕괴하는 등 상황은 더욱 악화되어 갔다. 결국 청나라 정부는 급한 불부터 끄고 보자는 심정으로 향용에게 주도권을 넘겨주기 시작했다.

조정 고관 출신이기는 하지만 그래도 형식상으로는 의용군의 대장에 불과한 증국번은 양강총독● 겸 흠차대신으로 임명되어 태평천국 진압의 총책임자로 거듭났다. 전권을 부여받은 증국번은 자신이 성공한 모델을 확산하기 시작했다. 그렇게 상군을 모델로 한 새로운 향용인 이홍장의 회군과 좌종당의 초군이 만들어졌던 것이다.

● 난징으로 중심으로 장쑤[江蘇], 안후이[安徽], 장시[江西] 3성의 총독. 청나라에서 가장 넓고 부유한 지역에서 민정과 군정을 모두 총괄하는 막강한 지위인 데다 태평천국의 점령지와 겹치기 때문에 진압군 총사령관과도 같은 위치였다.

향용을 적극 활용한 덕분에 태평천국 진압은 성공적으로 마무리되었다. 그러나 처음 청나라 정부가 향용을 전면 활용하는 데 주저했던 것처럼 향용은 위험한 군대였다. 지휘관들 모두가 증국번이나 이홍장의 개인적 인맥을 기반으로 임명되었기 때문에 이들이 충성하는 대상은 당연히 청나라 황제보다는 증국번이나 이홍장이라는 개인이 될 가능성이 높았다. 심지어 군대의 재정 또한 사령관의 개인적인 능력으로 해결했다. 점령지에 임시 조세를 부과하거나 기존 세금을 전용하고 필요할 경우 약탈도 서슴지 않았다.

중앙정부 입장에서 보자면 통제할 방법이 없는 호랑이를 벌판에 풀어놓은 것이나 마찬가지였다. 따라서 태평천국의 난 말기의 증국번은 청나라에서 가장 강력한 군대를 가지고, 청나라에서 가장 부유한 양쯔강 유역을 장악한 데다 학자이자 관료로서 전국적인 명성과 존경까지 받는 무시무시한 거물이 되어 있었다. 이런 상황이었으니 휘하에서 딴마음을 품는 사람이 나오지 않는 것이 오히려 이상한 일이었을 것이다.

총대를 메고 나선 이는 왕개운이라는 막료였다. 왕개운은 아마 자신을 제갈공명과 비슷한 존재라고 생각한 모양이다. 왕개운은 난징 공략이 임박한 시점에서 증국번에게 청나라로부터 독립해서 한족 왕조를 세우자고 건의했다. 성공하면 청나라를 대신할 새로운 국가가 탄생할 것이고, 실패하더라도 최소한 중국을 양분해서 부유한 강남을 장악할 만한 남송 같은 나라를 세울 수는 있을 것이다. 마치 제갈공명의 '천하삼분지계天下三分之計'를 차용한 듯한 제안이었다.

하지만 증국번은 이를 단칼에 거부했다. 증국번은 그런 위험한 도박을 벌일 생각이 추호도 없었다. 하지만 증국번이 한번 거절했다고 이런 움직임이 완전히 사라지지는 않은 듯하다. 난징을 점령해서 태평천국을 괴멸시킨 직후에 비슷한 움직임이 또 일어났기 때문이다. 이번에 나선 사람은 증국번의 동생인 증국전이었다. 전하는 바에 따르면 난징이 함락된 직후 주요 지휘관과 함께 증국번을 찾아간 증국전은 송태조의 선례를 따라 새 나라를 세우자고 건의했다고 한다.

이 부분은 약간 설명이 필요한데, 송나라를 건국한 조광윤은 원래 후주의 장군으로 북벌군을 이끌고 요나라와 싸우기 위해 출정 중이었다. 그런데 북벌군은 도중에 칼을 돌려 어린 황제를 폐위하고 조광윤을 황제로 옹립했다. 후주의 장수들에게 불과 7세의 나이였던 황제는 난세를 맡기기에는 불안한 존재였기 때문이다. 덕분에 조광윤은 반강제로 부하들의 추대를 받아 황제에 오르게 된다. 증국전은 이 고사를 인용해서 증국번에게 새 나라를 세우라고 강권한 것이다.

하지만 이번에도 증국번의 대답은 거절이었다. 증국번이 가장 아끼던 심복 팽옥린도 간곡한 편지를 보내 설득에 나섰지만 증국번은 "어찌 팽옥린이 내 충성심을 실험할 수 있는가?"라고 분노하며 팽옥린의 편지를 씹어 삼켰다고 한다.

> "증국번은 새 왕조를 세울 만한 실력이 있었지만, 성리학 사상이 매우 깊었습니다. 충군애국을 주장했지요. 조정에 대한 충심에 동요가 없었습니다. 이것이 첫 번째 이유이고요. 또 다른 지점이 있습니다. 중국은 이미 장기간 전쟁 중이었고 증국번은 전쟁이 국가에 미치는 영향을 인지하고 있었습니다. 이 때문에 전쟁이 계속되는 것을 원치 않았습니다. 나라가 안정되기를 바랐죠. 저는 이것이 증국번이 다른 마음을 품지 않은 또 다른 이유라고 생각합니다."[13]

막료들은 증국번이 가진 막강한 힘을 바탕으로 새 나라를 세우려고 계획했지만 결국 실패하고 만다. 증국번은 단지 정변을 거부하는 것으로 끝내지 않았다. 아예 정변의 가능성을 없애기 위해 손수 자신이 거느린 군대를 해산하기까지 했다. 군대를 해산한 만큼 군대를 유지하기 위해 가지고 있던 강남 지역에 대한 세금 징수권도 포기했다. 이뿐만 아니라 자신의 휘하에서 군사령관 역할을 하던 동생 증국전도 병권을 포기하게 하고 아예 고향으로 낙향시켜 버렸다. 자신에게 두 마음이 없다는 사실을 정말 철저하게 증명한 것이다.

물론 증국번이 반청 봉기를 포기함으로써 중국의 내란은 당분간 끝나게 된다. 태평천국의 난이 진압되고 청일전쟁이 일어나기까지의 기간은 오히려 동치중흥同治中興●이라는 부흥기로 불리기까지 했다. 청나라에 대한 충성심을 잃지 않은 증국번이 있었기에 가능한 일이었다.

하지만 증국번이 봉기를 포기한 것은 모두에게 좋은 결과만을 남긴 것일까? 어쩌면 신해혁명이 50년 앞당겨질 가능성을 없애버린 것은 아닐까? 물론 역사에 가정은 무의미한 것이므로 이런 발상 자체가 과도한 것일 수도 있다. 하지만 증국번이 반역자가 되는 것을 거부함으로써 최소한 중국의 변화에 가속 페달을 밟을 기회가 사라진 것은 분명한 사실이다.

〉〉〉 권력을 거부한 자들의 근대화 〈〈〈

사람들이 혁신적 변화에 대해 오해하고 있는 지점이 하나 있다. 성공한 혁신은 이미 혁신이 시작되기 전에 무엇이든 분명한 계획이 있었을 것이라는 점이다. 하지만 실제 혁신의 역사를 살펴보면 그런 경우는 거의 없다. 오히려 혁신의 역사는 우연과 좌충우돌의 역사다. 예측할 수 없는 미래를 만드는 과정이니 쉽게 계획할 수도 없을뿐더러 계획을 하더라도 계획대로 되는 경우도 없다. **혁신은 계획될 수 없다.**

바스티유 습격으로 프랑스 대혁명이 처음 시작되었을 때 이 사건이 유럽의 역사를 근본적으로 바꾸리라고 예상한 사람은 아무도 없었다. 스티브 잡스와 스티브 워즈니악이 차고에서 첫 번째 PC를 만들었을 때 PC가 세상을 새로 창조하다시피 바꿀 것이라고 예상한 사람 역시 없었다. 잡스 본인조차 그런 생각은 하지 못했다.

이처럼 근본적인 혁신은 일단 시작되면 현기증을 일으킬 정도의 변화를 촉발한다. 이것은 혁신을 시작한 사람의 처음 의도와 무관하다. 누구도 예상하지 못한 가속이 시작되는 것이다. 그리고 이때 '운전대를 누가 잡고 있느냐?'가 혁신의 미래를 결정한다.

혁신의 운전대는 현기증 나는 가속에도 불구하고 겁 없이 가속 페달을 밟을 수 있는 혁신가들의 손에 있어야 한다. 그래야 혁신은 다음 단계로 나아갈 수 있다. 그렇지 않고, 특히 혁신으로 손해를 볼 자들이 운전대를 잡고 있다면 혁신의 미래는 암울해질 수밖에 없다. 가속 페달은커녕 쓰러질 듯한 현기증이 두려워 감속 페달만 밟다가 시기를 놓치고 말 것이기 때문이다. 정확히 이것이 이후 청나라에서 일어난 일이다.

증국번과 이홍장은 그렇게 자진해 운전석에서 내려왔다. 이후 청나라

• 동치제 재위 기간인 1861년에서 1875년 사이를 일컫는 말. 청나라의 국내 정세가 상대적으로 안정되고 서양과도 평화가 유지되던 시기를 이른다.

가 근대화를 이룰 수 있는 마지막 기회가 왔을 때, 운전대를 잡은 것은 청나라 황실이었다. 혁신으로 물러나야 할 자들이 변화의 주도권을 잡은 것이다. 기존 시스템에서 가장 큰 혜택을 받고 있던 기득권이었고, 심지어 중국 한족들과는 이질적 이민족 왕조였던 청나라가 근대적 민족국가를 건설한다는 것은 어불성설이었다. 증국번과 이홍장이 운전대를 포기함으로써 청나라에서 혁신의 가능성은 사라지고 말았다.

증국번이나 이홍장이라고 해서 근대적 개혁을 제대로 했을 것이라는 보장은 없지 않느냐고 반론을 제기할 수도 있다. 물론 그렇다. 아무리 증국번이나 이홍장이 유능한 관료였다고 해도 꼭 근대화에 성공했을 것이라는 보장은 없다. 1860년대에 증국번이나 이홍장의 세계관이 온전하게 근대적 세계관에 도달해 있던 것도 아니었다. 당연히 근대화에 대한 체계적 비전도 부족했다.

하지만 양무운동을 주도하고, 독자적으로 미국이나 유럽에 유학생을 보내고, 서양의 최신 과학 서적까지 꾸준히 번역•했던 이들이 아무려면 서태후가 이끌던 청나라 황실보다 혁신에 부정적이기야 했겠는가? 이들이 직접 권력을 잡고 있었다면 최소한 북양함대가 청일전쟁에서 포탄이 모자르다는 이유로 해전을 못 치르는 지경에 이르지는 않았을 것이다.

뒤에 조금 더 자세히 이야기하겠지만 혁신이 시작되던 시점에 제대로 된 계획이 없던 것은 어차피 일본의 유신파도 마찬가지였다. 일본의 유신 지사들도 1864년까지는 서양 함대에 나무 대포를 쏘던 무모한 존왕양이파였다. 그러니 1864년에 증국번이 봉기했다면 중국에도 다른 역사가 전개되었을 가능성은 충분하다.

외세의 개입을 걱정했다는 점도 생각하기에 따라서는 변명에 불과하다.

청나라의 혁신을 멈춘 서태후
혁신으로 쫓겨날 자가 이끄는 나라의 미래는 이미 정해져
있었다.

1868년에 일본의 유신파들이 막부를 타도하기 위한 보신(戊辰) 전쟁을 일으
켰을 때는 외세가 개입할 가능성이 없었을까? 영국과 프랑스가 중국만을
노리고 있던 것은 아니었다. 일본에서도 호시탐탐 이권을 확보하기 위해
경쟁하고 있었다. 다행스럽게도 전쟁이 일찍 끝나고 신정부의 권력이 빠르
게 자리 잡았지만, 전쟁이 시작되던 시점에서 일본의 미래가 어떻게 될지
는 아무도 모르는 일이었다.

갑오농민전쟁에서 동학군이 봉기했을 때도 마찬가지다. 우리가 외세의
개입을 초래했다는 이유로 동학군을 비난할 수 있는가? 1911년에 신해혁
명이 일어났을 때도 상황은 같다. 오히려 외세 개입의 위험성은 1911년이

• 이홍장이 세운 강남제조총국에서는 서양 과학 서적에 대한 번역 작업도 했는데, 무기와 직접 관련이
없는 지질학서인 『지학천석』까지 번역할 정도로 번역의 범위는 넓었다.

훨씬 높았다. 그런데도 쑨원은 끊임없이 봉기를 시도했고 결국 청나라를 타도하고 근대 중국의 첫발을 내디딜 수 있었다.

어차피 혁신은 돌다리도 두들겨보고 건너는 방식으로는 이루어지지 않는다. 절대로 평화롭고 안전한 길이 될 수 없다. 인간의 이성으로 쉽게 예측할 수 없는 미래를 만드는 일인 것이다. 백척간두百尺竿頭에서 진일보하는 심정으로만 할 수 있는 일이다. 이것이 가속 페달을 겁 없이 밟을 수 있는 혁신가가 운전대를 잡아야 하는 가장 중요한 이유다.

운전대라는 권력 없이는 가속 페달을 밟을 수 없다. 그러니 운전석에 앉기를 주저하는 순간 혁신의 기회는 사라진다. 그런 점에서 증국번과 이홍장이 이 운전대라는 권력을 거부한 순간 양무운동의 미래는 정해진 것이라고 보아야 할 것이다.

> "사람들은 권력을 부정적 의미를 내포한 것으로 받아들입니다. 따라서 이들은 권력에 대해 양면적 태도를 취합니다. 권력은 강압이나 물리력으로 생각되죠. 물론 종종 그럴 때도 있습니다. 그들은 권력의 결과물을 원합니다. 성공하고 싶어하죠. 성장하고 싶어합니다. 자신들이 원하는 방식으로 일이 돌아가기를 원합니다. 하지만 때때로 그들은 그런 일들이 일어나기 위해 필요한 행동은 취하기 주저합니다. 그래서 이런 상황들이 낳는 문제는 혁신적인 개인이 때때로 권력을 장악하는 데 큰 장애물을 가진다는 겁니다.
>
> 그들은 "모두가 날 좋아했으면 좋겠어. 진실되게 내 생각이 뭔지 얘기하고 싶어"라고 얘기합니다. 그들은 자신이 겸손해야 한다고 생각합니다. 표면에 나서지 않아야 한다고 생각해요. 그리고 자신이 가지고 있는 권력을 모두 사용해서는 안 된다고 생각합니다. 그래서 많은 부분에서 사람들은 자기 자신을 방해합

니다. 스스로를 방해하는 이유들 중 하나는 양면적이기 때문입니다. 권력을 원하지만, 그 권력을 갖기 위해 해야 할 불편한 일들을 꺼리기 때문이죠."**14**

〉〉〉 막부에 대항하는 반역자들의 탄생 〈〈〈

청나라에서 증국번이 권력투쟁을 거부한 순간, 일본에서는 전혀 다른 움직임이 일어나고 있었다. 일본의 유신파들이 마침내 '막부 타도'라는 금단의 목표에 다다른 것이다. 메이지유신의 결정적 분기점 중 하나로 이야기되는 삿초동맹이다. 삿초동맹을 이해하기 위해서는 앞서 잠시 설명했던 시모노세키 전쟁 무렵으로 돌아갈 필요가 있다.

개항 이후 존왕양이 운동의 후견인 역할을 자처하며 정치적 위상을 높이던 조슈 번은 1863년 이후 거듭되는 정치적 패배로 궁지에 몰려 있었다. 8.18 정변*, 금문의 변**, 시모노세키 전쟁 등 벌어지는 사건마다 조슈 번은 치명적인 패배를 당했고, 시모노세키 전쟁 직후에는 막부에 의해 토벌당할 위기에 처하기까지 했다. 다행스럽게도 사쓰마 번이 중간에 나서주는 바람에 과격파 몇 명을 희생양 삼는 선에서 위기를 벗어날 수 있었지만, 조슈 번의 존왕양이파들은 궤멸적인 타격을 입어야 했다.

---

* 일본 연호를 따서 이르는 명칭은 분큐의 정변. 1863년 8월 18일에 사쓰마 번 및 막부 측 아이즈 번이 손을 잡고 산조 사네토미 등 존왕양이파 귀족들과 존왕양이파의 후견인 역할을 해온 조슈 번을 교토에서 쫓아낸 사건이다.

** 8.18 정변으로 교토에서 쫓겨난 조슈 번이 무력으로 교토를 장악하기 위해 일으킨 반란. 천황의 황궁 문 중 하나인 하마구리 문 전투를 시작으로 시내 각지에서 전투가 벌어졌지만 사쓰마 번과 아이즈 번이 교토의 황궁을 방어하는 데 성공하면서 조슈 번은 패배한다. 이 사건으로 구사카 겐즈이 등 존왕양이파의 주요 지도자가 사망하고 조슈 번은 역적으로 몰린다.

다카스키 신사쿠의 쿠데타로 존왕양이파가 번의 권력을 되찾은 후에도 상황이 어렵기는 마찬가지였다. 여전히 천황이 사는 황궁에 총질을 해댄 역적이었고, 조슈 번을 눈엣가시로 여기는 막부가 언제 다시 조슈 토벌에 나설지 모를 일이었다.

> "그 당시 조슈 번은 금문의 변 때문에 조정에 반역했다는 이유로 역적 취급을 받고 있었습니다. 번주의 직위가 박탈당했고, 최우선적으로 해결해야 할 과제가 역적의 누명을 벗는 명예 회복이었던 셈이죠. 한편 금문의 변 이후에는 막부와 도쿠가와 요시노부, 아이즈 번, 쿠와나 번 같은 친막부세력이 이 교토를 장악하고 있었는데, 금문의 변에서 막부를 도와 조슈 번을 공격했던 사쓰마 번은 고립당할 위기에 있었습니다. 때문에 막부세력을 견제하기 위해서는 조슈 번이 무너져서는 안 된다, 조슈 번을 저항세력으로 이용하자는 게 사쓰마 번의 계획이었습니다."[15]

그런데 조슈 번의 존왕양이파가 궁지에 몰리자 그동안 조슈 번과 라이벌 관계였던 사쓰마 번이 오히려 조슈 번을 살리기 위해 나섰다. 조슈 번이 아예 망해버리면 순망치한이라는 말처럼 다음 차례는 사쓰마 번이 될 수도 있기 때문이었다. 고립무원에서 벗어나기 위해 누구라도 동료가 필요하던 조슈 번과 막부가 지나치게 강해지는 것을 막기 위해 견제세력이 필요했던 사쓰마 번의 이해관계가 이렇게 일치하게 된다.

그렇게 교토에 위치한 사쓰마 번의 저택에서 조슈 번을 대표해서 기도 다카요시가, 사쓰마 번을 대표해서 사이고 다카모리가, 그리고 이들 두 사람을 조율하기 위해 사카모토 료마가 참석한 비밀 회담이 열렸다. 1866년

삿초동맹의 주역, 기도 다카요시(좌)와 사이고 다카모리(우)
막부 타도로 뭉친 조슈 번과 사쓰마 번은 라이벌에서 동맹세력이 되었다.

정월의 일이다.

메이지유신의 양대 기둥인 조슈 번과 사쓰마 번이 손을 잡은 이 역사적 순간을 바로 삿초동맹이라고 한다.

"원래 그전까지 조슈와 사쓰마는 앙숙이었습니다. 사사건건 사쓰마 번이 조슈 번을 좌절시켰죠. 하지만 이날 회담에서는 반대로 사쓰마 번이 조슈 번의 명예 회복을 위해 힘을 쓰겠다고 약속하고 조슈 번에 대한 여러 가지 지원을 약속했습니다. 이것이 최근에는 삿초맹약이라고 불리는 삿초동맹입니다. 이 단계에서는 아직 본격적으로 막부를 타도하려는 움직임은 보이지 않았습니다.

하지만 삿초동맹이 성립된 후에 사쓰마 번과 조슈 번 사이에 본격적인 교류가 시작됩니다. 경제적, 군사적 교류를 하게 되죠. 따라서 삿초맹약이 막부를 타도하기 위한 군사적 동맹의 큰 계기가 됐다고 할 수 있겠습니다."**16**

일본인들의 상식적인 이해와 달리 삿초동맹 이후 곧바로 막부 타도의 분위기가 무르익은 것은 아니었다. 실제로 메이지유신 이후 사쓰마 번의 역사 편찬에 참여한 이치키 시로의 기록에 따르면, 사쓰마 번과 조슈 번의 군사동맹이 성립한 것은 이듬해인 1867년 11월이었다. 그때 사쓰마 번주 시마즈 다다요시는 병사를 이끌고 교토로 상경해 조슈 번의 세자 모리 모토노리와 회견을 했다고 한다.[17]

막부 타도를 곧바로 외치기에는 아직 때가 일렀다. 그렇다고 해서 이 동맹이 별일 아니었던 것은 물론 아니다. 사쓰마 번으로서는 막부에 의해 역적으로 낙인찍힌 조슈 번에 구원의 손길을 내밀고 군사적 협조까지 약속했으니, 같은 역적으로 몰려 토벌의 대상이 되어도 이상하지 않은 일이었다. 잘못될 경우, 전쟁까지 각오해야 하는 상당히 모험적인 행동이었다.

더군다나 삿초동맹이라는 계기가 생기자 막부 타도라는 금단의 목표는 물리적 기반을 가지게 되었다. 이 동맹 덕분에 사태가 급진적으로 흐르기 시작했던 1867년, 일본의 유신파들은 과감하게 막부 토벌을 내걸고 전쟁을 도발할 수 있었다. 그런 점에서 삿초동맹은 막부에 대항하는 권력투쟁이 본격적으로 시작되었음을 상징적으로 알려주는 사건이라고 보아야 할 것이다.

〉〉〉 반막부 정서가 폭발하다 〈〈〈

그런데 한 가지 이해하기 어려운 점이 있다. 기도 다카요시나 사이고 다카모리 같은 일본의 유신파들은 왜 이토록 간단하게 막부에 대항하는 비밀동맹을 결성할 수 있었는가 하는 점이다. 이들보다 훨씬 강력한 군사력과 권력을 가지고 있던 증국번이나 이홍장이 꿈도 꾸지 못하던 반역의 길을 이들은 아무렇지도 않게 걸어갔다. 왜 그랬을까? 기도 다카요시, 사이고 다카모리, 사카모토 료마, 이들은 왜 증국번, 이홍장, 좌종당과 전혀 다른 세상 사람인 것처럼 행동했을까?

유신파와 양무파 사이에 존재하는 가장 눈에 띄는 차이는 양무파들이 당당한 중앙정부의 관료였던 데 반해, 유신파들은 중앙정치 참여는 꿈도 꾸지 못할 도자마 번의 무사들이었다는 점이다. 기도 다카요시가 속한 조슈 번이나 사이고 다카모리가 속한 사쓰마 번, 그리고 회담의 중계자인 사카모토 료마가 속한 도사 번은 모두 중앙정치에 참여가 금지된 도자마 번이라는 공통점이 있었다. 이 부분을 이해하기 위해서는 에도시대 일본의 정치 구조를 조금 이해해야 하는데, 세세한 부분까지는 빼고 개괄적으로만 알아보겠다.

많은 이들이 알고 있는 것처럼 에도시대의 일본은 일종의 봉건제 국가였다. 명목상의 최고 통치자인 천황은 정말 명목상의 존재에 불과했다. 대신 막부의 쇼군이 통치권을 위임받아 일본열도를 다스렸는데, 일본열도 전체를 직접 통치한 것도 아니었다. 직접적으로는 막부의 직할지만을 다스렸고 나머지 지역은 봉건영주인 다이묘들이 자치적으로 독립적 영지인 번을 운영했다. 이런 통치체제를 막번체제幕藩體制라고 부른다. 각각의 번을 다스리는 다이묘는 쇼군을 주군으로 섬기면서도 자신을 따르는 가신을 따로 거느리고 있었고, 자체적으로 법률을 만들었으며, 조세를 걷고, 재판했다.

물론 이런 시스템이 에도막부 시대에 새롭게 도입된 것은 아니다. 천황을 정점으로 한 고대 율령체제가 붕괴한 12세기 이후 일본은 내내 이런 형태의 봉건제를 유지하고 있었다. 그리고 센고쿠시대의 혼란을 재통일한 도쿠가와 이에야스는 일본 특유의 봉건제를 더욱 정교하게 다듬어서 안정적인 통치 기반을 만들었다.

막부는 다이묘들을 세 그룹으로 나누어 관리했는데 첫 번째가 신판[親藩] 다이묘, 두 번째가 후다이[譜代] 다이묘, 마지막이 바로 도자마[外樣] 다이묘였다. 이 중 가장 우대받은 집단이 신판 다이묘인데 이들은 쇼군인 도쿠가와 가문의 혈족이다. 조선으로 비유하자면 종친들이라고 할 것이다. 모두 도쿠가와 가문의 후손들이니 이들이 막부와 운명을 같이하는 것은 당연한 일이었다.

두 번째 집단인 후다이 다이묘도 막부로부터 상당한 우대를 받았다. 원래는 도쿠가와 가문의 가신이었다가 막부가 독립시켜서 다이묘로 삼은 가문들이기 때문이다. 도쿠가와 가문 덕분에 다이묘가 되었고, 도쿠가와 가문이 없으면 존재 가치가 사라지는 집단이니 누구보다 막부에 대한 충성심이 높은 것은 당연했다. 따라서 막부의 정치는 오직 후다이 가문들만 참여할 수 있었다.

문제는 세 번째 집단인 도자마 다이묘였다. 이들은 원래부터, 그러니까 이에야스가 일본을 통일하기 이전부터 다이묘였던 집단이다. 통일 이전에는 쇼군의 가문과 완전히 동격이었다는 뜻이다. 동격이었을 뿐 아니라 사실은 일본열도의 통일을 놓고 다투던 경쟁자들이었다. 적이었다는 뜻이다.

예를 들어 100만 석이라는 광대한 영지를 자랑하던 가가 번의 마에다 가문은 이에야스와 함께 5대로五大老●라는 지위에 있던 마에다 도시이에로부터 시작되었고, 조슈의 모리 가문은 오다 노부나가와도 직접 대결했

5대로 모리 데루모토
도자마 다이묘로 분류되어 막부의 견제를 받은 조슈의
초대 번주다.

을 뿐만 아니라 세키가하라 전투에서 이에야스의 반대편인 서군 총대장을
맡았던 모리 데루모토의 가문이었다. 데루모토 역시 이에야스와 동격인 5
대로였다. 세키가하라 전투 이후 막부에 대한 충성을 맹세했기에 번의 존
속을 인정해 주었지만 막부의 입장에서 보면 이들은 잠재적인 적이나 마
찬가지였다. 당연히 중앙정치에 개입하는 것은 금지되었고, 통일 이후에도
다양한 방법으로 이들을 감시했다.

막부 쪽에서만 그렇게 생각한 것은 아니다. 도자마 번 쪽도 비록 세가
불리해서 막부에 복종하고는 있었지만 반막부 정서가 완전히 사라진 것은
아니었다. 예를 들어 세키가하라 전투에서 패하고 영토를 대폭 축소 당한
조슈 번의 무사들은 잠을 잘 때 반드시 발을 동쪽으로 두고 잤다고 한다.
막부가 있는 방향이었기 때문이다.

• 　도요토미 히데요시 정권하에서 가장 유력한 권력을 가졌던 다섯 명의 다이묘. 도쿠가와 이에야스를
　견제하기 위한 제도였으나, 결국 이에야스의 에도막부 정권 수립을 막지는 못했다.

"도자마 다이묘란 세키가하라 전투 이후 도쿠가와 세력의 일부가 된 다이묘를 칭하며, 막부에게는 원래 적이었던 가문이기에 경계 대상일 수밖에 없었습니다. 그러므로 막부 정치에 관여시킬 수 없었죠. 그런 의미에서는 도자마 다이묘의 막부를 향한 대결 의식이 잠재적으로 지속됐을 거라고 볼 수 있겠습니다. 특히 사쓰마 번이나 조슈 번 등은 막부 말기에 성공적인 내부 개혁을 통해 경제적으로 힘을 길러왔기 때문에, 그런 번들이 정치 참가를 요구하며 변화의 움직임을 보였다고 생각할 수 있어요. 중국이나 조선은 중앙으로부터 관료들이 파견돼 각 지방을 통치하는 형태로 상당히 중앙집권적 권력이었고 지방관들이 중앙에 대해 전혀 독립적이라고 할 수 없었죠. 그런 점에서 일본과는 매우 다른 차이점을 보이지 않았나 싶습니다."[18]

이런 상황이었으니 도자마 번의 무사들에게 막부에 대한 충성심을 기대하는 것은 불가능한 일이었다. 이들에게 일본의 구체제인 막부는 처음부터 충성의 대상이 아니었다. 번의 역사를 생각한다면 오히려 복수를 해야 할 대상이었다. 물론 평화가 200년 이상 지속되면서 세키가하라 전투 직후에 가졌던 복수심은 많이 사라졌을 수도 있다. 하지만 체제의 위기가 찾아오고 막부의 권위가 흔들리자 무의식 깊숙한 곳에 자리 잡고 있던 반막부 정서가 자연스럽게 폭발하기 시작했다.

덕분에 청나라의 양무파들이 철저한 충신으로 일관했던 데 반해 일본의 유신파들은 태생부터 반역자로 행동했다. 그리고 이런 사실은 일본의 근대화와 국가 혁신에 가장 큰 원동력이 되었다. 청나라의 양무파들이 충성심이라는 미덕에 얽매어 운전대를 직접 잡는 것을 포기한 순간에 운전대를 직접 잡겠다고, 권력을 움켜쥐겠다고 나설 수 있었기 때문이다.

메이지유신(좌)과 양무운동(우)의 결과

출발점은 비슷했지만 이후 일본과 중국의 근대화는 큰 격차가 벌어졌다.

"중국, 청나라에서는 1860년대부터 양무파에 의한 양무운동이 일어나기 시작합니다. 일본의 메이지유신처럼 서양과 같은 근대화를 목표로 하는 운동이었는데요. 큰 차이점으로는 중국 쪽은 상부의 관료층이었다는 점을 꼽을 수 있어요. 증국번과 이홍장 등의 관료층이 양무운동을 주도해요. 그러니 국가체제는 그대로 둘 수밖에 없었습니다. 정부에 소속된 관료층이 근대화를 추진했으니까요.

반면에 일본은 통일된 정권이 아니었어요. 막부가 존재하고, 각각의 다이묘가 존재하는 소위 말하는 막번체제였습니다. 그런데 강한 일본 국가와 근대화를 목표로 삼게 됐을 때, 막번체제를 넘어서는 통일정권이 요구된 거죠. 물론 중국처럼 막부의 관료층 또한 개혁을 추진하려 합니다. 추진을 위해 꽤나 노력을 하지만, 그 외에도 도자마 번에 관련된 사람들이 새로운 통일국가를 건설하기 위해 활발하게 정치 활동을 한 거죠. 원래는 금지됐던 일인데도 말입니다. 그 점에 상당히 큰 차이가 있다고 생각합니다."[19]

>>> 반역자들이 이룬 근대화 <<<

삿초동맹 이후 일본의 정세는 현기증이 날 정도로 급격하게 요동치기 시작했다. 조슈 번의 군비 증강, 막부의 조슈 정벌 실패, 대정봉환大政奉還을 거쳐 막부를 붕괴시킨 보신 전쟁에 이르기까지, 연이어 사건이 벌어졌다. 삿초동맹이 만들어지던 1866년에는 그 누구도 설마 이 정도까지 일이 진전되리라고는 예상하지 못했을 것이다. 하지만 1868년 4월 11일, 삿초동맹이 맺어진 지 2년 만에 막부가 항복함으로써 유신파들은 일본의 미래를 결정할 권력을 장악하게 된다. 마침내 혁신의 운전대를 직접 잡게 된 것이다.

혁신에서 운전대를 직접 잡는 것이 얼마나 중요한지는 보신 전쟁 이후의 역사가 증명한다. 삿초동맹에서 막부 붕괴까지의 사태 진전 또한 예상하지 못한 속도로 빠르게 진행되었지만, 막부 붕괴 이후 개혁의 속도는 유신파 본인들도 놀랄 정도로 급격한 것이었다. 마치 비탈을 굴러가기 시작한 수레처럼 메이지유신 초기 일련의 개혁 조치들은 모두의 예상을 뛰어넘는 급진적인 것이었다.

> "결론을 얘기하자면, 메이지유신은 꽤 급진적으로 이뤄진 개혁이라고 생각합니다. 하지만 당시에 이렇게까지 급진적인 변화가 있을 거라고 상상한 사람들은 거의 없었을 거라고 생각됩니다. 예를 들어 1868년에 일어난 보신 전쟁에서도 도쿠가와 세력을 무력으로 철저하게 배제하려던 무력 도막파(倒幕派)는 그렇게 많지 않았다고 합니다. 오히려 당시 쇼군이었던 도쿠가와 요시노부를 새로운 정부에 참여시키려는 세력이 더 많았다는 거죠. 그런 와중에 무력 도막파가 주

근대화에 박차를 가한 보신 전쟁 ⓒ Utagawa Yoshimori

막부 붕괴 이후의 개혁은 유신파도 놀랄 만큼 급진적으로 전개되었다.

도권을 지키기 위해 급진적인 싸움을 내걸었다는 게 실태가 아닐까 싶습니다. 결과적으로 그 전투에서 승리했기 때문에 무력 도막파가 주도해 신정부를 세울 수 있었던 거죠.

1871년에 감행된 폐번치현(廢藩置縣)으로도, 이처럼 한꺼번에 봉건 영지인 번을 없애고 다이묘들이 모든 권한을 박탈당할 거라고 생각했던 사람들은 매우 적었다고 볼 수 있어요. 오히려 메이지유신의 중심세력이던 사쓰마 번과 조슈 번 측이 더더욱 중앙집권화에 대해 소극적이었죠. 이 때문에 도쿄에 있던 기도 다카요시, 사이고 다카모리, 오쿠보 도시미치와 같은 삿초 중심의 세력들은 당황했고, 다른 번들에게 선수를 빼앗기지 않고 주도권을 잡기 위해 아주 짧은 기간 내에 쿠데타적인 폐번치현을 단행했다는 게 그 당시 실태입니다.

신분제도의 폐지 역시 마찬가지입니다. 인간은 평등하다는 서양 근대 사상의 영향도 있지만, 좀 더 종합적인 이유로 폐지된 제도라는 게 실태입니다. 예를 들어 무사에게 지급되는 녹봉은 직위에 따라 지급되기도 하지만, 보통은 가문에 따라 지급되는 액수가 정해져 있었습니다. 신정부는 무사들에게 녹봉을 지급해야 했지만, 이는 재정적으로 매우 큰 부담이었기에 무사 신분을 폐지해 버립니다. 또한 신분에 따른 여러 가지 특권이 존재했는데, 정이라 하는 전국에 있는 토지를 모두 파악해 동일하게 세금 징수 시스템을 도입하기 위해서는 신분마다 주어진 특권을 폐지할 필요가 있었고, 이는 천민 제도 폐지로 이어졌다고 생각됩니다."[20]

사태의 진전이 얼마나 급진적이고, 예상을 뛰어넘는 것이었는지는 메이지유신 직후 사쓰마 번에서 벌어진 사건들을 보면 알 수 있다. 조슈 번과 함께 메이지유신의 양대 기둥이었고, 막부 토벌군 군사력의 절반 이상

메이지유신의 주역, 오쿠보 도시미치
기도 다카요시, 사이고 다카모리와 함께 메이지유신을
이끈 3걸 중의 한 명이다.

을 감당하고 있던 사쓰마 번에서는 시마즈 히사미쓰가 사실상의 다이묘
역할을 하고 있었다. 앞서 잠시 나왔던 나마무기 사건의 주인공인 바로 그
인물이다.

　그런 히사미쓰조차 막부를 무너뜨리고 나서 중앙집권적인 근대국가를
건설할 것이라고는 꿈에도 생각하지 않았다. 비록 막부를 무너뜨리는 것
까지는 동의해도 자신이 가진 봉건적 특권을 건드리는 것은 간과할 수 없
는 일이었다. 당연히 봉건 영지를 폐지하고 근대적인 부와 현으로 바꾸는
폐번치현 같은 조치는 상상도 하지 않았다.

　하지만 메이지 정부의 구성과 함께 운전대는 이미 자신의 가신에 불과
했던 오쿠보와 사이고에게 넘어가 있었다. 이들이 쿠데타와 같은 전격적인
방법으로 폐번치현을 단행해도 이를 저지할 방법이 히사미쓰에게는 없었
던 것이다. 무력하게 번이 폐지되는 상황을 맞이한 히사미쓰는 불꽃놀이
를 하며 울분을 달래는 수밖에 없었다.

다이묘 다음 순서는 사무라이였다. 신분제가 폐지되고 사무라이들이 실업자가 되는 상황도 막부가 무너지기 전까지는 아무도 상상하지 못하던 일이었다. 하지만 개혁의 필요성이 제기되자 운전대를 직접 잡고 있던 유신파는 이 조치도 전격적으로 시행해 버렸다. 졸지에 실업자가 된 사무라이들이 가만히 있지 않았던 것은 당연한 일이었다. 곳곳에서 어제의 동료였던 사무라이들이 반란을 일으켰다.

그중 가장 큰 반란이 세이난 전쟁이라 불리는 가고시마의 반란인데, 가고시마현은 폐번치현 이전에 사쓰마 번이던 곳이었다. 메이지유신의 기반이 되었던 지역에서 반란이 일어난 것으로, 그 반란의 우두머리는 놀랍게도 유신 3걸 중 한 사람인 사이고였다.

2004년에 개봉한 톰 크루즈 주연의 〈라스트 사무라이〉라는 영화의 배경이 바로 세이난 전쟁이다. 영화에서 와타나베 켄이 연기한 카리스마 넘치는 사무라이들의 대장이 바로 사이고를 모델로 창조해 낸 인물이다. 혁신의 속도는 막부를 무너뜨린 보신 전쟁의 총사령관이자 메이지유신의 1등 공신이던 사이고조차 따라가기 어려울 만큼 급진적이었다. 그리고 혁신을 따라가지 못하는 자는 그가 사이고라도 가차 없이 제거당하고 말았다.

이처럼 혁신의 속도는 언제나 인간의 예상을 뛰어넘는 법이다. 어제까지 진보적이었던 사람이 오늘은 보수파로 보일 정도로 빠르게 진행되는 것이 혁신이다. 계획된 대로, 혹은 예상 가능한 범위에서 진행되지 않는다. 그렇기에 더더욱 혁신을 추구하는 자들은 운전대를 직접 잡아야 한다. 반역자가 될 각오를 해야만 한다는 뜻이다. **반역자가 되지 않으면 가속 페달을 밟아야 할 때 거침없이 밟을 수 있는 권력을 얻을 수 없다.**

일본의 유신파가 근대화에 성공한 이유 역시 청나라의 양무파와 달리 반역자가 되는 것을 두려워하지 않았기 때문이다. **반역자가 되는 것을 두려워하지 않았기에 직접 권력을 잡을 수 있었고, 권력을 손에 넣었기에 현기증 나게 진행되는 혁신의 순간에 겁 없이 가속 페달을 밟을 수 있었다.** 그런 점에서 1895년 시모노세키에서 마주 앉은 이홍장과 이토 히로부미의 명암은 혁신이 시작되던 30년 전에 '운전대를 직접 잡았는가? 거부했는가?'로 이미 결정되었다고 보아야 할 것이다.

나가는 말

실험실의 천재가 아닌 전쟁터의 전사로

고대 그리스의 시인 헤시오도스는 〈일과 날〉이라는 작품에서 불화의 여신인 에리스에 대해 독특한 해석을 내놓았다.

불화(에리스)는 한 종류만 있는 것이 아니라 지상에는 두 종류가 있소. …

그중 하나는 잔인하게도 사악한 전쟁과 다툼을 늘리니 어느 누구도 그녀를 좋아하지 않소. …

그러나 다른 하나는, 어두운 밤(닉스)이 먼저 그녀를 낳자 하늘에 사시며 높은 자리에 앉아 계시는 크로노스의 아드님(제우스)께서 대지의 뿌리에 앉히셨고 인간들에게 큰 이익이 되게 하셨소.

그런 불화는 게으른 사람도 일하도록 부추긴다오. 왜냐하면 일에서 처지는 자는 부자인 다른 사람이 서둘러 쟁기질하고 씨 뿌리고 알뜰하게 살림을 꾸려가는 것을 보면 저도 부자가 되려고 이웃끼리 서로 경쟁하기 때문이오. 그래서 그런 불화는 인간들에게 유익하다오.[1]

트로이 전쟁의 원인을 제공하기도 했던 전쟁과 불화의 여신 에리스는 사실 그리스에서 가장 인기 없는 신이었다. 그녀를 위한 신전도 없고 그녀를 숭배했다는 기록도 찾아보기 어렵다. 그런데 헤시오도스는 이 인기 없는 여신에게서 인류를 위한 진보의 원동력을 찾아냈다. 바로 시기와 질투의 힘이다.

부자를 시기하고 이웃을 질투하는 마음이 경쟁을 촉발하고 진보를 낳는다. 피비린내 나는 파멸의 여신은 진보와 혁신의 여신이기도 한 셈이다. 혁신의 아이콘으로 불리는 토머스 에디슨이나 스티브 잡스 모두 시기심이나 질투로 유명한데, 이런 특성은 결코 천재가 가진 우연한 성격적 결함이 아니다. 오히려 그들이 가진 능력의 본질에 맞닿아 있다.

우리는 혁신이라는 단어에 대해 왜곡된 이미지를 가지고 있다. 스티브 잡스의 멋진 프레젠테이션과 애플의 세련된 제품들 덕분이겠지만, '혁신'이라고 하면 세련되고 아름다우며 섹시한 무엇이라고 생각하는 것이다. 하지만 **혁신은 세련되지도 아름답지도 않다. 세련된 것은 혁신이 만들어 낸 제품이지 혁신 그 자체가 아니다. 혁신의 과정은 오히려 잔인하고 폭력적이다.** 누군가의 기득권을 해체하고 누군가를 시장에서 내쫓아서 망하게 하는 일이기 때문이다.

그래서 이 책의 진짜 목적은 독자들이 혁신에 대한 낭만적 상상에서 벗어나게 하는 것이었다. 맥북이나 아이폰의 세련된 이미지가 아니라 이 책에서 여러 차례 등장하는 피비린내 나는 전쟁터의 모습이야말로 혁신이라는 단어에 가장 잘 어울리는 이미지라는 점을 알리고 싶었다. 부디 혁신의 어머니는 미의 여신 아프로디테가 아니라 불화의 여신 에리스라는 사실을 명심하기 바란다.

혁신은 멸균 처리된 실험실에서 일어나지 않는다. 혁신이란 실험실의 아이디어를 시장에서 구현해야만 이루어진다.

제록스의 팰로앨토연구소가 만든 첫 번째 GUI는 혁신이 아니다. 스티브 잡스가 시장에 출시한 맥OS가 혁신이다. 천재적인 두뇌로 놀라운 발명을 이어간 니콜라 테슬라도 현대 전기 산업을 창조한 혁신가의 자리는 토머스 에디슨에게 양보할 수밖에 없었다. 테슬라는 실험실의 천재였을 뿐 시장이라는 전쟁터에서 싸우는 전사가 아니었기 때문이다. 반면 에디슨이나 잡스는 적으로는 절대 만나고 싶지 않은 무시무시한 전사들이었다.

이토록 잔인한 혁신의 전장에는 발을 들여놓고 싶지 않다면, 친절하고 우아한 인간으로 살고 싶다면, 그것은 개인의 선택이니 얼마든지 존중받을 수 있다. 대신 그런 우아한 삶을 꿈꾼다면 혁신은 꿈도 꾸지 않는 것이 좋다. 그러나 당신이 혁신가의 삶을 살고 싶다면 이것 한 가지는 꼭 명심하기 바란다.

"혁신을 위해 반드시 천재가 될 필요는 없다. 하지만 반드시 용감한 전사는 되어야 한다."

주석

들어가는 말

1 월터 아이작슨 저, 안진환 역, 『스티브 잡스』, 민음사, 2015, 294~295쪽 참조.
2 제프리 파커(오하이오 주립대학 역사학 석좌교수) 인터뷰 중에서.

PART I 혁신은 기득권을 공격한다

1 데이비드 니콜(중세 이슬람 군사학자) 인터뷰 중에서.
2 데이비드 니콜(중세 이슬람 군사학자) 인터뷰 중에서.
3 더글러스 스트라이샌드(미국 콴티코 해병대학 국제관계학 교수) 인터뷰 중에서.
4 데이비드 니콜(중세 이슬람 군사학자) 인터뷰 중에서.
5 티모시 메이(북조지아대학 역사학 교수 및 『몽골 병법』 저자) 인터뷰 중에서.
6 라시드 앗 딘, 『집사』 중에서. 르네 그루세 저, 김호동 등역, 『유라시아 유목제국사』, 사계절, 1998, 517쪽에서 재인용.
7 데이비드 니콜(중세 이슬람 군사학자) 인터뷰 중에서.
8 데이비드 니콜(중세 이슬람 군사학자) 인터뷰 중에서.
9 더글러스 스트라이샌드(미국 콴티코 해병대학 국제관계학 교수) 인터뷰 중에서.
10 데이비드 니콜(중세 이슬람 군사학자) 인터뷰 중에서.
11 데이비드 니콜(중세 이슬람 군사학자) 인터뷰 중에서.
12 더글러스 스트라이샌드(미국 콴티코 해병대학 국제관계학 교수) 인터뷰 중에서.
13 데이비드 니콜(중세 이슬람 군사학자) 인터뷰 중에서.
14 데이비드 니콜(중세 이슬람 군사학자) 인터뷰 중에서.
15 데이비드 니콜(중세 이슬람 군사학자) 인터뷰 중에서.
16 더글러스 스트라이샌드(미국 콴티코 해병대학 국제관계학 교수) 인터뷰 중에서.
17 데이비드 패롯(옥스퍼드대학 역사학 교수) 인터뷰 중에서.

18 데이비드 패롯(옥스퍼드대학 역사학 교수) 인터뷰 중에서.

19 더글러스 스트라이샌드(미국 콴티코 해병대학 국제관계학 교수) 인터뷰 중에서.

PART Ⅱ 서양 우위의 분기점

1 최부, 『표해록』 중에서. 서인범, 『명대의 운하길을 걷다』, 한길사, 2012, 136쪽에서 재인용.

2 Thomas Hobbes, *Leviathan or The Matter, Forme and Power of a Commonwealth Ecclesiasticall and Civil*, 1651.

3 C. V. 웨지우드 저, 남경태 역, 『30년 전쟁 1618~1648』, 휴머니스트, 2011, 31~32쪽에서 재인용.

4 마이클 카이저(막스 베버 인문학연구소 전쟁사학자) 인터뷰 중에서.

5 데이비드 패롯(옥스퍼드대학 역사학 교수) 인터뷰 중에서.

6 제프리 파커(오하이오 주립대학 역사학 석좌교수) 인터뷰 중에서.

7 마이클 카이저(막스 베버 인문학연구소 전쟁사학자) 인터뷰 중에서.

8 제프리 파커(오하이오 주립대학 역사학 석좌교수) 인터뷰 중에서.

9 마이클 카이저(막스 베버 인문학연구소 전쟁사학자) 인터뷰 중에서.

10 Niccoló Machiavelli, *Il Principe*, 1532.

11 제프리 파커(오하이오 주립대학 역사학 석좌교수) 인터뷰 중에서.

12 제프리 파커(오하이오 주립대학 역사학 석좌교수) 인터뷰 중에서.

13 데이비드 패롯(옥스퍼드대학 역사학 교수) 인터뷰 중에서.

14 구보타 마사시(『일본의 군사혁명』 저자) 인터뷰 중에서.

15 롭 라이스(미국 군사대학 안보 및 국제 분야 교수) 인터뷰 중에서.

16 데이비드 패롯(옥스퍼드대학 역사학 교수) 인터뷰 중에서.

17 데이비드 패롯(옥스퍼드대학 역사학 교수) 인터뷰 중에서.

18 마이클 카이저(막스 베버 인문학연구소 전쟁사학자) 인터뷰 중에서.

19 롭 라이스(미국 군사대학 안보 및 국제 분야 교수) 인터뷰 중에서.

20 데이비드 패롯(옥스퍼드대학 역사학 교수) 인터뷰 중에서.

21 니콜 니클리쉬(다뉴브대학 고고학 교수 및 뤼첸 매장지 발굴 책임자) 인터뷰 중에서.

22 데이비드 패롯(옥스퍼드대학 역사학 교수) 인터뷰 중에서.

23 롭 라이스(미국 군사대학 안보 및 국제 분야 교수) 인터뷰 중에서.

24 데이비드 패롯(옥스퍼드대학 역사학 교수) 인터뷰 중에서.

25 구보타 마사시(『일본의 군사혁명』 저자) 인터뷰 중에서.

26 루이스 캐럴 저, 김영애 역, 『거울 나라의 앨리스』, 블루프린트, 2016, 53쪽.

27 Miguel de Cervantes, *Don Quixote*, 1605.

28 제프리 파커(오하이오 주립대학 역사학 석좌교수) 인터뷰 중에서.

29 필립 호프먼(캘리포니아 공과대학 기업경제학 석좌교수 및 『정복의 조건』 저자) 인터뷰 중에서.

30 *Public Income and Expenditure: Great Britain and Ireland, separately. Net accounts, 1688-1800. Gross accounts, 1801-1816*, Great Britain. Treasury, 1869.

31 제프리 파커(오하이오 주립대학 역사학 석좌교수) 인터뷰 중에서.

32 베르너 좀바르트 저, 이상률 역, 『전쟁과 자본주의』, 문예출판사, 2019 참조.

33 필립 호프먼(캘리포니아 공과대학 기업경제학 석좌교수 및 『정복의 조건』 저자) 인터뷰 중에서.

34 윌리엄 바넷(스탠퍼드대학 경영대학원 조직행동학 교수) 인터뷰 중에서.

PART Ⅲ 동아시아의 잃어버린 200년

1 「태종실록」, 『조선왕조실록』, 1414년(태종 14년) 윤9월 30일.

2 Voltaire, *An Essay on Universal History, the Manners, and Spirit of Nations*, J. Nourse, 1759.

3 南浦文之, 『鉄炮記』, 1606.

4 타와키 카나에(다네가시마 철포관 학예관) 인터뷰 중에서.

5 호야 토오루(도쿄대학 역사학 교수 및 사료편찬소 일본사 연구장) 인터뷰 중에서.

6 구보타 마사시(『일본의 군사혁명』 저자) 인터뷰 중에서.

7 구보타 마사시 저, 허진녕 등역, 『일본의 군사혁명』, 양서각, 2010 참조.

8 Georg Wilhelm Friedrich Hegel, *Grundlinien der Philosophie des Rechts,* Nicolaische Buchhandlug, 1821.

9 「선조실록」, 『조선왕조실록』, 1583년(선조 16년) 7월 18일.

10 Luís Fróis, *Historia de Japam*, 제73장 중에서. 윤인식, 『역사추적 임진왜란』, 북랩, 2013, 57~58쪽에서 재인용.

11 김충선, 『모하당문집 부실기』, 사성김해김씨종회, 1996.

12 구보타 마사시(『일본의 군사혁명』 저자) 인터뷰 중에서.

13 서영보 외, 「군정편」 제2~3권, 『만기요람』, 1808 참조.

14 토리오 안드라데(에모리대학 역사학 교수) 인터뷰 중에서.

15 「熹宗哲皇帝實錄」, 『明實錄』, 1626년(천계 6년) 4월 19일.

16 이긍익, '인조조 고사본말', 『연려실기술』, 제25권.

17 토리오 안드라데(에모리대학 역사학 교수) 인터뷰 중에서.

18 원중거, 『화국지』, 제3권 중에서. 박상휘, 『선비, 사무라이 사회를 관찰하다』, 창비, 2018, 50~51쪽에서 재인용.

19 '武成', 「周書」, 『書經』.

20 필립 호프먼(캘리포니아 공과대학 기업경제학 석좌교수 및 『정복의 조건』 저자) 인터뷰 중에서.

21 구보타 마사시(『일본의 군사혁명』 저자) 인터뷰 중에서.

22 존 키건 저, 유병진 역, 『세계전쟁사』, 까치, 2018 참조.

23 Daniel Marston, *The Seven Years' War*, Osprey Publishing, 2001 참조.

24 피터 C. 퍼듀 저, 공원국 역, 『중국의 서진』, 길, 2012 참조.

25 토리오 안드라데(에모리대학 역사학 교수) 인터뷰 중에서.

26 윌리엄 바넷(스탠퍼드대학 경영대학원 조직행동학 교수) 인터뷰 중에서.

27 주경철, 『문명과 바다』, 산처럼, 2009 참조.

28 제프리 파커(오하이오 주립대학 역사학 석좌교수) 인터뷰 중에서.

PART IV 혁신가의 또 다른 이름, 반역자

1 魏源, 『海國圖志』, 1844.

2 魏源, 『海國圖志』, 1844.

3 魏源, 『海國圖志』, 1844.

4 吉田松陰, 「投夷書」.

5 어우양저성(베이징대학 역사학 교수) 인터뷰 중에서.

6 키무라 나오야(릿쿄대학 역사학 특임교수) 인터뷰 중에서.

7 키무라 나오야(릿쿄대학 역사학 특임교수) 인터뷰 중에서.

8 호야 토오루(도쿄대학 역사학 교수 및 사료편찬소 일본사 연구장) 인터뷰 중에서.

9 어우양저성(베이징대학 역사학 교수) 인터뷰 중에서.

10 어우양저성(베이징대학 역사학 교수) 인터뷰 중에서.

11 어우양저성(베이징대학 역사학 교수) 인터뷰 중에서.

12 어우양저성(베이징대학 역사학 교수) 인터뷰 중에서.

13 어우양저성(베이징대학 역사학 교수) 인터뷰 중에서.

14 제프리 페퍼(스탠퍼드대학 경영대학원 조직행동학 석좌교수) 인터뷰 중에서.

15 키무라 나오야(릿쿄대학 역사학 특임교수) 인터뷰 중에서.

16 키무라 나오야(릿쿄대학 역사학 특임교수) 인터뷰 중에서.

17 市来四郎, 『忠義公史料』 참조.

18 키무라 나오야(릿쿄대학 역사학 특임교수) 인터뷰 중에서.

19 키무라 나오야(릿쿄대학 역사학 특임교수) 인터뷰 중에서.

20 키무라 나오야(릿쿄대학 역사학 특임교수) 인터뷰 중에서.

나가는 말

1 헤시오도스 저, 천병희 역, 『신들의 계보』, 숲, 2009, 101쪽.

참고문헌

PART I 혁신은 기득권을 공격한다

김호동, 『몽골제국과 세계사의 탄생』, 돌베개, 2010.
르네 그루세 저, 김호동 등역, 『유라시아 유목제국사』, 사계절, 1998.
버나드 로 몽고메리 저, 승영조 역, 『전쟁의 역사』, 책세상, 2004.
버나드 루이스 저, 김호동 역, 『이슬람 1400년』, 까치, 2001.
베리 파커 저, 김은영 역, 『전쟁의 물리학』, 북로드, 2015.
아민 말루프 저, 김미선 역, 『아랍인의 눈으로 본 십자군 전쟁』, 아침이슬, 2002.
이희철, 『오스만 제국 600년사』, 푸른역사, 2002.
잭 웨더포드 저, 정영목 역, 『칭기스칸, 잠든 유럽을 깨우다』, 사계절, 2005.
존 키건 저, 유병진 역, 『세계전쟁사』, 까치, 2018.
찰스 바우텔 저, 박광순 역, 『무기의 역사』, 가람기획, 2002.
티모시 메이 저, 신우철 역, 『몽골 병법』, 코리아닷컴, 2009.
David Nicolle, *The Mamluks 1250–1517*, Osprey, 1993.
David Nicolle, *The Janissaries*, Osprey, 1995.

PART II 서양 우위의 분기점

니얼 퍼거슨 저, 구세희, 김정희 공역, 『니얼 퍼거슨의 시빌라이제이션』, 21세기북스, 2011.
마이클 하워드 저, 안두환 역, 『유럽사 속의 전쟁』, 글항아리, 2015.
맥그리거 녹스, 윌리엄스 머리 공저, 김칠주, 배달형 공역, 『군 혁명과 군사혁신의 다이내믹스』,
    KIDA Press, 2014.
배리 파커 저, 김은영 역, 『전쟁의 물리학』, 북로드, 2015.
버나드 로 몽고메리 저, 승영조 역, 『전쟁의 역사』, 책세상, 2004.
베르너 좀바르트 저, 이상률 역, 『전쟁과 자본주의』, 문예출판사, 2019.

이영림 등저, 『근대 유럽의 형성』, 까치, 2011.

찰스 바우텔 저, 박광순 역, 『무기의 역사』, 가람기획, 2002.

카를로 M. 치폴라 저, 최파일 역, 『대포, 범선, 제국』, 미지북스, 2010.

크리스터 외르겐젠 등저, 최파일 역, 『근대 전쟁의 탄생』, 미지북스, 2011.

필립 T. 호프먼 저, 이재만 역, 『정복의 조건』, 책과함께, 2016.

C. V. 웨지우드 저, 남경태 역, 『30년 전쟁 1618~1648』, 휴머니스트, 2011.

Geoffrey Parker, *The Thirty Years' War*, Routledge, 1997.

PART III 동아시아의 잃어버린 200년

구보타 마사시 저, 허진녕 등역, 『일본의 군사혁명』, 양서각, 2010.

김시덕, 『일본인 이야기 1, 2』, 메디치, 2019, 2020.

니얼 퍼거슨 저, 구세희, 김정희 공역, 『니얼 퍼거슨의 시빌라이제이션』, 21세기북스, 2011.

류성룡 저, 김시덕 역해, 『교감 해설 징비록』, 아카넷, 2013.

박상휘, 『선비, 사무라이 사회를 관찰하다』, 창비, 2018.

사카이야 다이치 저, 양억관 역, 『일본을 이끌어 온 12인물』, 자유포럼, 1997.

서인범, 『명대의 운하길을 걷다』, 한길사, 2012.

윤인식, 『역사추적 임진왜란』, 북램, 2013.

이계황, 『일본 근세의 새벽을 여는 사람들 II』, 혜안, 2019.

주경철, 『문명과 바다』, 산처럼, 2009.

피터 C. 퍼듀 저, 공원국 역, 『중국의 서진』, 길, 2012.

한명기, 『병자호란 1, 2』, 푸른역사, 2013.

Tonio Andrade et al., *Emory Endeavors: Transnational Encounters in Asia*, CreateSpace Indepedent Publishing Platform, 2012.

PART IV 혁신가의 또 다른 이름, 반역자

강상규, 『19세기 동아시아의 패러다임 변환과 제국 일본』, 논형, 2007.

량치차오 저, 박희성, 문세나 공역, 『리훙장 평전』, 프리스마, 2013.

박훈, 『메이지유신을 설계한 최후의 사무라이들』, 21세기북스, 2020.

백영서 등저, 『동아시아 근대이행의 세 갈래』, 창비, 2009.

야마구치 게이지 저, 김현영 역, 『일본 근세의 쇄국과 개국』, 혜안, 2001.

요시자와 세이이치로 저, 정지호 역, 『중국근현대사 1』, 삼천리, 2013.

조너선 D. 스펜스 저, 김희교 역, 『현대중국을 찾아서 1』, 이산, 1998.

존 델러리, 오빌 셸 공저, 이은주 역, 『돈과 힘』, 문학동네, 2015.

존 K. 페어뱅크 편, 김한식, 김종건 등역, 『캠브리지 중국사 10권 상』, 새물결, 2007.
충 샤오룽 저, 양억관 역, 『중체서용의 경세가 증국번』, 이끌리오, 2003.
최승표, 『메이지 이야기 1, 2』, BG북갤러리, 2007, 2012.

이 책에서 사용한 도판 및 저작물은 사용 가능 여부 확인 및 허가 절차를 거쳤으며,
이후라도 저작권 협의가 추가로 필요할 경우 조치를 취할 의사가 있음을 밝힙니다.

강제혁신

초판 1쇄 인쇄 2023년 6월 14일
초판 1쇄 발행 2023년 6월 21일

지은이 이주희

펴낸이 김유열 | 지식콘텐츠센터장 이주희 | 지식출판부장 박혜숙
지식출판부 장효순, 최재진, 서정희 | 마케팅 최은영, 이미진 | 인쇄 윤석원
북매니저 윤정아, 이민애, 정지현, 경영선
책임편집 김찬성 | 디자인 HEEYA | 인쇄 우진코니티

펴낸곳   한국교육방송공사(EBS)
출판신고   2001년 1월 8일 제2017-000193호
주소   경기도 고양시 일산동구 한류월드로 281
대표전화   1588-1580 | 이메일 ebs_books@ebs.co.kr
홈페이지   www.ebs.co.kr

ISBN 978-89-547-7755-1 (03900)

ⓒ 2023, 이주희